国家社会科学基金青年项目（16CMZ029）成果

城市社区接纳各民族流动人口的循证研究

裴圣愚 著

中国社会科学出版社

图书在版编目（CIP）数据

城市社区接纳各民族流动人口的循证研究／裴圣愚著. —北京：中国社会科学出版社，2024.2
　ISBN 978-7-5227-3027-1

　Ⅰ.①城…　Ⅱ.①裴…　Ⅲ.①流动人口—城市化—研究—中国　Ⅳ.①D631.42

　中国国家版本馆 CIP 数据核字（2024）第 035442 号

出 版 人	赵剑英	
责任编辑	孔继萍	
责任校对	周　昊	
责任印制	郝美娜	
出　　版	中国社会科学出版社	
社　　址	北京鼓楼西大街甲 158 号	
邮　　编	100720	
网　　址	http://www.csspw.cn	
发 行 部	010-84083685	
门 市 部	010-84029450	
经　　销	新华书店及其他书店	
印　　刷	北京君升印刷有限公司	
装　　订	廊坊市广阳区广增装订厂	
版　　次	2024 年 2 月第 1 版	
印　　次	2024 年 2 月第 1 次印刷	
开　　本	710×1000　1/16	
印　　张	17.5	
字　　数	287 千字	
定　　价	108.00 元	

凡购买中国社会科学出版社图书，如有质量问题请与本社营销中心联系调换
电话：010-84083683
版权所有　侵权必究

目 录

导 论 ……………………………………………………………（1）

第一章 社会科学研究中的循证探索 ……………………………（35）
第一节 循证社会科学的发展 ……………………………………（35）
一 循证实践的提出 …………………………………………（35）
二 循证政策与决策 …………………………………………（37）
三 循证在群际关系研究中的应用 …………………………（40）
第二节 循证研究的证据 …………………………………………（43）
一 证据的含义 ………………………………………………（43）
二 关于证据的争论 …………………………………………（46）
三 证据的选择与使用 ………………………………………（47）
第三节 系统评价的工具 …………………………………………（50）
一 系统评价与元分析 ………………………………………（50）
二 纳入与质量评价工具 ……………………………………（52）
三 资料合成与评价分级工具 ………………………………（55）

第二章 城市社区居住接纳能力的分析 …………………………（58）
第一节 流动人口居住集聚影响因素的系统评价 ………………（58）
一 构建问题 …………………………………………………（58）
二 文献检索、筛选与资料提取 ……………………………（63）
三 质量评价 …………………………………………………（70）
四 资料合成与讨论 …………………………………………（72）
第二节 "去区隔化"住房干预措施的系统评价 …………………（73）

  一　构建问题 …………………………………………………… (73)
  二　文献检索与筛选 ………………………………………… (77)
  三　质量评价与资料提取 …………………………………… (78)
  四　资料合成与讨论 ………………………………………… (83)
 第三节　友谊街社区居住接纳的实地调查 …………………… (85)
  一　社区的拆迁背景 ………………………………………… (85)
  二　社区的安置过程 ………………………………………… (86)
  三　社区的共享发展 ………………………………………… (87)

第三章　城市社区教育接纳能力的分析 …………………………… (89)
 第一节　流动人口通用语言学习的系统评价 ………………… (89)
  一　构建问题 …………………………………………………… (89)
  二　文献检索与筛选 ………………………………………… (94)
  三　质量评价与资料提取 …………………………………… (94)
  四　资料合成与讨论 ………………………………………… (108)
 第二节　鸡鸣山社区教育接纳的实地调查 …………………… (113)
  一　义乌涉外多民族社区的形成 …………………………… (113)
  二　"联合国"社区教育服务的成效与困境 ……………… (114)
  三　多主体参与社区互惠式项目 …………………………… (119)
 第三节　典型社区流动人口国家通用语言文字教育的
     实地调查 ………………………………………………… (120)
  一　"普通话+"模式 ………………………………………… (120)
  二　"社校联盟"模式 ………………………………………… (121)
  三　"马义帮红色+联盟"模式 ……………………………… (122)

第四章　城市社区就业接纳能力的分析 …………………………… (123)
 第一节　流动人口就业差异形成机制的系统评价 …………… (123)
  一　构建问题 …………………………………………………… (123)
  二　文献检索与筛选 ………………………………………… (127)
  三　质量评价与资料提取 …………………………………… (128)
  四　资料合成与讨论 ………………………………………… (134)

第二节　流动人口自我雇佣影响因素的系统评价 (137)
　　一　构建问题 (137)
　　二　文献检索与筛选 (142)
　　三　质量评价与资料提取 (143)
　　四　资料合成与讨论 (151)

第三节　南庄社区就业接纳的实地调查 (154)
　　一　"羌脆李"与人口的回流 (154)
　　二　社区对回流人口的再接纳 (156)
　　三　人口回流的经济文化因素 (157)

第五章　城市社区关系接纳能力的分析 (159)
第一节　流动人口社区依恋影响因素的系统评价 (159)
　　一　构建问题 (159)
　　二　文献检索与筛选 (163)
　　三　质量评价与资料提取 (164)
　　四　资料合成与讨论 (168)

第二节　民族团结进步示范区创建的系统评价 (171)
　　一　构建问题 (171)
　　二　文献检索与筛选 (173)
　　三　质量评价与资料提取 (174)
　　四　资料合成与讨论 (174)

第三节　典型社区流动人口工作机制的比较调查 (179)
　　一　"点对点"式工作机制 (179)
　　二　"点对面"式工作机制 (184)
　　三　比较与讨论 (187)

第六章　城市社区接纳能力建设的策略与路径 (192)
第一节　提升社区接纳能力的主要策略 (192)
　　一　共居视角下的接纳能力建设策略 (192)
　　二　共学视角下的接纳能力建设策略 (196)
　　三　共事视角下的接纳能力建设策略 (200)

四　共乐视角下的接纳能力建设策略 …………………… (203)
第二节　提升社区接纳能力的基本路径 …………………… (206)
　　一　基于循证的接纳能力建设 …………………………… (206)
　　二　接纳能力建设的体制机制保障 ……………………… (208)
　　三　接纳能力建设的循证政策简报 ……………………… (212)

结　语 ……………………………………………………………… (215)

参考文献 …………………………………………………………… (218)

附　录 ……………………………………………………………… (253)

后　记 ……………………………………………………………… (271)

导　论

一　研究背景

我国已进入人口跨区域大流动的活跃期，各民族人口在社会生活中紧密联系的广度和深度前所未有。中央也作出了新型城镇化的战略部署，要求提高人口市民化质量，解决"三个1亿人"的问题，即促进约1亿农业转移人口落户城镇，改造约1亿人居住的城镇棚户区和城中村，引导约1亿人在中西部地区就近城镇化。但同时要看到，不同民族流动人口"进城"之后存在着流动人口对城市生活和管理方式不适应、城市居民对流动人口某些生活和行为方式不适应以及我们的工作方式和管理机制不适应的问题。在社区层面具体表现为：有的流动人口不遵守社区规范，社区参与度低；有的社区居民排斥或歧视流动人口，伤害民族感情；有的社区采取"关门主义"或放任自流的态度，不能妥善处理矛盾纠纷。这些都在一定程度上反映了"各民族交往交流交融趋势增强和涉及民族因素的矛盾纠纷上升并存"的阶段性特征，因而城市民族和流动人口工作被摆在了更加突出的位置。

2021年8月，习近平总书记在中央民族工作会议上强调，必须促进各民族广泛交往交流交融，促进各民族在理想、信念、情感、文化上的团结统一，守望相助、手足情深。要充分考虑不同民族、不同地区的实际，统筹城乡建设布局规划和公共服务资源配置，完善政策举措，营造环境氛围，逐步实现各民族在空间、文化、经济、社会、心理等方面的全方位嵌入。要深入开展民族团结进步创建，着力深化内涵、丰富形式、创新方法；必须坚持依法治理民族事务，推进民族事务治理体系和治理能力现代化。要根据不同地区、不同民族实际，以公平公正为原则，突出区域化和精准性，更多针对特定地区、特殊问题、特别事项制定实施差别化区域支持政策。因此,顺应新形势,应对新问题,需要我们聚焦中华民族、社会治理和城市社区"三个共同体"。以铸牢中华民族共同体意识为主线,全面贯彻党的民族理论和民族政策,加强各民族交往交流交融,促进各民族像石榴籽一样紧紧拥抱在一起,建设包容性更强、凝聚力更大的中华民族共同体;坚持和完善共建共治共享的社会治理制度,实现政府治理同社会调节、居民自治良性互动,做好流动人口工作,不断满足各族群众对美好生活的向往,建设人人有责、人人尽责、人人享有的社会治理共同体;让城市更好地接纳流动人口,让流动人口更好地融入城市,营造各民族相互嵌入的社区环境,促进各民族居民相互了解、相互尊重、相互包容、相互欣赏、相互学习、相互帮助,建设美好的城市和社区家园共同体。

当前,我国城市和社区民族事务治理的环境已经发生了深刻变化,但有的地方仍习惯于以不同民族流动人口如何融入的单一视角看待交融。实际上,各民族的大融居是多维的互动过程,"接纳"与"融入"同样重要。社区是社会的基本单元,也是各民族生产生活、交流交往的重要平台。以社区为着力点,做好基层民族和流动人口工作,提升城市接纳流动人口的能力,促进流动人口的城市融入,推进民族事务治理体系和治理能力现代化,既是应对"三个不适应"问题的主要举措,也是推动"三个共同体"建设的重要内容,对完善党委统一领导、政府依法管理、统战部门牵头协调、民族工作部门履职尽责、各部门通力合作、全社会共同参与的新时代党的民族工作格局有着重要意义。

深化城市社区民族和流动人口工作需要创新治理方式和方法。从政策的角度看,我们的研究通常关注的是治理政策的输出(Outputs)和治理政策的结果(Outcomes)。而对于决策者来说,更为重要的是分析两个关键问题:第一,它是否有效,或者在多大程度上达到了预期的效果;第二,如何改进和优化政策设计以进一步提高政策的有效性,让政策更好地发挥作用。2019年,诺贝尔经济学奖授予了3位将实验型方法应用于全球反贫困问题的学者,表彰他们通过获得有关消除贫困最佳方法的可靠证据,极大地提高了人们与贫困作斗争的实践能力。"循证实践"(Evidence-based Practice)因而再次受到了研究者、实践者和决策者的关注。

随着信息技术和大数据的发展,基于证据的政策会产生更好的结果。使用相关研究和信息所提供的最佳证据来指导决策,可以确定什么是有效的，什么是无效的，什么的效果是有限的，使决策者能够充分利用证据并不断提高政策的执行效果。循证实践本质上是医学及人文社会科学实践领域对自然科学实践形态影响的回应，尽管其方法论是科学主义取向的，存在着技术化、方法中心、还原主义及科学价值凌驾于人文价值之上等问题，但在价值观上体现着求真、民主、高效、公正与共享等时代精神，[①]实现了社会科学的第三次"科学化"。[②] 如今，循证已经走出传统的医学范畴，走向人文社科研究的多个领域。[③] 自2013年以来，在国家社会科学基金的立项项目中，相继出现了循证社会工作、循证矫正、循证非遗保护、循证社会科学等多个研究主题。

因此，本书尝试从以往被忽视的"接纳"角度探讨各民族流动人口与城市社区的关系，以"循证"的理念和方法对流动人口与城市社区之间的具体问题进行分析，从而为加强城市社区接纳流动人口的能力建设，做好新时代城市社区的民族和流动人口工作生产"好"的证据（见图0—1）。

二　核心概念界定

（一）流动人口

人口的流动在不同语境中可以被理解为"运动"（Movement），也可以被理解为"行动/行为"（Action/Act）。[④] 一般来说，流动人口就是发生了从原居地向另一个地方流动（移动、迁移或迁徙）并居住一定时间以上的人口。国际移民组织将流动人口视为一个概括性术语，通俗解释为一个人从原住地搬出，无论其行为是在国内还是跨国的，是临时的还是永久的，以及出于何种原因。[⑤]

根据流动的方向，流动人口可以分为流入者/移入者（Immigrants）和流出者/移出者（Emigrants）。根据流动的范围，流动人口又可以分为国际

[①] 杨文登：《循证实践：一种新的实践形态？》，《自然辩证法研究》2010年第4期。

[②] 杨文登、叶浩生：《社会科学的三次"科学化"浪潮：从实证研究、社会技术到循证实践》，《社会科学》2012年第8期。

[③] 杜宝贵、张慧芳：《从"医学"到"公共管理学"——循证决策范式的扩散》，《广州大学学报》2019年第1期。

[④] Polese, V. 2017. "'Re-scaling' the Discourse of Immigrant Integration: the Role of Definitions", *International Journal of Language Studies*, 11 (4), pp. 153–172.

[⑤] IOM Definition of "Migrant", https://www.iom.int/about-migration, 2020年1月1日。

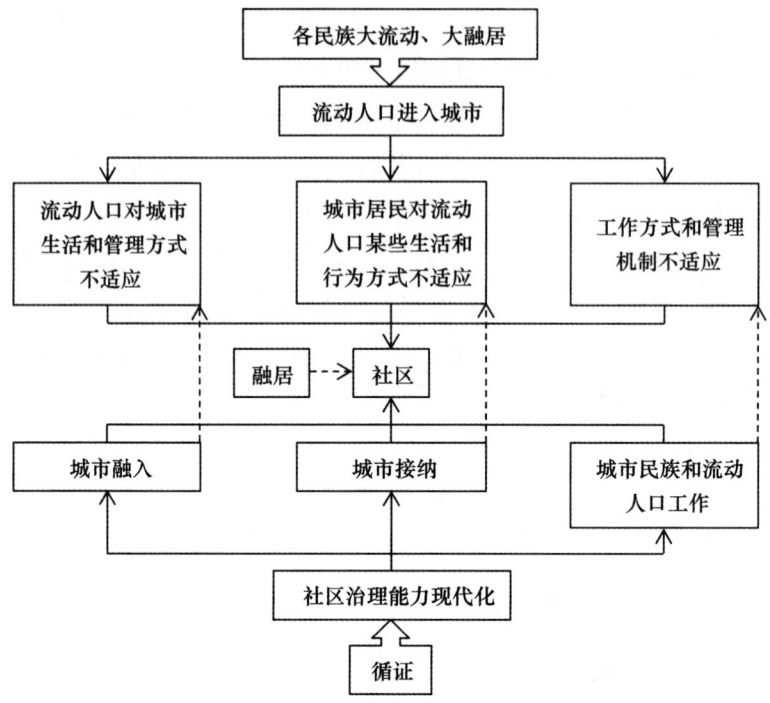

图0—1 城市社区接纳流动人口的研究背景

流动人口/国际移民（International Migrants）和国内流动人口/内部移民（Internal Migrants）。因为跨越了国界，国际流动人口比国内流动人口更多地受到不同国家政策的影响，而国内流动人口可以在国家范围内自由流动，与流出地和家乡的联系会更加紧密。还有学者将流动人口分为回流型流动人口、定居型流动人口、跨国流动人口和全球流动人口，或者循环季节性流动的"鹳鸟型"流动人口、一次性冒险式的"仓鼠型"流动人口、留有余地和不确定性的探索型流动人口以及具有定居意愿的停留型流动人口，又或者季节性循环型流动人口、定居型流动人口、长期居住型流动人口和意愿不明型流动人口，再或者以挣钱为目标的流动者（Target Earners）、寻求事业发展的劳动者（Career-seekers）和漫无目的的漂流者（Drifters）。[1]

---

[1] Engbersen, G., Leerkes, A., Grabowska-Lusinska, I., Snel, E., and Burgers, J. 2013. "On the Differential Attachments of Migrants from Central and Eastern Europe: a Typology of Labour Migration", *Journal of Ethnic and Migration Studies*, 39 (6), pp. 959–981.

为了更好地阐释流动人口在"这里"和"那里"之间可能存在的多点关系和活动,有学者提出了跨域主义(Transterritorialism)和跨地主义(Translocalism)的概念。前者强调流动人口跨越的可能是地理或国家界线,也可能是社会界线;后者强调人口在不同的特定地点间流动。[1]

以改革开放为节点,新中国的人口流动可分为两个历史阶段。1978年之前,大量人口流入新兴工业地区和边疆地区,在此之后,大量人口流入城市和东部地区。国内语境中的流动者(Migrants)之所以被称为"流动人口"(Floating Population),是因为他们往往不停地"流动"于各地寻找工作机会,大多只是暂时停留在一个城市,而且关键在于,对流动人口的理解是在我国特定的户籍管理制度下产生的,常与本地常住户籍人口相对应,特指人户分离人口。因此,尽管国内学术界对流动人口的定义有很大的差异,户籍所在地和跨地方流动是广泛认可的探讨这一群体的基础要素。当然,也有学者认为,中国的流动人口概念模糊不清,属于错用,建议使用"外来人口"替代。[2]

流动性(Mobility)可以被视为全球化的主体。[3] 随着全球化发展到今天,与流动人口相关的现象最先在城市中表现出来,[4] 其程度和复杂性已经超出了以往任何时期,并正在向多样化的多样性发展。这种人口流动现象的演进和超级多样性(Superdiversity)的趋势提示我们要打破概念性的约束,更加深入地把握流动人口的流动性。在这里,流动性强调人口流动不再是一个在一定时间条件下从某个地点到另一个地点的静态现象,而是一个可变的动态过程。人们不仅在区域内流动,也跨区域流动;不仅可以进行按天计的短期流动,也可以进行长期的流动;不仅可以单向流动,也可以多向、反向或循环流动。流动人口也呈现出居住空间多样、就业形式多样、文化表达多样、身份认同多样、目标追求多样等新特点。因而,

---

[1] Beauchemin, C., and Safi, M. 2020. "Migrants' Connections within and Beyond Borders: Insights from the Comparison of three Categories of Migrants in France", *Ethnic and Racial Studies*, 43(2), pp. 255–274.

[2] 陈友华、苗国:《制度隔离背景下的流动人口社会融合:何以可能?》,《人口与发展》2014年第3期。

[3] 范可:《流动性与风险:当下人类学的课题》,《中南民族大学学报》2014年第5期。

[4] Scholten, P. 2018. "Beyond Migrant Integration Policies: Rethinking the Urban Governance of Migration-related Diversity", *Croatian and Comparative Public Administration*, 18(1), pp. 7–30.

对流动性的理解不仅在于流出地和流入地之间的不平衡关系,[①] 还在于流动过程中的"经验、实践、差异性和多重社会关系"。[②] 由此,流动性中的超级多样性就成为一种描述各民族人口流动变化的工具,一种分析流动人口相关变量的框架,一种以政策为导向的实务方法。[③]

综上,基于对国内外流动人口概念的梳理,为了凸显对人口流动性的观察与思考,拓展更加广泛的证据来源,本书将所关注的城市社区接纳对象界定为发生了从另一个地点(流出地)到这个地点(流入地)流动的各民族的个体和群体,具有一定的民族或族裔背景、发生居住地点转换和生活状态相对不稳定3个主要特征,而在流动的时间、方向、频率、原因等条件上不做较为严格的限定。也就是说,本书着重从"移动者"(Mover)的角度理解流动人口概念。

(二)城市社区

社区(Community)是学术界经久不衰的研究主题之一。[④] 流动人口大多生活在城市社区里,他们与外界的社会联系与互动都是在这个层面上发生的。换句话说,城市社区在很大程度上塑造了流动人口的日常生活,并为有关人口流动的研究提供了场域。一方面,社区可以为流动人口提供一个过渡住所,使之获得短期到中期的稳定居住地点,从而为他们在新的城市中立足打下基础。另一方面,社区可以作为一个长期居住的地点,流动人口借此发展社会关系,逐渐形成对城市的认同感和归属感。[⑤]

一般来说,社区概念反映了共同性、组织性、功能性和地域性。[⑥] 在不同的研究者眼中,城市社区可以作为一个地理空间和社会空间、一种心

[①] 国内农民工问题、留守儿童问题、外籍流动人口问题等都受到地理、经济和社会方面的不平衡性影响,甚至可以说,旅行、上大学等人口流动现象也是这种不平衡的体现。

[②] 孙九霞等:《跨学科聚焦的新领域:流动的时间、空间与社会》,《地理研究》2016年第10期。

[③] Simic, A. 2019. "The Role of Superdiverse Home Country Cities in Helping Migrants Negotiate Life in Superdiverse Host Country Cities", *Geoforum*, 107, pp. 179–187.

[④] 张兰:《国内城市社区研究的核心争论与学术热点》,《北京科技大学学报》2020年第6期。

[⑤] Fischler, R., Wiginton, L., and Kraemer, S. 2017. "A Place to Stand on Your Own two Feet: the Role of Community Housing in Immigrant Integration in Montréal, Quebec", *Canadian Journal of Urban Research*, 26 (2), pp. 15–32.

[⑥] 夏建中:《现代西方城市社区研究的主要理论与方法》,《燕山大学学报》2000年第2期。

理和意识、人的生活成长平台、人际联系网、共同纽带,也可以作为利益共同体,乃至一种实践。① 肖林从本体论和方法论两个维度对现有社区研究进行了分类,前者最核心的问题是"共同体"意义上的社区在现代城市社会是否可能,后者最关注的主题则是通过社区去"透视"国家与社会之间复杂的互动关系。因为部分学者对前一问题持质疑或否定态度,所以,他们建议用"邻里"(Neighborhood)代替"社区"。②

在中国城市管理和治理的语境中,社区还兼有"社区制"的含义。中国社区制的演进可以划分为社区服务、社区建设、社区治理3个阶段。社区服务阶段是改革开放初期,主要是提出"社区"概念,初步构建社区制框架,实现对单位制的功能替代。社区建设阶段是社区制的探索与形成阶段,其目标是通过建立适合的社区治理体系以解决改革中的各种问题。社区治理阶段则是社区制的改革与探索阶段,目标是构建新型社区治理体制,解决社会性问题,构建社会秩序和安全,服务于国家的整体安全。③ 吴晓林认为,在当前公共理性发育不足、社会动员机制孱弱的背景下,依靠党政组织再造社会秩序,是中国实践的一个经验。社区既非单纯的行政单元,也非社会学意义上的共同体,而是成为城市组织体系演进和政策输出的"终端平台",形成了一种党组织领导下的"社区复合体",反映了治理主体达成的一种合作性制度安排,本质上是一种权力结构及其运行方式。④

综上,本书认为可以从3个角度界定城市社区:反映人居住、学习、工作、娱乐等活动的物理区域的空间体;反映区域成员之间的共同联系及互动的关联体;反映各主体在特定区域内进行治理的复合体。对于构建社区共同体来说,上述内容缺一不可。

---

① Azzopardi, A., and Grech, S. 2012. *Inclusive Communities: A Critical Reader*, Rotterdam, Boston and Taipei: Sense Publishers, pp. 13-21.
② 肖林:《"'社区'研究"与"社区研究"——近年来我国城市社区研究述评》,《社会学研究》2011年第4期。
③ 郭圣莉、张良:《改革开放以来中国城市社区制的形成及其推进机制研究》,《理论探讨》2020年第1期。
④ 吴晓林:《治权统合、服务下沉与选择性参与:改革开放四十年城市社区治理的"复合结构"》,《中国行政管理》2019年第7期。

（三）城市社区接纳流动人口的能力

接纳（Acceptance）通常包含了自我接纳、接纳他人以及对他人接纳自己程度的感受3层含义。有学者认为，接纳是指个人或群体对某人/事物的反应倾向，是一种内在的心理感受，有时接纳程度可从其外在的言语行为来判断推测。[①] 也有学者认为，接纳不仅仅是一种心理现象，而且是一个群体从心理和行动上像对待自己人一样对待外来者，是一个群体对待差异群体或多样化社会的态度、能力的反映。流入地的接纳是其适应人口流动过程的重要组成部分。那么，这种接纳可以是一个连续统，一端是排斥，另一端是积极吸引，中间点则是一种被动的接受。在中间点上，流动人口基本上只是被允许进入流入地，但得不到任何接纳性的帮助。与之类似，接纳也可以被视作区隔—同化—调节（Accommodation）的一维过程。[②] 有研究提出了接纳度（Receptivity）的概念，指一个社会对流动人口的开放程度或接受程度。媒体的描述、预设的群体观念、社会认同、经济、政治等都是接纳度的影响因素。[③]

还有研究将接纳同包容联系起来，认为城市包容度以社会保险参加情况、劳动权益保障程度、公共服务享受范围等方面为主要内容，可以用来评价城市对流动人口的接纳程度。[④] 有分析指出，城市往往是对高技能流动人口特别包容，因而会提高高技能包容性并降低低技能包容性，导致特大城市的整体包容性和低技能包容性明显低于小城市。[⑤] 这反映出我国城市具有一定的"极化接纳"特点，体现了人力资源稀缺性（或不可替代性）优先的结构性吸纳原则，表明城市对不同民族流动人口采取了差异

[①] 田蕴祥:《排斥还是包容：不同世代在地居民对外来农民工接纳态度的比较实证分析》，《中国农业大学学报》2015年第2期。

[②] Connor, P. 2010. "Contexts of Immigrant Receptivity and Immigrant Religious Outcomes: the case of Muslims in Western Europe", *Ethnic and Racial Studies*, 33 (3), pp. 376 – 403.

[③] Croucher, S. 2013. "Integrated Threat Theory and Acceptance of Immigrant Assimilation: an Analysis of Muslim Immigration in Western Europe", *Communication Monographs*, 80 (1), pp. 46 – 62.

[④] 李叶妍:《中国城市包容度、流动人口与城市发展研究》，社会科学文献出版社2017年版，第25—28页。

[⑤] Hu, W. - Y., and W, R. 2019. "Which Chinese Cities Are More Inclusive and Why?," *Cities*, 86, pp. 51 – 61.

化的接纳路径,"精英吸纳"与"居留转化"可以并行不悖,① 但不断提高中华民族共同体意识应是包容性城市的建设方向。②

流动人口的融入意愿在很大程度上建立在对其民族身份和流入地社区社会文化环境之间互动状况评估的基础上。接纳是实现各民族流动人口城市融入的起点和基础,反过来,社区、当地居民和各民族流动人口又共同塑造了接纳的多维过程。如果说,城市民族和流动人口工作中的接纳是指城市的管理者和常住人口对外来不同民族流动人口的主动示好和欢迎,是城市接受、容留外来不同民族流动人口的态度和行动,③ 那么,城市社区接纳流动人口的能力就是社区为达成上述意愿而开展行动所具备的条件,涉及空间、人口、文化、经济、政治和社会等相互交织的因素,是社区共同体治理能力的组成部分。社区的接纳能力之所以重要,因为它反映了城市的气度和特质,代表着社区民族和流动人口工作的水平,影响着流动人口在流入地的生活状况。加强城市社区接纳流动人口的能力建设能够改善当地居民对不同民族流动人口的态度,营造良好的社区环境,让各族居民一起在社区中过上更好的生活,推动"三个共同体"的构建与发展。

综上,结合理解城市社区的3个角度,本书将城市社区接纳流动人口能力建设界定为:作为"复合体"中治理主体的党政组织、社会组织等,在具有流动性的"空间体"内,如何通过有效的服务与管理,将各民族流动人口纳入"关联体"的问题。

三 文献综述

(一)"接纳"的相关理论

1. 接触理论

美国著名心理学家 Allport 提出的接触理论认为,不同群体在具有平等地位、合作性相互依赖、共同目标和制度支持的最优条件下进行接触,可以有效地减少偏见、刻板印象和冲突。同质环境有助于信任,更多的异

---

① 李煜、康岚:《个体化赋权:特大城市中新"土客"关系的调适路径》,《江苏社会科学》2016年第2期。
② 王兴周:《族群性、都市乡民与包容性城市建设》,《民族研究》2017年第1期。
③ 严庆:《接纳与包容:城市民族工作需要的社会心态与风尚》,《中国民族报》2016年5月27日第7版。

质性降低了信任、合作能力和对集体行动的支持。一般情况下，在一个多民族地区，族际关系紧张甚至冲突的可能性更大，对少数民族流动人口的态度可能更加消极。如果期望群体间的接触能够减少偏见和刻板印象，并最终缩短当地居民和流动人口之间的社会距离，那么这种接触必须是有意义的、频繁的、密切的，还应尽可能达到最优条件。来自世界多地的大量研究对接触理论进行了验证和完善，形成了基本一致的结论：一般来说，当地居民与流动人口的接触可以促进当地居民产生积极的接纳态度，可以推动流动人口的城市融入过程并维护他们的利益。而有学者认为，强调和谐、集体承诺、凝聚力和服从权威的儒家思想，使中国的环境与所接触理论设定的最优条件非常接近。[1]

由于群体间的接触广泛发生在社会空间中，接触的有效性取决于接触的环境和条件。流动人口在多大程度上威胁到城市及社区居民的利益，直接影响积极效应的产生。[2] 当受到焦虑、威胁感等因素的影响时，族际接触就容易产生负面效应，而各种形式的负面接触经历将会导致当地居民对其他民族流动人口的负面态度或敌意，制约接纳环境的形成。尽管在现实生活中，积极的族际接触往往比消极的更为普遍，但消极的接触对族际态度的影响更大。因而应该强调社区在促进基层社会凝聚力方面的重要作用，努力通过社区建设来整合不同群体。另外，接触及其影响是一个累积的过程，群际态度的形成也受到个体与其他群体成员之间过往接触经历、现有接触状态以及接触频率的影响。虽然城市居民依赖于流动人口提供的服务，但他们往往对其他民族流动人口有较深的负面态度。在这种情况下，影响群际关系的更主要原因是缺乏交流与合作，而不是竞争。即使居住上的邻近提供了当地居民与外来流动人口互动的机会，但大多数的接触是表面的，不够深入，无法真正促进友谊的形成。而且，频繁的随意接触反而可能强化刻板印象，增加偏见。所以，与工作和生

---

[1] Li, J. -X., and Tong, Y. -Y. 2020. "Coming Together or Remaining Apart? A Closer Examination of the Contexts of Intergroup Contact and Friendship between Urban Residents and Rural-to-urban Migrants in China", *Journal of Ethnic and Migration Studies*, 46 (1), pp. 66 – 86.

[2] Kotzur, P., Tropp, L., and Wagner, U. 2018. "Welcoming the Unwelcome: How Contact Shapes Contexts of Reception for New Immigrants in Germany and the United States", *Journal of Social Issues*, 74 (4), pp. 812 – 832.

活相关的经常性互动可能更有利于形成双方的接纳,而点头之交式的简单接触往往不能真正促进双方友好关系的建立。在达不到最优条件的情况下,反复的接触不一定能促进群体间的友谊,肤浅和随意的接触反而会产生负面影响。当然,也有观点认为,最优条件只是增强了群际接触的积极作用,即使不满足最优条件,人际接触和态度也具有显著的正向关系。而且,群体之间面对面的接触并不一定是必要的,群际接触产生的积极效应可能会超出最初接触的两个群体的范围,从而形成对其他未直接接触群体的接纳。换言之,当地居民与一个民族的流动人口的积极接触有可能促进对其他民族的流动人口的正向反应,从而在城市和社区中形成接纳环境。

2. 同化和涵化理论

同化(Assimilation)理论的经典模型认为同化的过程是线性的,流动人口及其子女会随着时间的推移逐渐同化于主流社会或主体民族,而且同化的结果是积极的,使流动人口获得了更高的社会地位。随着美国新移民的到来,传统同化理论的适用性受到了广泛的批评。一方面,流动人口的情况发生了很大变化,更多的移民来自亚洲和拉丁美洲,相比欧洲移民和美国非洲裔更具有"少数族裔"的特点。另一方面,美国的环境也发生了很大变化,社会分层更加明显,沙漏型的就业市场对这些流动人口来说更加困难。在此背景下,美国普林斯顿大学社会学家 Portes 和加州大学洛杉矶分校社会学者周敏提出了分层同化理论(Segmented Assimilation)。该理论试图解释是什么决定了一个特定群体可以被同化到美国社会的哪一部分,提出新移民(特别是第二代移民)的同化路径分为 3 种:一是按照线性同化理论的观点向上流动,融入美国的中产阶级;二是向下流动,同化于贫困的城市低阶层;三是选择性文化涵化,在经济融入的过程中注重保护流动人口的文化和价值观。[①] 分层同化理论为流动人口和移民研究提供了更为广阔的视野,在强调民族、经济社会地位、社会资本、家庭、性别等因素对同化产生作用的同时,凸显了流入地对同化结果的影响,不

---

① Xie, Y., and Greenman, E. 2005. *Segmented Assimilation Theory: A Reformulation and Empirical Test.* Population Studies Center Research Report 05 – 581, Institute for Social Research, University of Michigan.

同的接纳环境会导致有差异的同化路径。该理论还表明，同化的规模和范围会带来不同的产出，有限的同化可能更有利于流动人口和当地社会。

涵化（Acculturation）是指不同文化背景的个人和群体在相互接触后发生的文化变迁过程。文化距离影响流动人口的文化涵化，一个接纳能力强的城市环境将有助于缩短群际和族际的文化距离，促进文化之间的涵化。文化涵化的理论模型一般可以分为一维和多维两类。一维模型代表文化变迁发生在从流动人口自身原有文化到流入地文化之间的线性的双极连续统上。多维模型表示文化涵化包括行为或实践的改变、价值的改变和认同的改变，而这3个方面在概念上和内容上又是相互关联的。

文化涵化是双向的，涵化过程发生在自身文化和流入地文化的互动中。流动人口可能保持或加强自身的文化，也可能学习或适应流入地文化。这两种文化之间相互作用产生的结果可以归纳为4种：融入，流动人口保持自身文化同时适应了流入地文化；同化，流动人口放弃了自身文化并且适应了流入地文化；分离，流动人口保持自身文化并且拒绝了流入地文化；边缘化，流动人口放弃了自身文化同时拒绝了流入地文化。也有观点将这种双向作用的结果描述为多元文化主义、熔炉、区隔和排斥。还有研究建立的互动涵化模型得出了流入地社会成员和流动人口之间的5种文化涵化取向：融入、区隔、同化、排斥和个人主义。与一般倾向于融入的流动人口相比，当地居民往往采用同化策略，即希望流动人口放弃其文化和语言上的独特性，而接受当地的价值观。[①]

3. 融入和并入理论

融入（Integration）是一个动态的双向作用过程，需要流动人口和当地社区的相互调整。因此，许多研究将其称为"整合"或"一体化"。流动人口的融入轨迹和模式因人群而异，经济整合通常发生在先，其次为文化接纳，再次为行为适应，最后是身份认同。但这里的文化接纳指的是流动人口对流入地的语言、文化、风土人情、社会理念的了解和认可程度，不是本书关注的社区接纳流动人口的文化。依据上述4个方面，融入可以

---

① Yue, Z.-S., Fong, E., Li, S.-Z., and Feldman, M. 2019. "Acculturation of Rural-urban Migrants in Urbanising China: a Multidimensional and Bicultural Framework", *Population Space Place*, e2278.

分为 5 种模式：隔离型、多元型、融入型、选择型、融合型。① 然而有研究倾向于使用"适应"（Adaptation）表达这一过程，认为流动人口的城市适应一般包括经济适应、社会接纳、文化认同与心理归属 4 个维度。其中，社会接纳是指流动人口的行为规范、人际交往和言行举止向当地人靠拢，享受到与当地居民同等的资源条件，并被当地人所接纳。社会接纳是城市适应的重要指标之一，又影响着另外 3 个维度。②

当地社区根据制度政策情况以及大多数成员对不同民族流动人口的接纳态度决定了两者相互作用的主要规则和规范，从而促进或阻碍融入进程。由此可见，两者的地位并不对等，当地社区对融入进程和结果的决定性作用远远大于流动人口本身。流入地对流动人口的融入（整合）政策主要可以从融入意愿和融入能力两个方面进行分析。比较而言，同化主义是一种以激励为基础的政策，把融入作为一项条件强加给流动人口，政策干预的目的主要是增强流动人口的意愿，使之适应流入地社会。而多元文化主义是一种以机会为基础的政策，把融入作为流动人口的主观能动行为，政策干预的目的主要是增强流动人口的能力，使流入地社会更加包容③（见表 0—1）。无论基于哪种干预逻辑，融入政策都蕴含了对流动人口的接纳意愿，只是接纳的路径和方式有所不同。

表 0—1　　　　　　　　融入政策的干预逻辑比较

	条件逻辑（Conditioning）	能动逻辑（Enabling）
政策类型	同化主义	多元文化主义
融入内涵	适应	包容
政策框架		
问题	流动人口融入的意愿不强	流动人口融入的能力不足
关系	融入意愿的增强带来融入能力的提升	融入能力的增强带来融入意愿的提升
对策	通过激励以增强融入意愿	提供机会以增强融入能力

---

① 杨菊华：《从隔离、选择融入到融合：流动人口社会融入问题的理论思考》，《人口研究》2009 年第 1 期。

② 高向东、余运江、黄祖宏：《少数民族流动人口城市适应研究——基于民族因素与制度因素比较》，《中南民族大学学报》2012 年第 2 期。

③ Lutz, P. 2017. "Two Logics of Policy Intervention in Immigrant Integration: an Institutionalist Framework Based on Capabilities and Aspirations", *Comparative Migration Studies*, 5 (1).

充分的并入（Incorporation）意味着各民族流动人口与当地居民的生活机会均等，并被视为共同体的合法组成部分。因此，可以把并入定义为当地居民和流动人口在经济社会发展机会和共同体接纳两个主要维度上的趋同。具体来说，不同民族流动人口和当地居民在经济社会发展机会上的趋同代表了包容，而分化代表了排斥。不同民族流动人口和当地居民在共同体接纳程度上的趋同代表了主流化，而分化代表了族裔化。那么，当两个维度都发生趋同时就是实现了主流化包容或者说融入，当两者都发生分化时就是产生了族裔化排斥或者说去融入（De-integration）[1]（见表0—2）。

表0—2　　　　　　　　　流动人口的并入模式

		共同体接纳	
		趋同	分化
经济社会发展机会	趋同	主流化包容（融入）	族裔化包容
	分化	主流化排斥	族裔化排斥（去融入）

中国台湾社会学者蓝佩嘉从制度和文化维度对流动人口的并入进行了分析，同时加入了边界的概念（见图0—2）。当边界清晰时，并入表现为明确的跨界形式；当边界模糊时，个体在界线上所处的位置是模棱两可的，可能形成过渡性的或中间性的身份。群际互动并不总是能跨越或消除群体边界，有时也会加强群体的分化。当流入地居民感受到自身在资源和机会方面的优势逐步丧失并产生忧虑时，他们就倾向于强化或区分边界来维持自己的现状。在这样的背景下，流入地对流动人口的接纳就显得十分微妙。[2]

4. 融合和互嵌理论

芬兰于韦斯屈莱大学传播学者Croucher和美国俄克拉荷马大学传播

---

[1] Ponzo, I. 2018. "Modes of Migrant Incorporation in Contexts of Socio-economic Downward Mobility", *Journal of Ethnic and Migration Studies*, 44 (14), pp. 2435 – 2452.

[2] Lan, P. - C. 2014. "Segmented Incorporation: the Second Generation of Rural Migrants in Shanghai", *The China Quarterly*, 217, pp. 243 – 265.

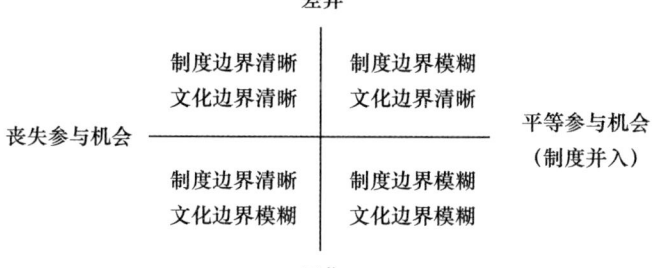

图 0—2 流动人口并入的分析框架

学者 Kramer 在对涵化和适应进行反思的基础上提出了文化融合理论（Cultural Fusion Theory），主要包括 3 项研究条件、4 项研究假设、7 项公理以及得出的 19 项定理①（见表 0—3）。而国内研究多关注的是社会融合，并在中国的城市背景下将其分为接纳、融入和认同三部曲，其中接纳包括制度接纳和市场接纳两个主要方面。② 流动人口社会融合指标体系大体上可以分为政策指标体系、个体融入指标体系和社会包容指标体系，而社区接纳测量维度在个体融入和社会包容两个指标体系中都有所体现。③

表 0—3　　　　　　　文化融合理论的框架

研究条件	1. 流动人口在一种文化中社会化，然后流动到另一种新的文化中
	2. 流动人口在某种程度上依赖于主流文化（环境）
	3. 流动人口和主流文化的成员发生交往交流
假设	1. 人具有与生俱来的自组织动力并适应环境挑战的能力
	2. 人具有与生俱来的自组织动力并渴望保持自己的文化认同
	3. 文化融合发生在个体与环境的交往交流中并通过其实现
	4. 文化融合是一个开放和动态的系统，改变着个体及其周围的环境

---

① Croucher, S., and Kramer, E. 2017. "Cultural Fusion Theory: an Alternative to Acculturation", *Journal of International and Intercultural Communication*, 10 (2), pp. 97–114.

② 吴缚龙、宁越敏：《转型期中国城市的社会融合》，科学出版社 2018 年版，第 15—19 页。

③ 肖子华：《人口流动与社会融合：理论、指标与方法》，社会科学文献出版社 2018 年版，第 144—155 页。

续表

公理	1. 文化融合包含涵化和文化保持
	2. 文化融合带来了跨文化转型
	3. 跨文化转型体现在功能适应度、心理健康和跨文化认同的增强
	4. 流动人口和流入地的跨文化转型促进了交往交流能力，反之交往交流能力也促进了跨文化转型
	5. 跨文化转型提高了流入地和不同民族流动人口（人际和大众层面）交往交流的参与度，反之交往交流也促进了跨文化转型
	6. 流入地主流文化对流动人口的压力影响着他们的跨文化转变水平，反之流动人口的跨文化转变水平也影响着主流文化对他们的压力
	7. 流动人口个体的素质影响着他们的跨文化转变水平，反之流动人口的跨文化转变水平也影响着个体素质
定理	1. 流入地和流动人口的交往交流能力越好，跨文化转型越好
	2. 流入地和流动人口在人际和大众层面交流的结合有助于文化融合
	3. 流入地的人际和大众层面交流的结合有助于跨文化转型（功能适应度、心理适应度、心理健康、跨文化认同）
	4. 流入地的接纳程度越高，流动人口利用流入地人际和大众层面交往交流的程度越高
	5. 流入地的接纳程度越高，流动人口和流入地的跨文化转型越好（功能适应度、心理健康、跨文化认同）
	6. 流入地的接纳程度越高，文化融合越好
	7. 流入地从众压力越大，流动人口利用本群体内人际和大众层面交往交流的程度越高
	8. 流入地从众压力越大，流动人口和流入地的跨文化转型越差（功能适应度、心理健康、跨文化认同）
	9. 流入地从众压力越大，对文化融合的渴望越低
	10. 流入地接纳程度越高，流动人口群体内的强度越弱
	11. 流入地从众压力越大，流动人口群体内的强度越弱
	12. 流动人口群体内的强度对文化融合的可能影响取决于流入地的接纳程度和从众压力
	13. 对转变的准备越充分，流动人口和流入地利用两者的人际和大众层面交流的程度越高
	14. 对转变的准备越充分，流动人口和流入地的跨文化转型越好（功能适应度、心理健康、跨文化认同）

续表

定理	15. 文化相似程度越高，流动人口和流入地利用两者的人际和大众层面交流的程度越高
	16. 文化相似程度越高，流动人口和流入地的跨文化转型越好（功能适应度、心理健康、跨文化认同）
	17. 个性适应程度越好，流动人口和流入地利用两者的人际和大众层面交流的程度越高
	18. 个性适应程度越好，流动人口和流入地的跨文化转型越好（功能适应度、心理健康、跨文化认同）
	19. 更高水平的转变准备程度、文化相似程度和个体适应程度有助于更好的文化融合

嵌入性理论是新经济社会学研究中的一个核心理论。1944 年，著名的匈牙利裔经济史学家 Polanyi 在《大转型》一书中首次提出"嵌入性"概念，经济作为一个制度过程，是嵌入经济和非经济制度之中的。1985 年，美国知名经济社会学家 Granovetter 发表的重要论文《经济行动和社会结构：嵌入性问题》提出，市场中的经济行动必定嵌入于社会结构之中的，这成为嵌入性理论新的里程碑。20 世纪 80 年代以来，"嵌入"概念逐渐进入经济学的许多分支，以及社会学、管理学等学科。2014 年 5 月中央召开第二次新疆工作座谈会，会上首次提出"推动建立各民族相互嵌入式的社会结构和社区环境"，同年 9 月的中央民族工作会议再次强调了要建立相互嵌入的社区环境。

嵌入的意思是牢固地或深深地固定或树立，紧紧地埋入，镶入。相互嵌入是不同社会主体（包括个体和群体）在社会互动中的相互接纳、吸收和依赖并形成共同体的过程。通过相互嵌入，社会主体的需要得以满足，社会良性运行得以实现。推动各民族相互嵌入的本质就是在民族平等的基础上，以尊重差异、包容多样为原则，增进各民族的交往交流交融，巩固"你中有我，我中有你"，谁也离不开谁的利益和情感共同体，让各民族在中华民族大家庭中手足相亲、守望相助，实现各民族共同团结奋斗、共同繁荣发展。因此，相互嵌入是民族交融的过程注解，是我国各民族分布上交错杂居、文化上兼收并蓄、经济上相互依存、情感上相互亲近的直观体现。

各民族相互嵌入的过程（见图 0—3）有两个关键点：第一，民族 A 和民族 B 最终形成了一个共同体，这个共同体不是 A 与 B 的简单联合，而是在基本保持 A 与 B 自身边界的同时形成了两者共有的部分 C，这个部分反映了 A 与 B 的相互接纳、吸收和依赖，实现了民族 A 与民族 B 的相互嵌入。第二，相互嵌入必须有利于民族的发展，有利于社会的良性运行，即 C 部分的形成产生了耦合效应，① 促进了民族 A 与民族 B 的发展。

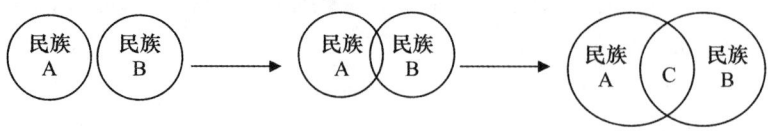

图 0—3　各民族相互嵌入的过程

（二）城市社区接纳能力的相关研究

1."接纳"的认知角度

移民时代，城市的建设和发展要围绕在其中生活的多元主体，既包括当地居民，也包括外来流动人口。② 在流动人口和城市社区之间建立积极而有意义的联系能够使流动人口获得舒适感和安全感，同时能够帮助城市社区更好地理解流动人口的价值和潜在的贡献，在尊重多元文化共存的前提下凸显共同感。一个接纳性的社区应该对流动人口持开放和欢迎的态度并积极创造一个包容的环境，能够顺应各民族人口的流动性，帮助他们通过流动获得更好的生活。只有主动接纳，社区才能最大限度地提升影响力和凝聚力，顺理成章地实现流动人口的善治。从这个角度来说，城市和社区对其成员有价值和意义，居住于此的流动人口就可能形成归属感。③ 当然也有观点认为，流动人口更受家人、朋友、亲戚等个人社会关系和互动的作用，仅仅依靠社区的接纳可能不足以帮助他们顺利调整和完全适应新

---

① 在群体心理学中，群体中两个或两个以上的个体通过相互作用而彼此影响从而联合起来产生增力的现象，被称为耦合效应，也被称为互动效应，或联动效应。

② 周大鸣：《移民与城市活力——一个都市人类学研究的新视角》，《学术研究》2018 年第 1 期。

③ 董敬畏：《流动与社会边界——流动人口融合认同的建构》，《浙江学刊》2018 年第 1 期。

的城市生活。①

2016年至2017年，美国知名调查咨询公司Gallup World Poll使用接纳问卷（见表0—4）对140个国家的147695名15岁及以上的人口进行了调查，涉及不同文化背景、年龄结构、收入水平和受教育程度的对象。以此为基础，盖洛普公司的Fleming等人创建了"流动人口接纳指数"（Migrant Acceptance Index）。②

表0—4　　　　　　　　　Gallup World Poll 接纳问卷

问题	选项
我想问你一些关于外来流动人口和移民的问题。请告诉我，你认为下列各项是好是坏： 居住在_____的外来流动人口和移民如何？ 如果外来流动人口和移民成为你的邻居如何？ 如果外来流动人口和移民与你的近亲结婚如何？	1. 好 2. 不好 3. 看情况 4. 不知道 5. 拒绝回答
你认识居住在_____的外来流动人口和移民吗？	1. 认识 2. 不认识

城市社区的接纳可以从群体和个体两个角度认识，也就是对流动人口的社会群体期望和个人切身评价。其中，社会群体期望是对流动人口的整体认知和价值评判，将流动人口视作群体，从功能主义的视角看待流动人口对城市社区发展的影响，形成对流动人口群体的接纳意愿和行动。这是一种相对抽象的宏观认知，更易受到外界主流观点的影响。而个人切身评价是社区当地居民个体在与流动人口个体发生现实交往时，从直接体验的视角评价流动人口对自身行为的影响或冲击，是一种相对具体鲜活的微观印象。③ 城市社区对流动人口的接纳可以是不同程度的。社区当地居民接

---

① Zorlu, A. 2009. "Ethnic Differences in Spatial Mobility: the Impact of Family Ties", *Population, Space Place*, 15, pp. 323–342.

② Fleming, J., Esipova, N., Pugliese, A., Ray, J., and Srinivasan, R. 2018. "Migrant Acceptance Index: a Global Examination of the Relationship between Interpersonal Contact and Attitudes Toward Migrants", *Border Crossing*, 8(1), pp. 103–132.

③ 宋月萍、陶椰：《融入与接纳：互动视角下的流动人口社会融合实证研究》，《人口研究》2012年第3期。

纳"与自己不同"的外地人，可能出于自身的理性、对他人的友善或是同情，是一种初步的接纳。进而认为流动人口"与自己无异"而接纳他们，则源自社区当地居民对他们更深层次的认同。城市社区对流动人口的接纳又可以分为无条件接纳和有条件接纳，其中后者往往被视为一种政治条件，即制度和政策决定了欢迎谁和不欢迎谁。有条件的接纳可能造成4种负面效应：区别化，流动人口和当地居民被截然划分为两个群体；特权化，由于区别对待而导致群体权利的不等；当地化，强调社区中当地居民的权利并限制流动人口的权利；政治化与去政治化，对两个群体的社会控制带来了社会不公。[1]

2. 接纳能力的分析维度

流入地环境是一个复杂的社会系统。在国家或地方层面给予流动人口合法权利和地位时，社区可能会帮助流动人口学习、获得和实践当地的文化规范、信仰、价值观和习俗，促进他们的社会适应，也可能产生对流动人口个体上或群体上的偏见或歧视，导致消极的适应结果。[2] 例如，小城镇人口往往比城市人口更不容易接受不同民族流动人口。同样地，与民族构成单一的社区相比，多民族社区要求流动人口改变价值观和风俗习惯的可能性相对较低。换句话说，流动人口利用其民族身份获得的文化资源可能在一个接纳性的社区中被视为有特定价值的社会资本，而在另一个不接纳他们的社区中则可能部分或完全丧失价值。所以，民族身份和流入地文化背景之间的相互作用促进或者阻碍着城市社区对流动人口的接纳进程。但无论怎样，不排斥任何人始终是社区接纳能力的最基本体现，是实现接纳的第一步。

城市社区接纳流动人口的能力涉及多方面的因素，这些因素的作用大小取决于流入地的发展水平、政府政策、社区状况等。美国里士满大学社会学者 Lee 以美国的亚裔流动人口为例，分析了经济竞争、文化种族主义和本土主义对社区接纳能力的影响。[3] 加拿大多伦多大学公共政策学者

---

[1] Sridarrana, P., Keraminiyagea, K., and Fernando, N. 2018. "Acceptance to Be the Host of a Resettlement Programme: a Literature Review", *Procedia Engineering*, 212, pp. 962–969.

[2] Stepick, A., and Stepick, C. 2009. "Diverse Contexts of Reception and Feelings of Belonging", *Forum: Qualitative Social Research*, 10 (3).

[3] Lee, S. 1989. "Asian Immigration and American Race-relations: from Exclusion to Acceptance?", *Ethnic and Racial Studies*, 12 (3), pp. 368–390.

Reitz 考察了影响社区接纳能力的 4 个维度：现有的民族关系，包括早期的流动人口对新流动人口的影响；劳动力市场及相关制度，包括伴随着社会群体关系变化的产业结构转型升级；政府的政策和项目，包括应对新情况而进行的社会福利、教育等方面的调整；社会边界的变化，包括区域、城乡、民族之间差距的改变。上述每一个方面都指向了更大程度地接纳民族多样性，而文化和制度因素在 4 个相互联系的方面中都发挥着作用。[1] 美国哈佛大学社会学者 Asad 则把社区的接纳能力分为制度、就业、社会3 个方面。制度方面：流入地能够在多大程度上给予流动人口政策支持，流入地能够在多大程度上帮助流动人口居住和生活，流入地的相关制度政策会在多大程度上排斥或歧视流动人口；就业方面：流动人口有多大机会进入流入地的劳动力市场，流动人口在流入地有多大可能获得与原有工作岗位相似的就业机会，流动人口在就业过程中有多大可能遭受排斥或歧视；社会方面：流动人口受到当地居民多大程度的欢迎或排斥，流动人口可以与当地居民进行多大程度的竞争，流动人口在流入过程中遭受多大程度的污名化或歧视。[2]

近十年来，许多欧美城市经历了人口流动形势的巨大调整，原有的社会氛围已经发生了改变。越来越多的团体和政党公开鼓吹反移民的情绪，社会对流动人口的态度变得更加强硬，对宽容政策的支持在减少。例如，部分西方国家的领导人公开宣称多元文化主义是失败的，[3] 美国出现白人搬离多民族社区（White Flight）以及"反城市化"（Counterurbanisation）[4]现象。在此背景下，一些学者就提升社区的接纳能力进行了新的有益探索。捷克马萨里克大学社会学者 Jaworsky 等人提出了城市文化支柱（Cultural Armature）概念，包括城市的历史和文化地理特征、城市的自我呈现、对人口构成变化的文化应对以及对流动人口的普遍态度。这一概念有

---

[1] Reitz, J. 2002. "Host Societies and the Reception of Immigrants: Research Themes, Emerging Theories and Methodological Issues", *The International Migration Review*, 36 (4), pp. 1005 – 1019.

[2] Asad, A. 2014. "Contexts of Reception, Post-disaster Migration, and Socioeconomic Mobility", *Population and Environment*, 36 (3), pp. 279 – 310.

[3] Jetten, J., and Esses, V. 2018. "The Reception of Immigrants and Refugees in Western Countries: the Challenges of Our Time", *Journal of Social Issues*, 74 (4), pp. 662 – 673.

[4] Simpson, L. and Finney, N. 2009. "Spatial Patterns of Internal Migration: Evidence for Ethnic Groups in Britain", *Population, Space Place*, 15, pp. 37 – 56.

助于对城市社区文化接纳维度的探讨，并为比较不同城市接纳流动人口提供了工具。[1] 比利时根特大学社会心理学者 Van Assche 等指出，积极的社区规范和牢固的社区纽带是加强接纳能力建设的重要因素。规范是指在社区公共空间里与其他居民互动以及自身行为的不成文的社会规则，积极的社区规范包括友谊、互惠、帮助、社区参与和社区意识。当然，共同的规范并不总是正面的，在某些情况下，可能会故意排斥外人并对群体成员造成普遍的负面影响。但是，积极的规范应成为社区居民的共同追求，大家友好相处，保持共同的价值观和信任，为了维护共同利益而合作。通过建立积极的社区规范可以极大地缓解因多民族居民构成而可能造成的较低的社区满意度和较高的社区不足感，从而提升社区的接纳能力。[2]

3. 社区当地居民的接纳态度

接纳态度不仅是当地居民对流动人口及其文化持排斥还是包容的态度，还涉及不同群体间的态度分化和差异，以及这些差异的成因。[3] 普遍存在的友善态度有助于形成接纳的社会氛围，而普遍存在的刻板印象更不容易形成接纳性的环境。当流入地的接纳能力不足时，流动人口将无法参与主流文化，与当地居民的人际交往活动也受到限制。实际上，当居民们在社区里面对面时，对"他者"的看法就开始形成，无论其是积极的、消极的还是中性的。一方面，当地居民将流动人口对象化，如何分类并采取什么态度直接影响着流动人口对其社会形象的回应和建构。[4] 另一方面，流动人口以不同身份出现在一定环境中，往往会引发当地居民对自身归属感和权利的反思。这一相互作用的过程会影响城市社区的接纳能力

---

[1] Jaworsky, B., Levitt, P., Cadge, W., Hejtmanek, J. and Curran, S. 2012. "New Perspectives on Immigrant Contexts of Reception: the Cultural Armature of Cities", *Nordic Journal of Migration Research*, 2 (1), pp. 78–88.

[2] Van Assche, J., Asbrock, F., Roets, A., and Kauff, M. 2018. "Positive Neighborhood Norms Buffer Ethnic Diversity Effects on Neighborhood Dissatisfaction, Perceived Neighborhood Disadvantage, and Moving Intentions", *Personality and Social Psychology Bulletin*, 44 (5), pp. 700–716.

[3] 李煜：《利益威胁、文化排斥与受挫怨恨——新"土客"关系下的移民排斥》，《学海》2017 年第 2 期。

[4] 例如，如果流动人口受欢迎，能获得工作、住房和其他便利条件，他们就更有可能取得成功，相应产生的归属感将促使他们接受既定的社会形象。而如果流动人口不受欢迎，在就业和住房方面遇到障碍，遭受更普遍的偏见和歧视，他们反而可能塑造一个对立的社会形象。

建设。

当地居民对流动人口的态度是友好的、冷漠的还是敌对的，取决于许多社会、经济和政治因素。[1] 价值规范的区隔和资源竞争可能是影响当地居民接纳态度的重要因素。[2] 没有融入主流文化的流动人口往往被视作对流入地的威胁，尤其是那些经济状况不好的流动人口，他们可能被视为当地居民的资源竞争对手，并成为流入地的负担。有学者认为，当地居民对流动人口的排斥部分源于其当前生活境遇的恶化，但更主要的原因是曾经有过的利益受损经历以及对未来社会地位变化的悲观预期。另外，当地居民对政府行政能力的不满以及政府解决社会不平等问题的低效也会显著影响到接纳态度。[3] 英国谢菲尔德大学社会学者 Piekut 等重点考察了利兹和华沙居民对多民族状况的感知与接纳态度之间的关系。当地居民对民族多样性的感知可能与自身群体权利的受威胁感知有关，反映了他们对资源获取的担忧。族际接触、多民族的实际状况、多民族的感知状况和社会环境变化对当地居民接纳流动人口的态度有影响。因此，要营造和巩固良好的社会环境，以便人们能够更多地接受民族和文化多样性。[4]

有研究运用群际社会距离（也就是两个群体间的社会互动）分析接纳态度。人们希望与流动人口保持更远的社会距离通常是由偏见和消极的刻板印象造成的。流入地环境对社会距离的影响并不显著，相反，个人特征对社会距离的解释力更强。不同的个体对社会距离变化的反应不同，人们通常喜欢生活在与自己类似的人居多的地方，喜欢生活在与自己世界观接近的人中间，这会强化一个人的固有认知，导致群体极化。[5] 针对邻避

---

[1] Cheah, W.-H., Karamehic-Muratovic, A., and Matsuo, H. 2013. "Ethnic-group Strength Among Bosnian Refugees in St. Louis, Missouri, and Host Receptivity and Conformity Pressure", *Journal of Immigrant and Refugee Studies*, 11 (4), pp. 401–415.

[2] 胡鹏辉、杨奎臣、贾爱宾:《影响城市居民接纳农民的态度的因素》,《城市问题》2018年第11期。

[3] 柳建坤、许弘智:《利益威胁、政府工作满意度与市民对进城农民的接纳意愿——基于CSS2011数据的实证分析》,《社会》2019年第2期。

[4] Piekut, A., and Valentine, G. 2016. "Perceived Diversity and Acceptance of Minority Ethnic Groups in Two Urban Contexts", *European Sociological Review*, 32 (3), pp. 339–354.

[5] Leino, M., and Himmelroos, S. 2020. "How Context Shapes Acceptance of Immigrants: the Link between Affective Social Distance and Locational Distance", *Ethnic and Racial Studies*, 43 (10), pp. 1890–1908.

理论（NIMBY-Not In My Backyard）解释接纳态度的不足，美国麻省理工学院地理学者 Choong 设计了计划行为理论框架（Theory of Planned Behavior），以确定影响马来西亚城市社区居民接纳的因素。该理论框架有3个核心变量：态度（Attitude）、主观规范（Subjective Norm）和感知行为控制（Perceived Behavioral Control），还包括一个附加变量：关注（Concern）。其中，态度变量指的是对一种行为的好感度，反映当地居民基于自己的经验对流动人口的内心感受和认识（无论是积极的还是消极的）；主观规范变量是指在执行或避免某一特定行为时所承受的社会压力，这种压力可能来自行为邻居、家人、朋友或其他人，行为人是否接纳流动人口受到这些人的意愿的影响；感知行为控制变量指的是执行某一特定行为的难度和信心。例如，个体或群体可能认为排斥流动人口是困难和无法实现的，因此转而接受流动人口；关注变量表示当地居民对人口流入后果和风险的认识，涉及环境卫生、拥挤程度、安全程度等多个方面。研究结果显示，关注变量的作用最为显著。为了提高社区的接纳能力，应依次关注社区安全、社区房屋价格、社区卫生和社区环境。另外，社会联系和中间协调人（Facilitator）对于接纳流动人口有重要作用。[1]

除此以外，还有许多理论工具被用于当地居民接纳态度的研究中。相似—吸引假说认为，当一个人感知到另一个人在态度、价值观等诸多方面与自己相似时，就会给予积极的评价和接纳。换言之，人们喜欢那些与自己相似的人或群体。社会认同理论认为，人们往往通过内群体和各种外群体之间的比较来努力获得或保持有利的自我形象，因此，民族中心主义是社会识别的必然结果。整合威胁理论确定了现实威胁、象征性威胁、族际焦虑和负面刻板印象在偏见形成中所起到的重要作用。共同内群体认同模型认为，外群体成员一旦被认可为内群体的一分子，那么，对待他们的方式将会与对待其他内群体成员的方式类似。[2] 扩展接触假说认

---

[1] Choong, W. -W. 2017. "Key Determinants that Enhance Acceptance of Migrant Labor Settlement in the Iskander Development Region, Johor", *Malaysia Sustainable Cities Program*, *Working Paper Series*.

[2] Van Oudenhoven, J., Ward, C., and Masgoret, A. -M. 2006. "Patterns of Relations Between Immigrants and Host Societies", *International Journal of Intercultural Relations*, 30, pp. 637 - 651.

为，内群体成员建立与外群体成员个体之间的密切关系有助于形成积极的群体接纳态度。①

(三) 流动人口与城市社区治理的相关研究

1. 城市流动人口的困境

对不同民族流动人口的研究可以追溯到早期的社会学芝加哥学派，该学派强调了城市生态系统中的入侵和演替概念。② 之后，学术界在不同民族流动人口的社会融入、生活历程、选择性以及国内流动与跨国流动之间的联系、社区环境变化和社区政策等方面取得了广泛的成果，③ 并且基于对主流文化背景中的族际关系和群体中的阶层关系的分析，提出了少数民族流动性文化。④

各民族流动人口向城市的转移并扎根，既不是单纯的制度推动，更不是简单的个人理性选择，而是流动人口自身与经济社会结构的二重化过程。⑤ 流动人口在当地建立的社会支持系统能够持续降低流动的成本，同时，流动人口创造的社会网络会进一步鼓励流动的产生，这个过程被称为累积因果（Cumulative Causation）。民族身份就可以被视为一种特殊的社会资本，这意味着，流动人口通过族裔关系网络获得了更方便可靠的信息和资源，从而有助于他们在城市立足。因此，不同民族流动人口除了具有流动人口群体的共性特征，也显示出一些与该民族流动人口的年龄结构、经济社会状况以及在城市中的居住位置等因素息息相关的特点。⑥ 历次全国人口普查数据表明，人口流动的规模、范围不断扩大，时间不断增长，

---

① Eller, A., Abrams, D., and Zimmermann, A. 2011. "Two Degrees of Separation: a Longitudinal Study of Actual and Perceived Extended International Contact", *Group Processes and Intergroup Relations*, 14 (2), pp. 175 – 191.

② Bonvalet, C., Carpenter, J., and White, P. 1995. "The Residential Mobility of Ethnic Minorities: a Longitudinal Analysis", *Urban Studies*, 32 (1), pp. 87 – 103.

③ Smith, D., Finney, N., Halfacree, K., and Walford, N. 2015. *Internal migration: geographical perspectives and processes*, pp. 45. Surrey and Burlington: Ashgate.

④ Neckerman, K., Carter, P., and Lee, J. 1999. "Segmented Assimilation and Minority Cultures of Mobility", *Ethnic and Racial Studies*, 22 (6), pp. 945 – 965.

⑤ 方纲、林伯海：《少数民族流动人口社会融合的动力与障碍——基于成都市的调查》，《西藏民族大学学报》2019 年第 5 期。

⑥ Finney, N., and Simpson, L. 2008. "Internal Migration and Ethnic Groups: Evidence for Britain from the 2001 Census", *Population, Space Place*, 14, pp. 63 – 83.

流动人口务工经商比例高，多从事生产、运输设备操作及相关工作，流动范围以省内为主，跨省流动人口有一半左右流向广东和浙江。[1]

如果说，流动人口面临着农村传统与城市现代性之间，以及不同地域之间的文化差异所带来的挑战，那么其中的不同民族流动人口还要应对民族之间的文化差异所带来的挑战。一方面，城市在就业、消费等领域吸引流动人口并以此促进了城市经济的发展。另一方面，在公共教育、医疗等资源分配及社会治安等与市民利益紧密相关的领域，流动人口仍被城市排斥和边缘化，无法在政治权益及社会福利等方面得到与城市居民同等待遇。由此形成了城市对流动人口经济接纳和社会排斥并存的复杂现实，也可以称为"半城市化"或"虚城市化"现象。[2] 文化被视作影响不同民族流动人口城市融入的决定性要素，城市居民也会基于此对不同民族的流动人口群体形成先入为主的判断，即哪些民族的流动人口来自比较"好"的地方，将会更好地融入城市；哪些民族的流动人口来自比较"差"的地方，将会更难以融入城市。[3] 根据自我分类理论，当地居民和流动人口分别被视为内群体（In-group）和外群体（Out-group）。[4] 因为兼具外来和少数的双重身份，不同民族流动人口更是成为外群体中的外群体。在与当地居民的接触中，其身份认同的模糊性、多元性和矛盾性逐步凸显，明显不利于他们的城市融入和"市民化"。[5] 在这种情况下，不同民族流动人口要适应新的城市生活确实面临着更多障碍，如工作时间长、工资低、语言和文化上的困难、饱受乡愁和孤独之苦。有关调查发现，2012—2017年，跨省流入湖北的流动人口的民族结构趋于多样化，但社会融合程度有

---

[1] 何立华、成艾华：《少数民族人口流动的特征、变化及影响——基于最近两次全国人口普查资料的分析》，《民族研究》2016年第6期。

[2] 陈丰：《城市化进程中流动人口服务管理创新研究》，华东理工大学出版社2015年版，第50—80页。

[3] Sobolewska, M., Galandini, S., and Lessard-Phillips, L. 2017. "The Public View of Immigrant Integration: Multidimensional and Consensual. Evidence from Survey Experiments in the UK and the Netherlands", *Journal of Ethnic and Migration Studies*, 43 (1), pp. 58–79.

[4] Nielsen, I., Nyland, C., Smyth, R., Zhang, M.-Q., and Zhu, C. 2006. "Effects of Intergroup Contact on Attitudes of Chinese Urban Residents to Migrant Workers", *Urban Studies*, 43 (3), pp. 475–490.

[5] 何月华：《少数民族农民工的身份认同与城市融入——基于广西南宁一个少数民族农民工聚居地的考察》，《广西民族研究》2019年第2期。

所下降,① 出现了职业类型单一、社会交往局限、身份认同困惑、文化适应能力较弱等问题。②

2. 城市多民族社区的类型

人口流动首要的是一种城市现象,城市化使得移动和游走成为人们的生存生活方式。尽管社区经常被看作一个"黑箱",人们很难准确地确定哪些因素对所研究的流动人口群体有影响,以及这种影响是如何产生的。然而,城市社区毕竟是与人口流动高度相关的场域,这里既有社会各级整合政策的实践,也有不同民族背景个体之间的自发互动。一种情况是,遵循"历史形成"的逻辑,城市中的世居民族构成了同族社区,其特征凸显于空间稳定性、相对封闭性和在长期过程中形成的传统行为方式、价值诉求以及民族文化。另一种情况是,流动人口的进入形成了城市多民族社区,这是"社会演变"继发的结果,其特点体现为流动性、开放性、异质性和文化多元性。③需要说明的是,随着流动性的深化,城市中全部居民同为一个民族成分的社区已几乎不存在,且上述两种情况的社区当前都有不同民族流动人口选择居住。为了表述的统一,本书视"民族社区"、"多民族社区"和"少数民族社区"为同一对象,即有不同民族人口居住的社区,无论其数量的多少和所占比例的高低,同时以流动型多民族社区和世居型多民族社区分别指代这两种情况。

实际上,多民族社区尤其是流动型多民族社区在城市中出现已经成为一种普遍现象。诸多个案研究表明,聚族而居是流动人口在城市社会中发展社会组织和社会网络的生存需要,从而使他们重获归属感和认同感。同时,成都市2010—2015年的新增流动人口更倾向于居住在本地户籍人口集中的区域,表明居住空间分异和社区融入感已成为流动人口居住选择的考虑因素。④可见,城市多民族社区不仅可以为各民族流动人口提供经济

---

① 湖北省卫生计生委:《湖北流动人口发展报告2014—2017》,武汉大学出版社2018年版,第52—54页。
② 胡兆义:《城市少数民族流动人口生活方式变迁及社会适应——以湖北省为例》,《回族研究》2018年第1期。
③ 邓崧等:《城市多民族聚居社区治理模式研究——以昆明市金沙社区为例》,《云南行政学院学报》2019年第2期。
④ 张少尧等:《城市流动人口居住自选择中的空间权衡分析——以成都市为例》,《地理研究》2018年第12期。

庇护功能，也可以为其提供文化庇护功能，① 对于流动人口的文化融入、心理融入、经济融入和社会关系融入都有着关键作用。②

3. 城市多民族社区的治理

总的来看，所有城市都从人口的流入中受益。流动人口补充了城市劳动力的不足，各民族流动人口还把他们的价值观、语言和宗教带入城市，增加和丰富了流入地的社会和文化多样性，而他们也因此获得了工作机会，增加了经济收入。一般认为，与中小城市相比，流动人口更加偏好大城市，③ 因此需要采取政策措施改善中小城市的工作和生活环境，改善职业培训和继续教育条件。④ 但也有研究表明，从流动人口中受益最多的不是人们通常认为的超大城市，而是与流出地相邻近的城市或者准入条件更好的城市。⑤ 这说明，不同城市在发展前景、就业机会、生活成本、公共服务以及社会排斥等方面具有明显差异，由此带给不同民族流动人口的驱动力和影响力也有所不同。

与城市各民族流动人口现象常态化伴随而生的是城市社区的陌生化。⑥ 大量实证研究结果表明，当代城市社区并不具有浓厚的共同体色彩，居民只有中等强度的社区归属感，邻里互动逐渐减少，邻里关系的重要性日益下降，社区参与水平低下。⑦ 社区的"人口悬挂"和人口频繁流

---

① 张丽、史毅：《西部少数民族的流动选择与收入回报研究》，《南方人口》2018年第3期。

② Yang, G., Zhou, C. -S., and Jin, W. -F. 2020. "Integration of Migrant Workers: Differentiation among Three Rural Migrant Enclaves in Shenzhen", *Cities*, 96, 102453.

③ Liu, T., and Wang, J. -J. 2019. "Bringing City Size in Understanding the Permanent Settlement Intention of Rural-urban Migrants in China", *Population, Space Place*, e2295.

④ Dang, Y. -X., Chen, Y., and Dong, G. -P. 2019. "Settlement Intention of Migrants in the Yangtze River Delta, China: the Importance of City-scale Contextual Effects", *Population, Space Place*, 25, e2270.

⑤ Ma, L., and Tang, Y. 2020. "Geography, Trade, and Internal Migration in China", *Journal of Urban Economics*, 115, 103181.

⑥ 王丹丹：《城市社区治理中公共性重构的困境及其超越》，《云南行政学院学报》2020年第1期。

⑦ 桂勇、黄荣贵：《城市社区：共同体还是"互不相关的邻里"》，《华中师范大学学报》2006年第6期。

动造成了社区交往主体、交往工具、交往情感等方面的明显异化,① 带来了城市社区社会关系网络的松散、公共交往空间的萎缩、权利主体结构的失衡等治理难题。但是,城市社区作为各民族流动人口治理的主要载体,应该成为不同民族居民之间矛盾冲突的缓冲器。以社区为基点,有关流动人口的政策研究既可以向下延伸到个体微观一级,也可以向上拓展到国家宏观一级。② 于是,学术界围绕流动人口与城市多民族社区治理这一主题进行了大量研究。其中,城市民族工作是一个具有中国特色的概念表达,相关理论也涵盖了城市流动人口的服务管理工作和城市社区的民族工作。③

当前中国城市社区的治理主体首先是基层党组织和政府组织,主要是街道党工委、街道办事处和社区党支部,部分仍然是单位组织。治理主体中的企业组织或市场组织主要是伴随商品房兴起而发展起来的物业管理公司。治理主体中的非营利组织或社会组织主要是居民委员会和业主委员会等自治组织,以慈善、志愿服务为目的的公益性组织,以文娱活动为目的的社会团体等。如果按照社区蕴含的"共同体"本意,社区居民当然也是社区治理的主体(见表0—5)。④

表0—5　　　　　　　城市社区治理的不同主体

治理主体	治理逻辑	治理手段	价值取向
党政组织	科层制的任务分配	政策	注重政治绩效
市场组织	趋利性的自由竞争	竞争	注重经济利益
社会组织	公益性的协同合作	合作	注重社会成效
社区居民	参与性的互助互益	参与	注重需求获得

---

① 贾美姣:《交往理论视角下城市社区流动人口融合路径探究》,《南方论坛》2018年第9期。
② Silka, L. 2018. "Adding a Community Focus to the Psychological Investigation of Immigration Issues and Policies", *Journal of Social Issues*, 74 (4), pp. 856 – 870.
③ 刘吉昌、吴钧、敖日格乐:《探索城市民族工作规律　推进城市民族工作新发展》,《黑龙江民族丛刊》2018年第1期。
④ 李永娜、袁校卫:《新时代城市社区治理共同体的建构逻辑与实现路径》,《云南社会科学》2020年第1期。

但是，受城乡二元体制的分割作用，现阶段我国城市的政策制定仍多从"以城市居民为主"的传统思维立场出发，忽略了将不同民族流动人口纳入社区建设之中，由此带来的社区建设的"封闭性"与"不对等"问题无助于提高城市和社区的整合程度。[1] 同时，流动人口服务管理体系也面临着碎片化的困境，具体表现为条块矛盾突出、部门分割难题、高社会流动对属地化管理体系造成冲击、政府未能有效提供公共服务等。[2] 因此，建设民族互嵌式社区成为新时代改善民族关系、提高社区治理能力、维护地区稳定与发展的重大战略。[3] 民族工作社区化也成为破解流动人口治理困境的自然选择。[4] 有学者提出，不同民族流动人口与流入地城市的居民之间存在着"文化洞"，与政府之间存在着"政策洞"，与社区之间存在着"资源洞"，需要"搭桥跨洞"形成社会支持网络的良性互动。[5] 此外，应以流动人口的获得感为制定政策的依据和标尺，进一步增强他们的幸福感和安全感。[6] 通过建立社区组织网络将提升社区的接纳能力，促进流动人口的社会融入。[7] 从而构建各民族流动人口对城市社会的认同，以及城市社会对前者的认同，尊重和包容他们之间的差异。[8]

---

[1] 徐祥运、朱子健、刘洪佐：《城市少数民族流动人口工作的战略方向选择和近期目标导向研究——一个群际接触理论的视角》，《辽宁省社会主义学院学报》2018年第1期。

[2] 梁新芳、张星久：《城市少数民族流动人口的管理机制创新研究——基于"整体性政府"理论视角》，《湖北行政学院学报》2018年第5期。

[3] 单菲菲、罗晶：《新时代城市民族互嵌式社区的建设与治理——基于西北地区四个社区的调查》，《中南民族大学学报》2019年第3期。

[4] 闫丽娟：《民族工作的社区化：城市化进程中协调民族关系的一种视角》，《贵州民族研究》2006年第1期。

[5] 汤夺先、任嘉威：《民族社会工作介入少数民族新生代农民工城市融入研究》，《湖北民族学院学报》2018年第5期。

[6] 冀慧珍：《获得感：少数民族流动人口城市融入的标尺》，《西南民族大学学报》2021年第2期。

[7] Rodrigueza, D., McDaniel, P., and Ahebee, M. - C. 2018. "Welcoming America: a Case Study of Municipal Immigrant Integration, Receptivity, and Community Practice", *Journal of Community Practice*, 26 (3), pp. 348 - 357.

[8] 李吉和、张娇蓉：《少数民族流动人口融入城市的社会认同考量——基于武汉、广州、杭州、宁波市的调查》，《烟台大学学报》2018年第3期。

（四）研究述评

有关城市社区和各民族流动人口的已有理论尽管研究侧重点不同，但也有许多相互重叠的部分，并不是截然对立的。尤其是国内文献对许多西方学术概念的翻译不一致、不统一、不对应，很可能造成对一些理论观点的认识不准确，有偏差。本书认为，"接纳"相关的诸多理论从根本上说是对"人地关系"的探讨，或者说是对流入地和当地居民、流动人口三者之间的"一地两人关系"的探讨。然而在以往的研究中，同化是从流动人口的角度出发，接触、涵化、融入、并入等是在关系探讨中侧重于流动人口，融合、互嵌等则更加关注关系结构，因而在一定程度上造成了对接纳研究的"轻视"。这也反映出，西方的社区理论与实践更加关注"空间体"和"关联体"，缺失中国语境下的"复合体"视角。而且，有关城市社区和各民族流动人口的已有实践研究受理念和方法的制约，得出的结论较为宏观和抽象，到底哪些证据对于社区治理现代化是有效的仍然存疑，或者局限于个案分析，无法建立典型案例之间的联系，缺乏对已形成共识的有效证据进行系统性综合研究。

如果将接纳与融入视为对应的概念和过程，实际上，城市和社区接纳流动人口的逻辑起点早于流动人口的城市和社区融入。之后，在各民族人口流入的过程中，接纳与融入相互交织、相辅相成，并通过社区共同体的建设与发展推动各民族居民走向整合与融居（见图0—4）。因此，需要补齐接纳研究短板，更加深入地理解流动性和"人地关系"，并且在此过程中运用"循证"更好地分析流动人口问题的破解之道，为社区接纳能力的建设提供有价值的证据支撑。

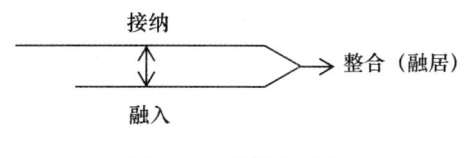

图0—4 接纳与融入

四 研究设计与方法

（一）研究设计

政策问题改变轮（Policy Problem Change Wheel）是由一系列简短问

题组成的框架，用于分析政策问题和政策解决方案（见表0—6）。[①]

表0—6　　　　　　　　　本书的政策问题改变轮

你期望解决的问题是什么	What?	提升城市社区接纳各民族流动人口的能力
排除问题的某些方面来缩小你的研究范围	What not?	非城市社区、非流动人口、非接纳的相关问题
研究背景	Who and Where?	国内外的城市社区与各民族流动人口
问题产生的相关理论或因果模型，及其所提示的改进方法	How?	理念方法的局限导致无法判断证据的有效性，影响社区接纳能力建设的效果
为什么必须改进	Why?	实现民族事务治理现代化，加强社区建设，铸牢中华民族共同体意识
不去解决这一问题的可能理由	Why not?	因已有证据不足、评价方法不成熟、异质性分析不充分等问题而无法产出被信任的证据

借助这一工具可以明晰本书的思路：本书将探索运用循证研究的理念，紧紧围绕社区接纳流动人口能力的相关内容，以系统评价的方法得到社区接纳流动人口的研究证据，以调查研究的方法得到社区接纳流动人口的实践证据，进而通过典型比较和证据合成，对加强城市社区接纳能力建设的策略和路径进行总结，最终形成证据为本的建议，以实现城市社区接纳能力的提升。

根据前述核心概念和文献综述，本书从空间体、关联体和复合体的视角，选取了居住、教育、就业和关系4个方面对城市社区接纳流动人口的能力进行分析。其中，居住接纳主要讨论居住集聚现象、住房干预措施和典型社区的拆迁改造，教育接纳主要讨论通用语言文字教育和典型社区的教育服务工作，就业接纳主要讨论就业差异问题、自我雇佣现象和典型社区的就业服务工作，关系接纳主要讨论社区依恋、民族团结进步创建机制和典型社区工作机制。通过上述分析，本书将从共居、共学、共事、共乐四个方面提出加强

[①]　[美]安·马克捷克、林恩·马库斯：《如何做好政策研究：讲证据、得人心、负责任》，李学斌等译，重庆大学出版社2020年版，第24—28页。

城市社区流动人口接纳能力建设的建议（见表0—7）。

表0—7　　　　　　　　本书的分析视角与内容设计

流动人口	城市社区	接纳	接纳能力建设
国外：非主体民族	空间体 关联体 复合体	居住接纳	共居
国内：非汉族		教育接纳	共学
发生居住地点转换		就业接纳	共事
生活相对不稳定		关系接纳	共乐

基于此，本书的基本框架（见图0—5）如下：导论部分介绍了研究的背景、意义、思路和主要运用的研究方法等内容，并界定了3个核心概念，围绕其形成了已有相关文献的述评。第一章通过对社会科学研究中的循证探索进行梳理，为本书的具体开展提供了指导。第二章至第五章分别围绕居住、教育、就业、关系4个方面的相关主题，运用系统评价和调查研究获得了研究证据和实践证据，从而对城市社区接纳流动人口的能力进

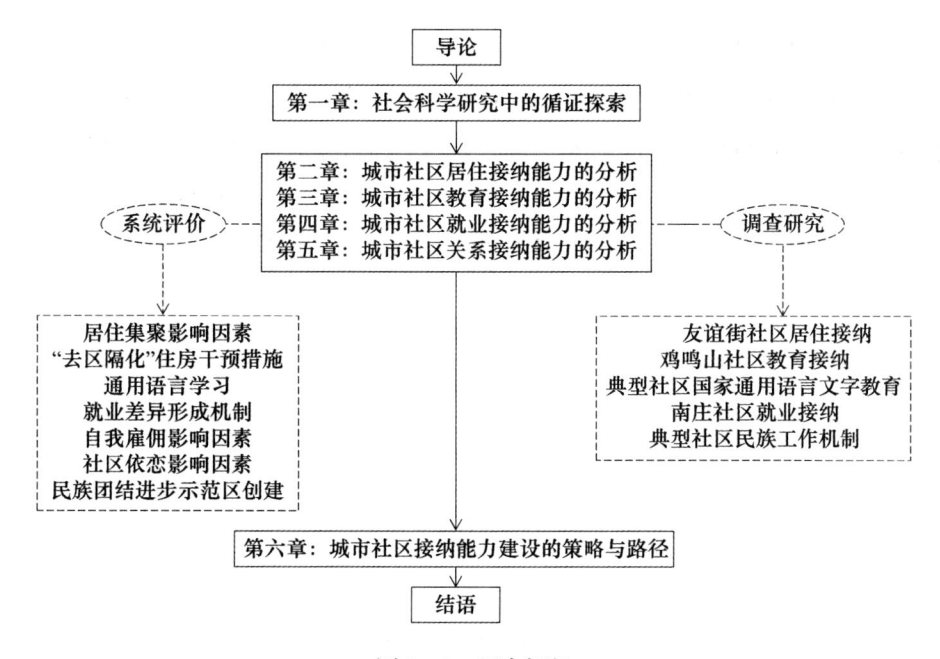

图0—5　研究框架

行了分析。第六章在综合前述内容的基础上,提出了城市社区接纳流动人口能力建设的策略和路径,初步制作了循证政策简报。最后的结语部分对本书开展过程中的相关问题进行了反思。

(二) 研究方法

1. 系统评价

广义的循证方法与实证研究方法在方法论上具有亲缘关系,中义上的循证方法是指所有基于证据的研究方法,而狭义的循证方法主要是指以系统评价为代表的分析工具。[①] 系统评价一般由提出问题、确定纳入排除标准、检索证据、评价证据、分析、结论及讨论组成,[②] 通常用于对具体问题的所有可能数据进行系统总结和证据合成,以便获得有效的最佳信息。本书重点以定性系统评价的方法对城市社区接纳流动人口的相关文献进行分析,提炼研究证据。系统评价由不少于两名的研究员背靠背合作完成,当研究员意见不统一时,讨论达成共识。在系统评价的相关环节中,本书具体使用了 SPIDER 模型、CASP 评价清单或因果关系研究标准、主题合成或元民族志、CERQual 工具等工具。

2. 调查研究

调查研究是对各民族流动人口和城市社区进行实地调查、比较调查。本书重点以深度访谈和参与式观察对城市社区接纳流动人口的具体情况进行资料收集和对比,提炼实践证据。根据实际情况,本书选取了湖北、浙江、广西、四川、安徽、江苏、辽宁、山西等地的多个城市社区,分别以社区工作者、流动人口、当地居民和民族工作部门等为对象开展调查。

[①] 刘光华:《法循证学:法学与循证科学的交叉方法和领域》,《图书与情报》2018 年第 3 期。

[②] 黄崇斐等:《定性系统评价的撰写方法介绍》,《中国循证医学杂志》2015 年第 9 期。

第 一 章

社会科学研究中的循证探索

循证医学的成功实践促进了循证社会科学的发展。经过长期的探索，公共政策领域已逐步确立了循证政策与循证决策，群际关系研究也形成了一系列的循证分析成果。在应用循证理念和方法的过程中，社会科学研究者围绕什么是证据、如何看待证据、怎样利用证据等问题进行了反思和探讨，并对系统评价的工具进行了拓展与丰富。这都对本书研究的开展具有重要的指导和借鉴意义。

第一节 循证社会科学的发展

一 循证实践的提出

循证实践首先是由国际著名临床流行病学家 Sackett 等人在医学领域中提出的，他们强调将最好的研究证据、临床专业知识和患者价值相结合，以促进临床决策。有学者把这三者形象地比喻为头、手、心。循证医学[1]的成功实践确立了如何通过严格的研究和系统评价考察证据的有效性，并为临床干预措施的选择提供信息，提出了将证据分级作为改善治疗决策的工具，即基于级别较高证据作出的决策比基于级别较低的更可靠。

遵循证据的实践包括几个基本原则或步骤：①根据服务对象的需要，

---

[1] 第一部系统介绍循证医学实践过程的著作是 Sackett 等人 1997 年出版的《循证医学：如何实践和讲授循证医学》(*Evidence-based Medicine*：*How to Practice and Teach EBM*) 一书。参见 Shlonsky, A., Noonan, E., Littell, J., and Montgomery, P. 2010. "The Role of Systematic Reviews and the Campbell Collaboration in the Realization of Evidence-informed Practice", *Clinical Social Work*, 39, pp. 362 – 368。

制定有针对性和可回答的问题,将有关研究假设模型化。②检索所有对该干预进行评估的结果,确定哪些研究是有效的和可用于进一步分析的,再从中寻找最好的研究。③围绕研究假设,从选定的研究中提取证据的细节信息,整理和总结证据,再对已提炼出的证据进行有效性和相关性的评价。④将证据应用于实践和决策,将研究结果与专业知识以及服务对象的价值观和偏好相结合。⑤扩大研究结果的传播和使用范围,以影响新的项目决策,并根据既有的评价标准对效果和效率进行评估,并寻求改进和完善这些标准。相应地,循证实践的发展脉络也经历了5个阶段:概念辨析、方法论研究、证据质量控制研究、证据吸收分析、实施经验借鉴和评估。[1]

循证实践的出现和快速发展得益于信息技术的进步使获取各领域大量的学术信息更加便利,各类电子数据库使专业人员和用户能够直接掌握最新的研究成果和相关评价。同时,新管理主义的兴起也日渐强调资源分配的经济性以及提供服务的效率和效力。[2] 在这种情况下,基于现有的科学证据作出明智的决定,进而避免或减少风险,似乎是一种最佳的方式。因此,循证引起了人们越来越浓厚的兴趣,以至于许多社会科学研究开始借鉴循证医学的方法。由此发展形成的循证社会科学就是针对社会科学各领域要解决的问题,基于当前可得的最佳证据,在充分考虑服务对象的价值意愿、具体客观条件和环境因素之后,进行科学决策与实践。[3] 比较而言,循证研究目前已在社会工作、教育、管理等方面产出了相当数量的成果,并初步形成了循证经济学[4]的框架。

值得注意的是,有多位学者认为 Evidence-based(除"循证"外,常见"基于证据的""证据为本的"或"遵循证据的"等译法)这个术语过于强调了对证据的使用,而 Evidence-informed(常见"知证""知晓证据的"等译法)的表达能更准确地描述在实践中系统使用证据的过程。

---

[1] 马小亮、樊春良:《基于证据的政策:思想起源、发展和启示》,《科学学研究》2015年第3期。

[2] Morago, P. 2006. "Evidence-based Practice: from Medicine to Social Work", *European Journal of Social Work*, 9 (4), pp. 461–477.

[3] 杨克虎:《循证社会科学的产生、发展与未来》,《图书与情报》2018年第3期。

[4] 魏丽莉、斯丽娟:《循证经济学》,中国人民大学出版社2020年版。

因此，循证实践应为知证实践（Evidence-informed Practice），即实践是在充分知晓证据后进行的，而不仅仅是基于证据。当然，实践的对象也应知晓整个实践过程。对此，本书认为，"基于证据的"实践和"知晓证据的"实践只是循证理念的不同表达方式，本质上并无差异。为了避免产生不必要的歧义和混乱，本书统一表述为"循证"。

二 循证政策与决策

长期以来，研究和政策之间形成了至少五种关系模式：一是知识驱动型，研究主导政策，专家在其中起决定性作用，在极端情况下甚至可以说就是专家驱动型。二是问题解决型，研究遵循政策，政策决定了研究的优先级。政府需要专家，但专家不再具有关键地位（上述两种模式都把研究和政策的关系看作线性的，只是假设的影响方向不同）。三是互动型，研究和政策是相互影响的，都是在政策共同体（Policy Communities）中形成的，部分或个别专家在其中具有较大的影响力。四是政治型，政策是政治过程的结果，而研究是由政治驱动的，即政府委托专家开展研究。五是启蒙型，研究不是直接为政策服务的，通常不针对决策过程本身，而是围绕决策的背景环境提出一个问题分析框架，为决策者阐明总体局面。[1] 然而现实中，研究中的知识生产和政策中的知识应用之间往往存在着严重的不匹配。政府和社会为政策研究投入了大量经费，但在解决问题方面似乎没有发挥太大的作用，这说明政策研究的方法论体系有待健全。[2]

近年来，政策研究的背景和条件发生了许多深刻的变化：人文社会科学不断繁荣，科学化程度和研究能力不断增强，以智库为代表的政策型研究机构和团队不断发展；现代民主政治的发展和成熟，对政府的责任、监督和治理能力提出了更高的要求；在英国著名社会学家Giddens描述的"后传统社会"里，社会风险增加，风险评估、风险管理和风险最小化已成为政策实践的重要方面；计算机、网络技术及大数据的发展为政策证据的大规模储存和快速收集提供了可能；大众的受教育程度日益提高，信息

---

[1] Young, K., Ashby, D., Boaz, A., and Grayson, L. 2002. "Social Science and the Evidence-based Policy Movement", *Social Policy and Society*, 1 (3), pp. 215–224.

[2] 李文钊：《中国公共政策研究：回顾、进展与展望》，《公共行政评论》2019年第5期。

获取的途径和手段不断丰富。在此情况下，循证作为一种新的实践范式，以弥合研究和政策之间的差距，最大限度地帮助实践对象和规避负面影响而被越来越多的公共政策决策者所接受。

循证政策（Evidence-based Policy）认为，政策措施应得到研究证据的支持，通过明确目标并评估目标的实现程度，可以增强政策的合理性。也就是说，政策被视作在认真评估各种可能的方式之后确定的有目标的行动方针。这样的政策不仅有助于扩大有效的服务，而且有助于减少浪费性支出和增强责任机制。循证政策反映了一种实践理性，核心是回答什么在什么情况下对什么有效，以及为什么。由于需要对复杂的社会系统进行有效的管理，基于政策评估的反身性社会学习（Reflexive Social Learning）成为社会治理的重要基础。如果能够在政策评估中切实扩大有效的证据基础，并从中学习提升治理水平的经验，循证政策就为实现共同期望的目标而进行的社会变革奠定了基础。所以说，循证政策从内在逻辑上实现了对传统公共政策的创新和超越。[1] 实质上，就是以建立在创新、社会现实分析和学习之上的"实验性社会"（Experimenting Society）思潮推动社会变革。[2]

政策研究和医学一样，都希望获得改善性的结果并在不确定条件下取得成功，这导致其产生了一种类似的需求——想知道在特定的环境中什么是有效的。循证政策的历史可以追溯到20世纪50年代。第二次世界大战后，利用证据来指导社会政策的做法显著增加。80年代之后，循证方法在社会福利和就业领域得到了更深入的应用。90年代，循证决策（Evidence-based Policymaking）运动开始在欧洲形成。英国是最早采纳循证决策的国家之一，从1997年起，时任英国首相布莱尔领导下的英国工党政府将循证政策作为政府现代化的重要手段，提出要创新政策思维，增强政策能力，从而推动了循证决策的制度化并被社会接受。正所谓没有强大研究支撑的多元文化主义有可能成为空洞的政治价值，而没有文化敏感性的

---

[1] 张云昊：《循证政策的发展历程、内在逻辑及其建构路径》，《中国行政管理》2017年第11期。

[2] Sanderson, I. 2002. "Evaluation, Policy Learning and Evidence-based Policy Making", *Public Administration*, 80 (1), pp. 1 – 22.

循证实践有可能失去作用。① 布莱尔政府认为，政策制定必须更具前瞻性、全局性、战略性，公共服务必须更能切合大众的需要，效率更高，质量更好。因此，重要的是什么管用（What Matters is What Works），政策制定应该以可靠的证据为基础。

2000年以来，3项标志性的工作极大地推动了循证政策在美国的发展。一是美国国会通过了《2002年教育科学改革法案》，② 成立了独立于教育部门以外的教育科学研究院（Institute of Education Sciences）开展循证试验。二是麻省理工学院于2003年建立了贾米尔贫困行动实验室（Jameel Poverty Action Lab），运用循证理念和方法在发展中国家开展大规模的试验，以确定哪些措施可以减少贫困并改善教育、卫生和其他问题。三是2001年创建了非营利性、无党派的组织——循证政策联盟（Coalition for Evidence-Based Policy）。③ 2010年初，美国政府为严格的政策评估增加了项目资金，以改善有证据支持的社会干预措施。2019年初，时任美国总统特朗普签署了《2018年循证决策行动基础法案》，④ 该法案被称为确保政府长期充分利用科学以提高其运作效果的第一步。

另外，1993年考克兰协作网（Cochrane Collaboration）⑤ 的成立对推动循证决策的发展起到了巨大的作用。2000年，其姊妹组织——坎贝尔协作网（Campbell Collaboration）⑥ 成立，致力于为社会科学的循证实践和循证决策合成证据，以促进经济社会的发展。这标志着国际上正式将循证的理念和方法应用到社会科学领域。⑦ 目前，坎贝尔协作网下设9个小组，为不同方向的社会科学研究提供循证支持，包括商业与管理、气候解

---

① Norcross, J. 2010. "Evidence-based Practices with Ethnic Minorities: Strange Bedfellows No More", *Journal of Clinical Psychology: In Session*, 66 (8), pp. 821-829.

② H. R. 3801 - Education Sciences Reform Act of 2002, https://congress.gov/bill/107th-congress/house-bill/3801，最后访问日期：2022年1月3日。

③ Baron, J. 2018. "A Brief History of Evidence Based Policy", *The Annals of the American Academy of Political and Social*, 678, pp. 40-50.

④ H. R. 4174 - Foundations for Evidence-Based Policymaking Act of 2018, https://www.congress.gov/bill/115th-congress/house-bill/4174，最后访问日期：2022年1月3日。

⑤ 考克兰协作网官方网址：https://www.cochrane.org。

⑥ 坎贝尔协作网官方网址：https://www.campbellcollaboration.org。

⑦ 拜争刚等：《循证社会科学的起源、现状及展望》，《中国循证医学杂志》2018年第10期。

决方案、犯罪与司法、残障人、教育、国际发展、知识转化与应用、方法、社会福利。① 上述进展都体现了政府决策理念和机制的进步，以及相关证据研究的进步。特别是麻省理工学院贾米尔贫困行动实验室的创始人、美国经济学家 Banerjee 和 Duflo 获得了 2019 年诺贝尔经济学奖，以表彰他们"在减轻全球贫困方面的实验性做法"（Experimental Approach to Alleviating Global Poverty）。

可见，循证政策与决策可以被理解为一种社会运动，代表了人们在决策过程中运用合理的手段和技术来改善政策绩效的努力，也可以被理解为各国政府采取的一种政策立场，强调提高政策的质量和效率。② 尽管政策和决策的侧重点有所不同，但考虑到决策是政策过程的核心组成部分，"循证政策"和"循证决策"在循证实践中的内涵几乎完全一致。因此，本书对上述两个概念不做严格的区分，同义使用。

三 循证在群际关系研究中的应用

循证应用于社会科学研究的目的是为重要的决策和实践问题提供既符合科学研究规范，又具有实用性、指导性的分析模式。因此，它适用于具有实证性、干预性、转化性和后效评价性的应用性课题，而纯理论和思辨研究因其高度抽象性、概括性和非应用性不适用循证理念。③ 著者注意到，在与城市社区接纳流动人口能力建设高度相关的群际关系研究中，循证理念和方法已经得到了较为深入的应用。这为本书的开展提供了很好的启发与借鉴。

在以往关于不同群体之间关系的研究中，学者们提出了现实群体冲突理论、象征性威胁、整合威胁理论、群体尊重威胁、独特性威胁以及威胁的生物文化模型等诸多观点，这些观点之间既有矛盾的地方，也有相通的方面。2006 年，美国特拉华大学心理学家 Riek 等使用循证的分析方法对

---

① 拜争刚等：《循证社会科学的推动者：Campbell 协作网》，《中国循证医学杂志》2018 年第 12 期。

② Carroll, P. 2010. "Does Regulatory Impact Assessment Lead to Better Policy?", *Policy and Society*, 29, pp. 113 – 122.

③ 李琰、喻佳洁、李幼平：《循证科学：构建突破学科界限的会聚共生体系》，《中国循证医学杂志》2019 年第 5 期。

群际威胁与外群体负面态度之间的关系进行了探讨，以测量不同要素在作用机制中的地位。此次分析共纳入了95项已有研究成果，证据合成结果显示，群际威胁与外群体态度之间有重要的关联。当人们感知到更多的群际竞争、更多的价值观侵犯、更高的群际焦虑水平、更多的群体尊重威胁以及更多的负面刻板印象时，他们对外群体的负面态度显著增强。内群体的身份认同在其中的作用较弱，负面刻板印象与其他威胁因素呈正相关。根据分析结果，研究者建议，在以后的研究中应将内群体身份认同、独特性威胁和刻板印象作为现实威胁、象征性威胁和群体尊重威胁三要素的前因变量。这三要素共同作用于焦虑、恐惧、愤怒及其他群际间的情感，进而影响群际交往的行为和对外群体的态度。[①]

同年，美国加州大学圣克鲁兹分校的著名心理学者Pettigrew和波士顿学院心理学者Tropp对影响深远的群际接触理论进行了循证研究。他们认为，以往的相关研究整体性较弱，缺少严格的纳入标准，而循证方法正好弥补了上述不足。通过对713项证据的合成研究显示，94%的样本反映了群际接触与群际偏见的负相关，而且没有受到研究招募对象和成果发表偏倚的影响。也就是说，群际接触通常会减少群际偏见。这一结论具有普遍性，同样适用于不同民族群体之间的关系。研究结果还显示，群际接触的效应可以超越直接的群际接触者而影响间接的群际接触者，减少诸如焦虑和威胁等消极情绪，是一种在群际接触过程中减少偏见的重要手段。在符合最优条件的情况下，群际接触减少群际偏见的作用更加显著。然而，最优条件不应作为群际接触产生正向效应的必要条件。研究者提出，群际接触理论可以广泛应用于不同类型群体之间关系的研究，但只对影响群际接触的积极因素进行研究是不够的，还要关注消极因素所起的作用，加强纵向研究和长期研究。建立多层级的研究模型将极大地提升对群际接触效应的理解。[②]

2008年，Pettigrew和Tropp又在前述研究的基础之上，对群际接触如

---

① Riek, B., Mania, E., and Gaertner, S. 2006. "Intergroup Threat and Outgroup Attitudes: a Meta-analytic Review", *Personality and Social Psychology Review*, 10 (4), pp. 336–353.

② Pettigrew, T., and Tropp, L. 2006. "A Meta-analytic Test of Intergroup Contact Theory", *Journal of Personality and Social Psychology*, 90 (5), pp. 751–783.

何消除群际偏见展开了更加深入的讨论。他们对相互了解、焦虑和共情这3种最常见的中介因素进行了循证分析,共纳入了91项已有研究成果。结果表明,仅仅增进对外群体的了解通常不会对减少群际偏见产生显著影响。相比之下,减轻群际焦虑的作用更加明显,共情(同理心)和换位思考同样对减少群际偏见具有积极的作用。另外,上述3种中介因素的作用是相互关联的。研究者提出,焦虑和共情等情感因素比知识因素对增强群际接触的积极效果更为关键,而为了使增加共情、换位思考和相互了解能够更加有效地减少偏见,应该首先通过群际接触来降低不同群体之间的焦虑感。[1]

2011年,美国纽约州立大学石溪分校的行为科学学者Davies与加州大学圣克鲁兹分校的Pettigrew等人合作研究跨群体友谊和群际态度之间的关系。通过对208项研究证据的循证分析发现,个体的跨群体友谊可以促成群体间的积极态度,与外群体朋友相处的时间和自我表达这两个因素同群际态度的关系最为密切。因此,评估跨群体朋友之间积极的、交互式的参与行为是预测群际态度变化的有效方法。友谊效应类似于一般的接触效应,是对外群体态度作用最强的情感指标。然而,与其他类别(如宗教背景)的外群体相比,友谊效应对种族或民族外群体产生的影响更弱。研究者建议在以后的研究中不仅进行行为测量,还应该评估发生在个人层面上且有重要意义的亲密因素(如共情和信任)。[2]

2014年,英国萨塞克斯大学心理学者Miles和谢菲尔德大学心理学者Crisp完成了对群际想象接触的循证分析,通过对所纳入的71项证据合成后显示,群际间的偏见可以通过想象得到显著意义的减少。同直接接触一样,想象接触适用于种族、民族等多类型群体,对不同的外部群体都具有影响。想象接触不仅对群体的态度和情绪有明显的影响,而且对其意图和行为也有明显的影响。这意味着想象接触作为一种改善群体间关系的工具

---

[1] Pettigrew, T., and Tropp, L. 2008. "How Does Intergroup Contact Reduce Prejudice? Meta-analytic Tests of Three Mediators", *European Journal of Social Psychology*, 38, pp. 922 – 934.

[2] Davies, K., Tropp, L., Aron, A., Pettigrew, T., and Wright, S. 2011. "Cross-group Friendships and Intergroup Attitudes: a Meta-analytic Review", *Personality and Social Psychology Review*, 15 (4), pp. 332 – 351.

具有很大的潜力。①

2018 年，加拿大多伦多大学社会心理学者 Zhou 等运用循证方法纳入了 115 项已有研究结果对扩展接触假说进行了分析。当一个群体的成员拥有跨群体的朋友时，群际态度将因此受益。这一结果不仅印证了 Pettigrew 和 Tropp 的前期研究，而且明确表明，扩展接触与群际态度呈显著的正相关，且不受时间、地点、群体、扩展接触的特征、群际态度的类型、直接接触的友谊水平等因素的限制。情境条件、环境感知和个体差异对扩展接触与直接友谊之间的关系有调节作用，特别是与实际接触相比，感知接触的效应更大，表明后者比前者对扩展接触更为重要。②

回顾循证理念与方法在群际关系研究中的应用过程可以看到，自群际接触理论提出以来，因其较高的理论意义和实践价值引发了学术界和决策者们的广泛关注。经过几十年的共同努力，围绕群际接触理论产出了丰富的成果，而每一次循证研究的介入都在相当程度上对一个阶段的已有成果进行了系统总结，并指明了后续研究的方向。一次研究和二次研究的密切配合和相互依赖共同推动了群际关系研究的不断发展，一系列的循证研究使群际接触及相关理论的有效性得到基本上全面的确认。由此可见，科学研究和政策实践的需要明确了具体的问题，相当数量的基础性研究保证了证据的来源，多项相关的循证分析提升了证据合成的质量，从而较为成功地进行了群际关系研究的循证探索。

第二节 循证研究的证据

一 证据的含义

证据一词是广义的，包括用来确定或证明一个主张真实性的所有东西。从隐性知识、个人经验到专业调查和实验的结果。英国政府在推行循证决策时提出，证据的原始成分是信息，高质量的决策依赖于高质量的信

---

① Miles, E., and Crisp, R. 2014. "A Meta-analytic Test of the Imagined Contact Hypothesis", *Group Processes and Intergroup Relations*, 17 (1), pp. 3 – 26.

② Zhou, S., Page-Gould, E., Aron, A., Moyer, A., and Hewstone, M. 2018. "The Extended Contact Hypothesis: a Meta-analysis on 20 Years of Research", *Personality and Social Psychology Review*, 23 (2), pp. 132 – 160.

息，而这些信息可能来自专家意见、国内外已有研究、现有的统计数据、利益相关者的协商、政策评估结果、正在开展的相关研究以及网络资源等。当然，研究者对于证据的分类有不同的观点。有学者认为，政策证据包括传统意义上的科学性证据、来自政策执行者的实践性证据与来自政策目标群体的地方性证据。[①] 也有观点提出了循证研究证据的3种视角：政治技能、系统研究和专业实践。[②] 还有学者将其总结为研究证据观、研究证据与个体经验证据结合观，以及多重证据观。[③] 对于循证实践来说，证据是完备的且嵌入实践过程当中，重点是哪些证据有效，这些证据是关于执行了什么政策干预、在哪里有效、对谁有效、如何有效、为什么有效，以及未来有效可能性的证据，即关注起作用的、正在起作用的、将起作用的。所以，循证研究既回顾历史，找寻有效的证据，也认识当下，生产高质量的证据。这都是为了更好地服务于社会大众的利益，建立一个充分知晓和认识证据的社会。

循证研究一方面要提炼有效的证据。从测量证据质量的角度出发，学者们认为源于研究的科学证据最适用于决策，从而根据研究设计对偏倚的敏感性和对干预效果的预测能力进行分类，建立了证据分级（Hierarchies of Evidence）。证据等级由高至低分为系统评价、随机对照试验、队列研究、案例对照研究、案例研究、专家意见，也有学者将证据分级为随机对照试验、准实验研究、前后比较研究、横断面随机抽样研究、形成性研究和行动研究、定性案例研究和民族志研究、描述性指南和实践示例、专业和专家意见、用户意见。[④] 还有学者做了更为详细的分级，并以金字塔的形式呈现出来[⑤]（见图1—1）。总的来说，各种分级大同小异。无论是哪种分级排列，系统评价（Systematic Review）、Meta分析（Meta-analysis）和随机对照试验（RCTs-Randomized Controlled Trials）都被认为是等级最高的证

[①] 张继亮：《循证政策：政策证据的类型、整合与嵌入》，《社会科学》2019年第11期。

[②] Head, B. 2008. "Three Lenses of Evidence-based Policy", *The Australian Journal of Public Administration*, 67（1），pp. 1–11.

[③] 颜士梅、梅丽珍：《循证管理中"证据"的内涵及测量》，《软科学》2012年第11期。

[④] 童峰、郑昊、刘卓：《从循证医学到循证实践的思辨与发展》，《医学与哲学》2017年第2A期。

[⑤] 杨文登：《社会工作的循证实践：西方社会工作发展的新方向》，《广州大学学报》2014年第2期。

据，是证据中的"黄金标准"。由此，金字塔中的各层级均为证据，而证据的强度（质量）取决于在金字塔中所处的高低位置。那么，金字塔的分级顺序也就决定了证据的推荐排序。需要注意的是，政策本质上是基于最好的可用证据的推测（Conjecture），推测还必须经过严格的检验。在大多数公共政策领域，这些证据只能部分表明政策干预将按预期发挥作用。[1]

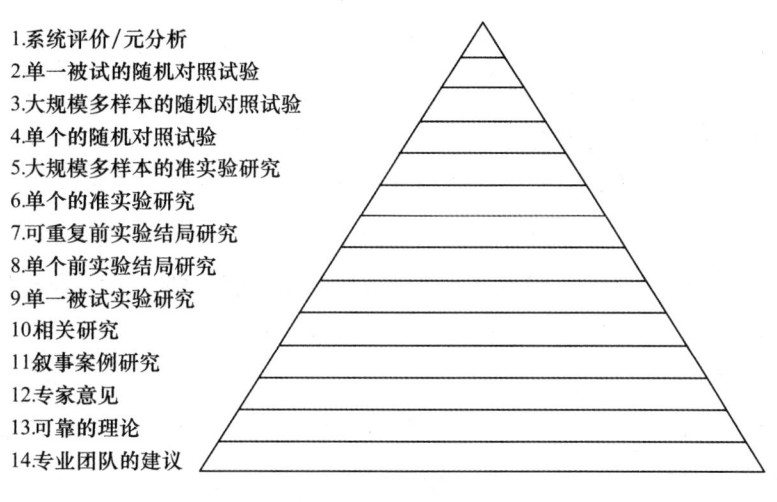

1. 系统评价/元分析
2. 单一被试的随机对照试验
3. 大规模多样本的随机对照试验
4. 单个的随机对照试验
5. 大规模多样本的准实验研究
6. 单个的准实验研究
7. 可重复前实验结局研究
8. 单个前实验结局研究
9. 单一被试实验研究
10. 相关研究
11. 叙事案例研究
12. 专家意见
13. 可靠的理论
14. 专业团队的建议

图1—1 证据金字塔

循证研究另一方面要使这些证据用于实践。证据的使用对于政策的制定非常重要，因为证据反映了什么起作用或什么有效，可以告诉决策者是否正在实现目标，或者告知决策者可以选择哪些策略来实现目标。只有把基于证据的实践（外生证据向内生证据转换）同基于实践的证据（内生证据向外生证据转换）结合起来，才能实现内外证据的循环转换。从这个方面看，证据应该包括统计证据和机制证据两种主要形式。第一种是关于政策结果的定量信息，反映出结果的大小或强弱，也就是证明政府正在进行有效工作的证据。统计证据以关于政府绩效的信息来强化政府的责任制。第二种是关于政策与结果之间因果关系的定性信息，反映出政策的作用机制，也就是说明政策措施在不同情况下如何作用的证据。机制证据以

---

[1] Nevo, I., and Slonim-Nevo, V. 2011. "The Myth of Evidence-based Practice: Towards Evidence-informed Practice", *British Journal of Social Work*, 41, pp. 1176-1197.

关于干预如何实现的知识来改善政府的施政。①

二 关于证据的争论

经过几十年的探索，许多国家的学术界、智库、咨询公司和政府部门开展的系统性研究确实对科学决策做出了重要的贡献。在公共政策的评估和项目改进过程中，严格的研究证据逐渐被纳入。可以说，由于同严谨的研究更紧密地结合在一起，政策实践取得了相当程度的优化。但是，政策过程是复杂的，科学的严谨性与权力、利益和价值观之间存在张力。尽管循证理念和方法对决策者非常具有吸引力，更多的信息和更好的分析得到了广泛的使用，然而现实中，政治判断通常是决定性的，政策的变化很少是由研究引起的。大多数学者都认同循证研究可以改善决策，但对于什么是循证的组成部分、如何实现、应该怎样操作、能达到什么样的效果等问题存在着很大的分歧，对证据的供给与需求常不相匹配。②

从供给侧来看，有批评认为，许多循证研究的设计或选择有缺陷，没有以适当的方式获取政策结果。在满足条件的情况下，随机试验确实非常有助于对政策干预效果的评估。但是在社会政策这样的敏感领域，许多问题可能没有或者无法进行随机对照试验，把模拟实验的结果移植到复杂的现实世界中本身就有很大的难度。在考虑成本效益的情况下，进行随机对照试验可能也不是最佳选择。过分强调定量的评估方法容易忽视定性等其他方法，而恰恰是这些方法提供了关于服务对象的价值、偏好和需求的具体信息。还有批评认为，许多核心研究的数据和结果没有向政策和项目制定者完全公开，即使全面而深入地开展研究，也很可能遇到缺乏证据的研究主题。而且，证据金字塔并不说明如何在政策过程中应用这些证据。此时，就应该将证据的相关性和研究方法的质量作为关注重点，而不是刻意追求证据的级别。

从需求侧来看，有批评认为，政策和医学有两个主要的差异。第一个区别在于，在临床医学中设计、分析和应用随机试验所需的相关知识与在

---

① Marchionni, C. and Reijula, S. 2019. "What Is Mechanistic Evidence, and Why Do We Need It for Evidence-based Policy?" *Studies in History and Philosophy of Science*, 73, pp. 54–63.

② Cairney, P. 2016. *The Politics of Evidence-based Policy Making*, pp. 42–43. London: Palgrave Macmillan.

社会科学中相比几乎完全不同，这种差异影响了我们在政策环境中建立有效干预的能力。第二个区别在于，循证医学的证据分级和相关方法主要集中在比较两到三种容易理解的干预措施上，而政策制定的许多核心问题往往更加开放，涉及的知识也是解释性和理论性的，反映的是对政策作用机制的理解，因此不能也无法对此过程进行分级。上述问题导致了循证研究往往不能很好地整合到决策和政策执行过程中，而且即使政策是有效的，我们仍然很难解释结果是不是由政策引起、结果受政策中的哪些元素影响、影响有多大。还有批评认为，循证医学忽视了专业知识，实际上制造了"食谱医学"（Cookbook Medicine）。人们在追求"什么是有效的"时候，没有注意到有效的、起作用的证据未必就是可取的证据，证据质量的高低不是唯一的评判标准。而且，内部有效性和外部有效性之间有很大的区别，在特定环境中的结果并不总是会在另一特定环境中产生。同医学相比，大多数社会政策的结果与预期很难达成一致。即使有可靠的研究成果，研究人员提炼的证据和决策者的实际需要之间往往存在着差距，证据也不足以证明特定的行动是合理的，特别是在一些变化较快、风险较高、冲突较多的领域中，循证研究的作用和影响十分有限。所以说，循证不是一种规范的方法，而只是一种对理性决策的强调。①

总之，循证研究的支持者认为，反对者由于存在着对证据利用的技术偏见，不遵循科学的最佳做法，导致了较差的政策后果。循证研究的反对者则认为，支持者存在的问题偏见使得社会价值在决策过程中被忽视或边缘化，导致政策目标发生了偏移。因此，有必要理解决策环境中两种偏见的根源，更深入地思考如何从决策过程的角度判断什么是好证据，以及如何利用好证据。

三 证据的选择与使用

科学研究一方面需要更严谨的原始研究（一次研究），另一方面也需要更多的研究合成（二次研究），两者不可或缺。寻求规范可靠的证据并在政策过程中加以应用是循证决策的核心特征，主要目标是提高有关政策

---

① La Caze, A., and Colyvan, M. 2017. "A Challenge for Evidence-based Policy", Axiomathes, 27, pp. 1-13.

设计、执行、完善建议的可靠性。因此，循证研究致力于为决策者在考虑政策制定和项目改进时提供有用的信息，包括系统评价在内的研究合成可以显示出有关具体问题的证据情况，可以指导研究者在证据空白或匮乏的领域开展进一步的研究。如果发现了无效或不利的证据，循证研究也可以警示决策者做出相应的调整。然而，政策所涵盖的价值、可行性、成本、伦理等多个因素是永远不会被证据所取代的。[1] 也就是说，基于证据的改进是可取的，也是可能的，但不能指望建立一个完全由客观研究结果推动的政策体系。政策的制定实质上是政治性的，涉及多个相互竞争的利益体之间的平衡。各种证据可以为决策提供信息，而不是构成政策过程本身。而且，政策存在于特定的状态、环境、偏好、价值取向和制度结构中，这些决定了可能的政策选择和政策后果。所以，循证决策不等同于决策。系统评价或元分析只是得出"最佳证据"的工具，循证研究的结论只是决策的一个支撑信息，并不是全部。证据和信息是可用的，但不是决定性的。

有人支持的证据未必是好证据，没人支持的证据也未必是坏证据。与其说决策者面临的问题是如何确保政策有证据依据，不如说是如何在不同甚至是相矛盾的证据中选择更有价值的证据作为政策依据。关键在于尽可能排除人的主观猜测和喜好对证据的影响，通过客观性的评估研究获得证据，并在相互矛盾的观点中作出判断。循证可以使决策过程不那么"个性化"，而更多地受到理性与经验证据相结合的影响。第一，良好的循证研究有明确的政策焦点和纳入目标。与焦点和目标无直接关联的证据，即使是可用的和高质量的，也应该被排除。第二，公共政策领域的证据是社会文化和环境的反映，可以被当作社会产品建构出来。那么，可用证据的建构路径也应与政策焦点相关，与目标无关的建构路径应该被排除。第三，只符合上述两个条件还不够，可用的证据必须适于研究和实践的具体环境要求。因此，不应该将证据级别或系统评价等单一方法作为衡量"好"证据的唯一标准。"好"证据不仅仅是质量高的证据，也是适当的证据。[2]

---

[1] Bédard, P. - O., and Ouimet, M. 2016. "Persistent Misunderstandings About Evidence-based (sorry: informed!) Policy-making", *Archives of Public Health*, 74 (31).

[2] Parkhurst, J. 2017. *The Politics of Evidence: From Evidence-based Policy to the Good Governance of Evidence*, pp. 110 – 123. London and New York: Routledge.

事实、数据、经验等所反映的证据虽然与假设、理论、价值观等所体现的意义相对，但证据和意义之间是不可割裂的。① 最好的证据不是从文献中抽象出来的，也不能在不了解实际的情况下加以利用。所以，弥合研究与政策之间的鸿沟有必要反思在复杂情况下如何持续改善证据的使用。第一，循证实践要解决的是实践对象的具体问题，而不是根据经验和偏好得出的问题。循证实践是以实践对象为中心的，而不是以证据为中心的。研究的知识和结果固然重要，但在动态的循证实践过程中要灵活运用，只有把证据整合到实践中去，证据才能发挥作用。第二，知识和决策应当被已有的研究充实而不是限制。实践过程不能被僵化的步骤所代替，应根据具体情况作出适当的调整。要以一种更合理、更具创造性的方式将广泛的、不同类型的经验用于实践过程，同时密切关注每一项研究材料和证据的适当性，而不是仅仅依靠证据级别进行判断。第三，推动利益相关方都成为循证的实践者将有助于实现循证善治。这需要激发研究者的动力以组建数据分析和政策评估的专业团队，夯实各领域的高质量证据基础，扩大证据的传播效果；需要提升决策者对数据和评估研究的重视程度，加强决策者利用研究证据的能力；需要平衡政治目的、专业意见和政策实施对象的诉求，更加关注多方因素之间的互动关系，深化研究者对实践对象和决策者需求的理解。②

对本书来说，有关各民族流动人口融入和接纳的问题是社会普遍关注的热点和难点，在城市社区接纳流动人口研究中进行循证探索，既契合了新时代民族工作背景和提升民族事务治理能力的要求，也符合建设高质量交叉学科的发展方向。当前，社区、决策部门和科研机构已经建立了长期的合作关系，开展了一系列试点工作，形成了一大批研究成果。特别是2019年11月，坎贝尔中国联盟（Campbell China Network）③ 正式成立，并发布了《中国循证社会科学联盟系统评价撰写手册》和《中国循证社会科学联盟循证政策简报撰写手册》，成为国内循证社会科学发展最有力

---

① ［美］安·马克捷克、林恩·马库斯：《如何做好政策研究：讲证据、得人心、负责任》，李学斌等译，重庆大学出版社2020年版，第2页。

② Editorial. 2010. "Reconsidering Evidence-based Policy: Key Issues and Challenges", *Policy and Society*, 29, pp. 77 – 94.

③ 坎贝尔中国联盟官方网址：https://www.campbellchina.com。

的推动者之一。① 可以说，在各民族流动人口与城市社区方面开展循证研究已经基本具备了社会、技术、组织、制度等条件。

本书将侧重于研究者同城市社区工作者的关系，以系统评价和调查研究形成相互支撑和补充，努力找到提升城市社区接纳流动人口能力的适当证据，并基于此向社区提出加强接纳能力建设的建议。本书可能无法在短期内影响到决策者，但可以为城市民族工作和流动人口服务管理工作的循证实践进行有益的积累（见图1—2）。

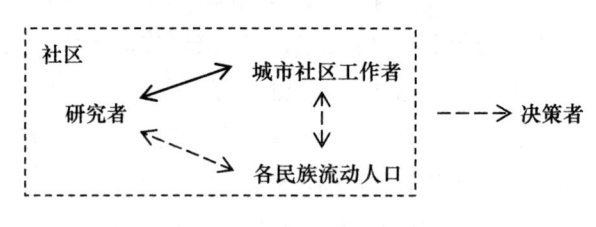

图1—2 本书的相关者

第三节 系统评价的工具

一 系统评价与元分析

系统评价的过程是透明的和可重复的，并以清晰、客观和全面的方式呈现出来。好的系统评价需要由用户、实践者和研究人员组成的团队共同完成。相较于人们所熟知的"设计—实施（研究起点）—影响（研究终点）"的传统政策评估模式，系统评价和元分析的研究起点是"影响"，通过对传统政策评估模式下研究成果的合成形成反馈，进而干预后续研究的设计，也即首先根据具体需要制定有针对性的问题，然后从已有成果中找出解决问题的证据并进行评价，再将合成后的证据同决策和实践相结合以提升效率和效力②（见图1—3）。

对于很多不了解循证的人来说，系统评价似乎完全等同于传统意义上

---

① 拜争刚、王西贝：《Campbell 中国联盟：国内循证社会科学发展的有力推动者》，《医学新知》2020 年第 4 期。

② Pawson, R. 2002. "Evidence-based Policy: in Search of a Method", *Evaluation*, 8 (2), pp. 157–181.

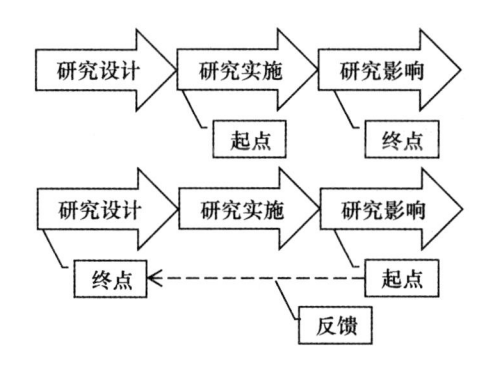

图 1—3 传统政策评估与系统评价/元分析的比较

的叙述性综述。实际上严格来讲，系统评价确实是综述（Review）的一种，但同一般的综述相比又存在着诸多不同，主要表现在：一是叙述性综述通常不需要详细说明原始文献的来源、检索方法和选择方法，而系统评价必须明确说明；二是叙述性综述通常不需要评价原始文献的质量，而系统评价必须依据一定的方法对原始文献的质量进行评价；三是叙述性综述通常是对以往研究的综合评论，侧重于作者的主观视角，通常也不需要说明结论的推断过程，而系统评价是对以往研究的资料合并，侧重于证据的客观视角，必须遵循严格和透明的步骤进行评价，详细呈现出评价的推断过程，尽可能减少偏倚或错误。

元分析（另常见"Meta 分析""荟萃分析"等译法）与系统评价相关，是指将同一干预措施的多项研究进行定量合成，从而在更大程度上获得对干预实际效果的确定性或清晰度。纳入的研究具有足够的相似性是进行元分析的主要根据。尽管是一种二次分析，但元分析通过寻找合适的、高质量的数据来分析假设，运用统计学方法对原始假设进行验证并提出进一步的问题。一般来说，元分析可能但并不一定是系统评价的组成部分。对多项同质性好的研究进行了元分析的系统评价可称为定量系统评价，若纳入研究因同质性不足而无法进行元分析或者仅进行了叙述性分析的系统评价称为定性系统评价，[①] 当元分析单独作为一种统计学方法使用时也就不是系统评价。

---

① 靳英辉等：《系统评价与元分析的内涵及价值》，《同济大学学报》2019 年第 1 期。

任何单一的原始政策评估研究都要考察政策干预措施及其结果之间的因果关系。首先提出研究假设,进行试验,引入干预并收集相关的数据。然后,对干预前后的变化进行严格分析,以测试这种关系是否重要。再对原始假设进行验证,以确定因果推断是否合理。原始研究中的随机对照试验就是随机选择测试组施以干预措施,随机选择对照组不采用任何干预措施。在研究社会政策干预时,这代表着向测试组实施了一项新的政策,以便与未实施这项政策的对照组进行比较。随机对照试验特别有助于确定干预措施是否对结果有影响,因为随机分配的测试组和对照组之间的唯一区别就是干预本身。那么,将之前包括随机对照试验在内的所有关于干预和结果之间关系的分析结果进行汇总,系统评价或元分析就比任何单一原始研究都更有可能准确判断干预的效果。

二 纳入与质量评价工具

系统评价最初用于通过科学方法来识别、分析和合成现有研究中的定量证据,以获得综合性的结果并对特定问题的整体研究得出结论。随着循证研究的发展,系统评价也逐渐被用于相关性研究和定性研究。模型化是系统评价的基本特征,定量系统评价通常使用 PICOS 模型来纳入和排除文献,而定性和混合研究系统评价更适用 SPIDER 模型(见表 1—1)。

表 1—1　　　　　　　系统评价的纳入模型

PICOS	SPIDER
P—研究对象(Population/Participants)	S—研究对象(Sample)
I—干预措施(Interventions)	PI—研究内容(Phenomenon of Interest)
C—研究比较(Comparisons)	D—研究设计(Design)
O—研究结果(Outcomes)	E—评价内容(Evaluation)
S—研究设计(Study designs)	R—研究类型(Research type)

评价定性研究风险偏倚时,可以使用的评估工具有澳大利亚循证卫生保健中心对质性研究提出的质性研究真实性评价原则(Joanna Briggs Institute,JBI)、英国牛津循证医学中心的文献严格评价项目(Critical Appraisal Skills Program,CASP)、英国索尔福德大学研发的质性研究质量评

价工具（Evaluation Tool for Qualitative Studies，ETQS）和因果关系研究标准（一致性、关联强度、特异效应、时序性、梯度、可信性和实验证据）[1] 等，其中 CASP 量表的使用最为广泛，也是定性研究质量评价的首选。[2] CASP 质量评价工具包含系统评价清单、定性评价清单、随机对照试验评价清单、案例对照研究评价清单、队列研究评价清单、经济评估评价清单等。其中，定性评价清单由 3 部分共 10 个问题组成[3]（见表 1—2）。

表 1—2　　　　　　　　　　CASP 定性评价清单

问题	评价	参考因素
第一部分　研究结果有根据吗？		
1. 是否清楚地描述了研究的目的？	是 不确定 否	·研究的目的是什么 ·为什么认为研究目的很重要 ·相关性
2. 应用定性研究的方法是否恰当？	是 不确定 否	·研究是否旨在解释或说明参与者的行为和/或主观经验 ·定性研究方法是否适合于实现研究目的
是否值得继续？		
3. 研究的设计是否适合于解决研究问题？	是 不确定 否	·研究者是否合理地选择了研究设计（例如，是否讨论过采用哪种方法）
4. 研究对象的招募策略是否恰当？	是 不确定 否	·研究者是否解释了如何选择参与者 ·研究者是否解释了所选择对象最适合于该研究的原因 ·是否进行了有关对象招募的讨论（例如，为什么有些人选择不参与研究）

---

[1] Hill, A. 1965. "The Environment and Disease: Association or Causation?" *Journal of the Royal Society of Medicine*, 58 (5), pp. 295 – 300.

[2] 赵瑞等：《质性研究系统评价在循证指南制定中的应用价值》，《中国循证医学杂志》2016 年第 7 期。

[3] CASP Qualitative Studies Checklist, https://casp-uk.net/casp-tools-checklists, 最后访问日期：2022 年 1 月 19 日。

续表

问题	评价	参考因素
5. 资料收集方法能否解决研究的问题？	是 不确定 否	·资料收集的方法是否合理 ·是否清楚地描述了资料收集的方法（例如，焦点小组，半结构式访谈等） ·研究者是否合理地选择了研究方法 ·研究者是否详明确了方法（例如，对于访谈法，有没有说明访谈是如何进行的？是否有访谈提纲） ·研究过程中是否对研究方法进行了修订？如果是，研究者是否对如何修订以及为什么修订做出了解释 ·资料的形式是否明确（例如，录音资料、视频资料、笔记等） ·研究者是否讨论了资料饱和问题
6. 是否充分考虑了研究者与参与者之间的关系？	是 不确定 否	·研究者是否严格地审视了自身的作用、潜在的偏倚以及在研究问题的制定和数据收集（包括对象招募和地点选择）过程中产生的影响 ·研究者如何应对研究中的突发情况，是否考虑了研究设计的变化所产生的影响
第二部分 研究结果是什么？		
7. 是否充分考虑了伦理问题？	是 不确定 否	·向参与者解释研究情况的细节是否充分详尽，以便读者评估研究是否保持道德标准 ·研究者是否讨论了研究所提出的问题（例如，知情同意问题、保密性问题以及研究者如何处理过程中和结束后对参与者产生影响的问题） ·是否获得了伦理委员会的批准
8. 资料分析是否足够严谨？	是 不确定 否	·是否深入描述了资料分析的过程 ·是否运用了主题分析法？如果是，是否清楚地描述了从资料中提取主题的方法 ·研究者是否解释了从原始样本中提取资料用以说明分析过程的方法 ·是否有充分的资料以支持结果 ·在多大程度上考虑了相互矛盾的资料 ·研究者是否严格审视了自身的作用，潜在的偏倚以及在资料分析和选择过程中的影响

续表

问题	评价	参考因素
9. 是否清楚地描述了研究的结果？	是 不确定 否	·研究结果是否明确 ·是否充分讨论了支持和反对研究观点的证据 ·研究者是否讨论了研究结果的可信性（例如，三角互证法、被研究者论证、多个分析者等） ·是否围绕研究问题对结果进行了讨论
第三部分 研究结果对实际有帮助吗？		
10. 研究有多大的价值？	是 不确定 否	·研究者是否讨论了研究对现有知识或认识的贡献（例如，研究者是否认为研究结果与当前的实践、政策或以研究为基础的文献具有相关性） ·是否确立了需要研究的新领域 ·研究者是否讨论了结果能否或如何应用于其他人群，是否考虑了其他可能使用的方法

三 资料合成与评价分级工具

系统评价的资料合成方式有多种，主要包括：主题合成（Thematic Synthesis）、元民族志（Meta-ethnography）、扎根理论（Grounded Theory）、文本叙事合成（Textual Narrative Synthesis）、元研究（Meta-study）、元叙事（Meta-narrative）、关键解释合成（Critical Interpretive Synthesis）、生态三角互证（Ecological Triangulation）和框架合成（Framework Synthesis）等。这些方法具有许多相似性，但也存在着对基本信息数据处理的不同。在某种程度上，这些差异可以从理想主义和现实主义两种认识论的角度进行解释。[①] 目前，运用较为成熟的是主题合成和元民族志两种方法。其中，主题合成采用"三级诠释"，将原始研究归纳概况出一级描述性主题，然后理性分析为二级分析性主题，再总结提炼成第三级综合结果；元民族志是通过解释进行跨个案研究的综合，从而对具体问题形成更高层次的理解，首先识别一级概念，然后进行相似性转化或对立综合的二级解

[①] Barnett-Page, E., and Thomas, J. 2009. "Methods for the Synthesis of Qualitative Research: a Critical Review", *Medical Research Methodology*, 9.

释,再形成三级综合的解释框架。①

近年来,不少研究者或研究团队开始整合定性和定量研究的方法要素,探讨混合方法研究系统评价(Mixed Methods Systematic Reviews),主要包括现实主义合成(Realist Synthesis)法、桑德罗夫斯基(Sandelowski)替代法、贝叶斯(Bayesian)法和JBI合成法等。这些研究都进一步发展了循证社会科学的资料合成方法。其中,贝叶斯法是在确立问题和纳入排除文献之后将不同类型的证据转换为兼容模式,既可以将定性描述赋予定量数值,也可以将定量数据以定性描述表达,然后以单一的方法进行资料合成,从而实现多种研究证据的综合。②

系统评价结论的分级工具常见GRADE系统(Grading of Recommendations Assessment, Development and Evaluation)和CERQual(Confidence in the Evidence from Reviews of Qualitative research)。其中,CERQual主要基于4个方面进行评价:方法学局限性,指原始研究设计和实施中存在的问题及影响程度;相关性,指纳入研究的目的、对象等方面与系统评价要解决的具体问题的相符程度;一致性,指合成结果与相应的原始研究结果的相符程度,是否解释了原始研究结果之间的差异;数据充分性,与系统评价相关资料的丰富性和数量。最后综合上述4项评价情况对系统评价的每个结果给出信度分级。③

需要说明的是,从目前的总体情况看,在城市社区接纳流动人口的相关研究中,国内文献以定性研究为主,国外文献以定量研究居多,而获取这些定量研究的原始数据存在着一定的困难,对相关具体问题进行元分析的条件尚不充分。所以,本书将主要以系统评价的方法进行循证分析。另外,本书中的系统评价可能只纳入了定性研究的文献,也可能同时纳入了定量、定性和混合研究的文献。对于后者,本书将主要参照贝叶斯法的框架赋予定量研究的结论以定性的描述,然后再进行证据的总结性陈述。因此,本书将主要采用SPIDER模型作为纳入和排除工具,将主要使用

---

① 张静怡等:《定性资料的系统评价方法学汇总》,《中国循证心血管医学杂志》2017年第5期。
② 卞薇等:《混合方法研究系统评价简介》,《中国循证医学杂志》2019年第4期。
③ 拜争刚等:《定性系统评价证据分级工具——CERQual简介》,《中国循证医学杂志》2015年第12期。

CASP 定性评价清单和因果关系研究标准进行质量评价，并根据具体问题主要选择主题合成法或元民族志法进行资料合成，也将主要运用 CERQual 工具对证据结论进行分级。

第二章

城市社区居住接纳能力的分析

空间是思考和理解各民族人口流动的基础，当然也是实现社区接纳的起点。一般认为，流动人口在居住空间上普遍具有的集聚性特征会带来城市社区不同民族居民之间的区隔，从而影响社区对流动人口的接纳。因此，系统评价分析影响居住集聚主要因素和住房干预措施"去区隔化"成效的研究证据，实地调查分析社区拆迁安置中现实问题的实践证据，将有助于考察并提升城市社区对各民族流动人口的居住接纳能力。

第一节 流动人口居住集聚影响因素的系统评价

一 构建问题

相关研究很早就注意到，不同民族在居住空间上的选择不同，尤其是各民族流动人口往往会形成集聚性居住，进而导致空间上的区隔（Segregation）。区隔既可以用来描述两个或两个以上的民族在一定环境中的不同区域分开居住的模式，也可以用来描述产生这种空间分离的过程。[1] 人们普遍认为中微观尺度的区隔比宏观尺度更加显著，但也有研究成果发现，结果可能并非如此。[2] 因此，对居住集聚现象的考察一定是与流动人口的

---

[1] Johnston, R., Poulsen, M., and Forrest, J. 2009. "Research Note-measuring Ethnic Residential Segregation: Putting Some More Geography in", *Urban Geography*, 30 (1), pp. 91–109.

[2] Manley, D., Johnston, R., Jones, K., and Owen, D. 2015. "Macro -, Meso-and Microscale Segregation: Modeling Changing Ethnic Residential Patterns in Auckland, New Zealand, 2001 - 2013", *Annals of the Association of American Geographers*, 105 (5), pp. 951–967.

生活空间尺度紧密联系的。

我国的民族研究一直高度关注人口的空间分布情况及空间特征，并将其总结为"各民族交错杂居格局"。[①] 就全国范围来看，改革开放之后，不同民族人口的空间流动趋向非常明显，东部沿海地区和大中城市已成为重要的集聚地。文化不兼容以及一定程度上的排斥，导致了流动人口的空间分散和文化内卷，而从业结构和分布结构导致了流动人口一定意义上的内聚。[②] 近年来，学科的融合发展极大地提升了民族领域中相关空间问题的研究水平。焦开山运用探索性空间数据分析方法发现，大部分地区的不同民族人口分布及其变动受周边区域的影响，具有明显的空间聚集性。[③] 华东师范大学的高向东团队依托 ArcGIS、GeoData 的空间分析技术以及空间自相关分析、香农—威纳指数、地理探测器等，也印证了不同民族的空间集聚性，[④] 并进一步指出，"胡焕庸线"是中国人口的突变线。[⑤]

相比较，学术界对于不同民族人口居住空间的中微观研究成果更加丰富。众所周知，芝加哥学派的生态学视角将集聚视作一种有机现象，是流动人口走向融入和同化的过渡阶段。随着时间的推移和流动人口的社会地位不断上升，他们将能够更好地实现空间同化，最终自然形成马赛克式的居住平衡。之后，西方学术界主要形成了 3 种理论来解释不同民族流动人口的城市居住集聚：空间同化理论（Spatial Assimilation Theory）、地方分层理论（Place Stratification Theory）和民族飞地理论（Ethnic Enclave Theory）。空间同化理论认为流动人口即使融入城市后，仍然缺乏经济社会资源，因而无法实现与城市居民相同的居住偏好，只能继续集中在城市贫民社区。地方分层理论关注住房和劳动力市场中的歧视对不同民族流动人口的影响，认为社会上所感知到的民族分层是一种地理上的转换，并与从最

---

① 冯雪红、张欣：《少数民族人口迁移及其学术脉络》，《贵州民族研究》2020 年第 12 期。
② 乔国存、康旭、包格乐：《城市民族相互嵌入的社会结构和社区环境建设实证研究——以浙江省两个社区民族工作为例》，《北方民族大学学报》2018 年第 3 期。
③ 焦开山：《中国少数民族人口分布及其变动的空间统计分析》，《西南民族大学学报》2014 年第 10 期。
④ 高向东、王新贤：《中国少数民族人口分布与变动研究——基于 1953—2010 年人口普查分县数据的分析》，《民族研究》2018 年第 1 期。
⑤ 高向东、王新贤、朱蓓倩：《基于"胡焕庸线"的中国少数民族人口分布及其变动》，《人口研究》2016 年第 3 期。

好到最差的不同社区相结合。民族飞地理论以世居型多民族社区为对象，认为飞地中的民族经济为流动人口提供了特定的就业机会，从而提升了他们的社会经济地位，促进了他们的城市融入。飞地的文化环境和同族关系可能会吸引流动人口一直居住于此。① 但在一定条件下，民族飞地对于流动人口的经济收入也会产生明显的负面影响。②

有研究根据不同民族流动人口在城市中的居住集聚程度进行建模（见图2—1）：模型1被称为高原模型，表明城市中流动人口的居住集聚在几十年内保持不变。模型2被称为同化模型，表明流动人口随着时间的推移在城市中的分布更加广泛，集聚程度迅速下降。模型3被称为持续区隔模型，表明流动人口随着时间的推移居住集聚程度增强的过程。③

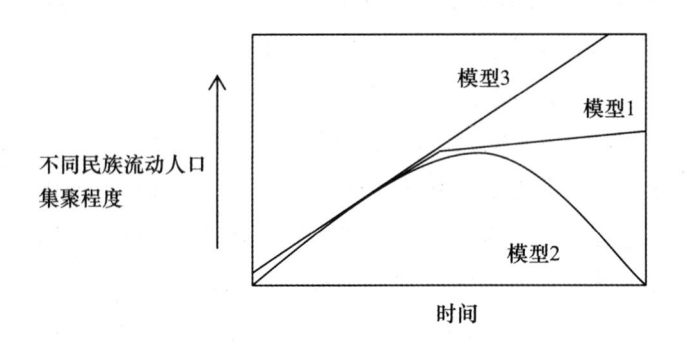

图2—1　城市流动人口居住区隔模型

美国宾夕法尼亚州立大学社会与人口学者 Martin 等则从空间扩散的过程出发总结了3种分析流动人口居住集中和分散的理论视角。位置持续（Locational Persistence）视角强调一些民族在空间上保持集聚而不是分散的趋势，如美国的西班牙语民族（Hispanics）和亚裔。早期的流动人口

---

① Coenen, A., Verhaeghe, P. -P., and Van de Putte, B. 2019. "Ethnic Residential Segregation: a Matter of Ethnic Minority Household Characteristics?" *Population, Space Place*, 25, e2244.

② Warman, C. 2007. "Ethnic Enclaves and Immigrant Earnings Growth", *Canadian Journal of Economics*, 40 (2), pp. 401–422.

③ Agyei-Mensah, S., and Owusu, G. 2010. "Segregated by Neighbourhoods? A Portrait of Ethnic Diversity in the Neighbourhoods of the Accra Metropolitan Area, Ghana", *Population, Space Place*, 16, pp. 499–516.

在流入地城市建立居住空间能够发挥"舒适区"的功能，因而持续影响着本民族后续流动人口进入后的位置选择。空间同化视角强调流动人口居住空间会随着融入程度的变化而变化，从集中走向分散，特别是向上流动的各民族人口将在其传统的集中领域之外寻求提升经济和生活质量的机会。在此过程中，各民族人口向新居住空间的分散呈现出蔓延性扩散的特点，即向邻近空间的不断扩散。机构中心（Institutional Hub）视角则强调流动人口可以以跳跃的方式实现居住空间上的分层扩散，比如，政府机关、学校、企业等会吸引不同民族流动人口集中在远离其传统居住区域的空间。[1]

随着北美学术界对族裔文化和经济社会资源分析的深入，集聚又被视为选择和限制的结果，也就是说，不同族裔移民的个体和族体的行为选择，以及住房市场和家庭条件的限制共同导致了居住集聚。但有学者指出，愿意与本民族成员共同居住的偏好往往会造成一种悖论。尽管流动人口对群体内接触的偏好比当地人要弱得多，却促进了民族集聚，而不是融入。欧洲学界继而将集聚置于更为广泛的城市背景中，从社会不平等、城市地位、福利制度和住房系统等普遍的结构性因素加以理解。[2] 嵌入论、经济社会融入论等也被引入集聚研究中，形成了环境结构模型，包括了国家的经济态势、当地社会的意识形态、城市的环境和族裔特征这4个独立而又相互联系的维度。[3] 相应地，社区白人居民选择性外迁的逃离现象和白人避免搬进不同族裔居多的社区的回避现象（White Avoidance）也被纳入集聚研究的视野。[4]

另外，英国布里斯托大学地理科学学者 Johnston 等系统梳理了美国芝加哥大学社会学者 Massey 和 Denton 所提出的观察居住集聚的5个维度：均匀（Evenness）、接触（Exposure）、集中（Concentration）、中心化

---

[1] Martin, M., Matthews, S., and Lee, B. 2016. "The Spatial Diffusion of Racial and Ethnic Diversity across U.S. Counties", *Spatial Demography*, 5 (3), pp. 145–169.

[2] Tammaru, T., Marcińczak, S., and Van Ham, M. 2016. *Socio-economic Segregation in European Capital Cities: East Meets West*. Abingdon and New York: Routledge.

[3] Arbaci, S. 2019. *Paradoxes of Segregation: Housing Systems, Welfare Regimes and Ethnic Residential Change in Southern European Cities*, p. 40. Hoboken and West Sussex: John Wiley and Sons Ltd.

[4] Quilian, L. 2002. "Why is Black-White Residential Segregation so Persistent? Evidence on Three Theories from Migration Data", *Social Science Research*, 31 (2), pp. 197–229.

（Centralization）和聚类（Clustering），[1] 并将其整合为两个基本分析要素：分离（Separateness）和位置（Location）。前者综合反映了一个民族在城市街区中与其他民族的居住分离程度，涵盖了不同民族在单位空间里的分布均匀性、不同个体之间接触互动的概率以及同一民族的多个分布空间的聚类状况。后者综合反映了一个民族在城市中居住的位置情况，涵盖了一个民族在单位空间里的集中密度以及同一民族的多个分布空间距离城市中心的邻近度。[2] 在这样的空间尺度上，区隔的存在与城市社会结构具有同构性，并且对社区建设具有正负效应。[3]

传统观点认为，民族居住集聚阻碍了不同民族的成员在城市和社区中的关系发展，因为区隔减少了流动人口同当地居民的接触机会，而正是这样的日常交往对族际友谊的形成至关重要。同时，流动人口大量涌入特定空间会再度强化传统的亚文化，对城市的族际关系与公共治理造成压力。[4] 也有不同观点认为，由于人口整体流动水平的提高和现代通信技术的发展，人们建立社会关系不再依赖于他们的居住空间环境。因此，流动人口同当地居民之间的关系在很大程度上不受居住集聚的影响。当然，居住集聚对不同民族成员之间关系状态的影响还取决于个人特征。由于受教育程度和经济社会资源之间具有积极的联系，更多的经济社会资源增加了参与更广泛的社会网络的机会，这意味着受教育程度较高的流动人口将有更多的机会与当地居民发展关系。[5]

综上可知，不同民族流动人口居住集聚现象及区隔问题具有重要的研究价值，并且已经形成了多学科交叉的开放式发展趋势。借助诸多理论工

---

[1] Massey, D., and Denton, N. 1988. "The Dimensions of Residential Segregation", *Social Forces*, 67 (2), pp. 281–315.

[2] Johnston, R., Poulsen, M., and Forrest, J. 2007. "Ethnic and Racial Segregation in U. S. Metropolitan Areas, 1980–2000: the Dimensions of Segregation Revisited", *Urban Affairs Review*, 42 (4), pp. 479–504.

[3] 吴庆华：《城市空间类隔离：基于住房视角的转型社会分析》，博士学位论文，吉林大学，2011年。

[4] 黄毅：《族群、空间与公共治理的实践逻辑——以乌鲁木齐市为例》，博士学位论文，华东师范大学，2014年。

[5] Schlueter., E. 2012. "The Inter-ethnic Friendships of Immigrants with Host Society Members: Revisiting the Role of Ethnic Residential Segregation", *Journal of Ethnic and Migration Studies*, 38 (1), pp. 77–91.

具,学术界围绕相关问题已经开展了大量的案例研究,积累了丰富的研究成果,不断对经典和传统观点进行反思。尽管各种观点和结论之间存在差异是正常现象,但对已有成果的分歧进行系统梳理从而进一步明确研究共识是有必要的,特别是针对不同设计、不同方法而又高度相关的研究成果。而出台有利于构建互嵌式社区环境的政策举措需要准确把握流动人口居住集聚的形成机制,需要从国内外研究中获取有价值的证据。因此,本次系统评价的目的是明确流动人口在流入地城市社区形成居住集聚的主要影响因素是什么,即已有研究对哪一种影响因素进行分析所得出的证据质量最高,从而更加深入地考察社区空间接纳与流动人口居住区隔之间的关系。

二 文献检索、筛选与资料提取

纳入标准采用 SPIDER 模型:①研究对象——城市社区中的各民族流动人口;②研究内容——流动人口的居住集聚与区隔;③研究设计——使用访谈、问卷、数据分析等研究方法;④评价内容——居住集聚与区隔形成的影响因素;⑤研究类型——定性、定量和混合研究。

排除标准:①研究综述;②重复文献,包括同一项目的类似成果;③除中英文以外的文献。实际上根据纳入标准,非集聚与区隔成因的文献已不在纳入的范围,不需要再制定排除标准。

由于中文文献往往将集聚置于居住空间问题中加以探讨,为了保证文献纳入的全面性,确定中文检索式:(社区 OR 民族 OR 流动)AND(居住 OR 空间)。2020 年 5 月 25 日,标题精确检索中国知网(CNKI)和万方数据(Wanfang Data),共获得中文文献 434 篇。

英文检索式:ethnic AND(residential segregation OR space OR spatial OR spatiality OR settlement)。2020 年 6 月 9 日,标题检索 Web of Science 和 EBSCOhost 数据库,共获得英文文献 630 篇。

根据纳入与排除标准,由 3 名研究员背靠背阅读检索的文献题目、摘要和全文进行筛选。筛选后获得文献 45 篇并提取作者、时间、地点、结论等资料(见表 2—1),其中中文文献 24 篇,英文文献 21 篇。根据结论可以划分为经济社会原因为主 21 篇(47%),民族文化原因为主 13 篇(29%),综合原因 11 篇(24%)。

表 2—1　　　　　　　　　资料提取结果（$N=45$）

经济社会原因为主（21 篇文献）

作者	发表年份	考察地点	结论
Pacione[①]	2005 年	英国格拉斯哥	社会阶层是制约民族居住区位的主要力量
蒋连华[②]	2006 年	上海	房屋租赁、买卖市场的情况以及流动人口的就业方向决定了居住方式
马宗保等[③]	2007 年	银川	显著的居住边缘性与流动人口所处的地位相对应，其次是地缘性和业缘性
孙文慧[④]	2007 年	上海	经济发达、就业机会多、消费水平相对较低、生活设施相对便利等条件成为居住首选目标，在适应社会生活环境的过程中初步体现为族缘性
Brämå[⑤]	2008 年	瑞典哥德堡	不同民族之间存在的经济社会层级导致空间分散路径不同，区隔程度取决于流入和流出人数的平衡
汤夺先[⑥]	2008 年	兰州	聚族而居、围寺而居与同乡而居表明流动人口自身经济承受能力较差，在居住选择上多以谋取经济利益、降低流动成本为目的

[①] Pacione, M. 2005. "The Changing Geography of Ethnic Minority Settlement in Glasgow, 1951 – 2001", *Scottish Geographical Journal*, 121 (2), pp. 141 – 161.

[②] 蒋连华：《城市少数民族流动人口聚居区的形成及应对原则》，《社会科学》2006 年第 9 期。

[③] 马宗保、王卓卓、马天龙：《银川市流动人口调查报告》，《西北民族研究》2007 年第 3 期。

[④] 孙文慧：《上海市外来少数民族流动人口新情况、新问题的探讨》，《市场与人口分析》2007 年第 13 期。

[⑤] Brämå, Å. 2008. "Dynamics of Ethnic Residential Segregation in Göteborg, Sweden, 1995 – 2000", *Population, Space and Place*, 14, pp. 101 – 117.

[⑥] 汤夺先：《西北城市少数民族流动人口现状的调查分析——以甘肃省兰州市的调查为视点》，《西北第二民族学院学报》2008 年第 2 期。

续表

经济社会原因为主（21篇文献）

作者	发表年份	考察地点	结论
Brown 等①	2010 年	美国	经济社会变化的惯性效应降低了民族混居的水平
Grbic 等②	2010 年	新西兰	流动人口的平均家庭收入与当地人越接近，区隔程度就越低。制造业和建筑业的就业比例增加了区隔程度
Omera 等③	2010 年	以色列雅法	人口居住偏好的质变与土地使用的空间配置有关
Owusu 等④	2011 年	加纳阿克拉、库马西	流动人口和当地居民的经济社会差异导致区隔和地方分层，这在非洲具有普遍性
Andersson⑤	2013 年	瑞典斯德哥尔摩	迁入或迁出不是民族问题，有工作且收入快速增加的流动人口，无论其民族身份，显然更容易离开
何明 等⑥	2015 年	昆明	所从事行业的特点需要借助血缘、亲缘、地缘、族缘关系搭建谋生渠道

---

① Brown, L., and Sharma, M. 2010. "Metropolitan Context and Racial/ethnic Intermixing in Residential Space: U.S. Metropolitan Statistical Areas, 1990 – 2001", *Urban Geography*, 31 (1), pp. 1 – 28.

② Grbic, D., Ishizawa, H., and Crothers, C. 2010. "Ethnic Residential Segregation in New Zealand, 1991 – 2006", *Social Science Research*, 39, pp. 25 – 38.

③ Omera, I., Bakb, P., and Schreck, T. 2010. "Using Space-time Visual Analytic Methods for Exploring the Dynamics of Ethnic Groups' Residential Patterns", *International Journal of Geographical Information Science*, 24 (10), pp. 1481 – 1496.

④ Owusu, G., and Agyei-Mensah, S. 2011. "A Comparative Study of Ethnic Residential Segregation in Ghana's Two Largest Cities, Accra and Kumasi", *Population Environ*, 32, pp. 332 – 352.

⑤ Andersson, R. 2013. "Reproducing and Reshaping Ethnic Residential Segregation in Stockholm: the Role of Selective Migration Moves", *Geografiska Annaler: Series B, Human Geography*, 95 (2), pp. 163 – 187.

⑥ 何明、木薇：《城市族群流动与族群边界的建构——以昆明市布依巷为例》，《民族研究》2013年第5期。

续表

经济社会原因为主（21 篇文献）

作者	发表年份	考察地点	结论
刘西慧①	2015 年	南京	经济和城市发展带来了居住迁移，同时也反映了个体的生命历程
修文雨②	2015 年	上海	职业特点是居住分布现状的主要原因，这加剧了对族缘关系的依赖
朱蓓倩③	2016 年	上海	完善的生活服务设施以及相关单位、企业、机构的分布
Lymperopoulou 等④	2017 年	英国英格兰、威尔士	除非重视经济社会领域的民族不平等，否则任何地方的居住融入都是片面的
Rimoldi 等⑤	2017 年	意大利米兰	经济社会差距使流动人口采取区隔行为来强调与主流文化的距离，流动人口与当地居民的友谊主要取决于群体之间的社会分化
廖贺贺⑥	2017 年	兰州	经济状况是居住的首要影响因素，民族意识是次要的影响因素
刘东旭等⑦	2018 年	南阳	围市而居的相互嵌入性生计关系
Tan 等⑧	2019 年	西宁	活动地点的区隔由于两个民族之间预先存在的社会分层而进一步加强

---

① 刘西慧：《现代化浪潮下南京市少数民族聚居区的演化与特征初探——以七家湾回族聚居区为例》，硕士学位论文，东南大学，2015 年。
② 修文雨：《上海市少数民族流动人口居住状况研究》，硕士学位论文，华东师范大学，2015 年。
③ 朱蓓倩：《上海外籍人口城市融入研究》，博士学位论文，华东师范大学，2016 年。
④ Lymperopoulou, K., and Finney, N. 2017. "Socio-spatial Factors Associated with Ethnic Inequalities in Districts of England and Wales, 2001 – 2011", *Urban Studies*, 54 (11), pp. 2540 – 2560.
⑤ Rimoldi, S., and Terzera, L. 2017. "Neighbours and Friends? Can Residential Segregation Explain Ethnic Separation? The Case of Milan (Italy)", *Spatial Demography*, 5, pp. 193 – 214.
⑥ 廖贺贺：《兰州市流动穆斯林职住关系研究》，硕士学位论文，兰州大学，2017 年。
⑦ 刘东旭、孙嫱：《围市而居：南阳流动维吾尔族的社区建设》，《中央民族大学学报》2018 年第 6 期。
⑧ Tan, Y., Chai, Y., and Chen, Z. "Social-contextual Exposure of Ethnic Groups in Urban China: from Residential Place to Activity Space", *Population Space Place*, 25 (11), e2248.

续表

经济社会原因为主（21篇文献）

作者	发表年份	考察地点	结论
吴潇①	2019年	义乌	以从业所在地为导向的居住选择带来了空间渗入

民族文化原因为主（13篇文献）

作者	发表年份	考察地点	结论
Andersen②	2010年	丹麦	歧视或缺乏社交网络是居住区隔的原因之一
Bolt等③	2010年	荷兰	家庭迁移行为中存在着民族的特殊性，即使把各种变量都考虑在内，流动人口仍然比当地人更经常地聚集
高翔等④	2010年	兰州	以距离民族活动场所较近、族群人口较多、聚居程度较高为首要居住目标
单昕⑤	2011年	乌鲁木齐	聚族而居
何乃柱等⑥	2013年	西北地区	首先考虑的是清真寺，其次考虑的是有特色的就业领域
周如南⑦	2013年	成都	以家支血缘和家乡地缘为基础的原生性社会关系寻找居住空间
Dill等⑧	2014年	德国西部地区	歧视在区隔中起着重要作用，区隔与感知歧视之间具有积极的联系

---

① 吴潇：《区隔还是融合：全球化背景下跨国移民的空间生产——基于浙江省义乌市的实证研究》，硕士学位论文，华东师范大学，2019年。

② Andersen, H. 2010. "Spatial Assimilation in Denmark? Why do Immigrants Move to and from Multi-ethnic Neighbourhoods?" *Housing Studies*, 25 (3), pp. 281–300.

③ Bolt, G., and Van Kempen, R. 2010. "Ethnic Segregation and Residential Mobility: Relocations of Minority Ethnic Groups in the Netherlands", *Journal of Ethnic and Migration Studies*, 36 (2), pp. 333–354.

④ 高翔、鱼腾飞、张燕：《城市中穆斯林流动人口的空间行为特征及动力机制研究——以兰州市回族、东乡族为例》，《世界地理研究》2010年第2期。

⑤ 单昕：《城市多民族社区居住格局变迁研究》，硕士学位论文，新疆大学，2011年。

⑥ 何乃柱、王丽霞：《西北少数民族新生代农民工的群体特征研究》，《北方民族大学学报》2013年第5期。

⑦ 周如南：《都市冒险主义下的社会空间生产——凉山地区彝族人口的城市流动及其后果》，《开放时代》2013年第4期。

⑧ Dill, V., and Jirjahn, U. 2014. "Ethnic Residential Segregation and Immigrants' Perceptions of Discrimination in West Germany", *Urban Studies*, 51 (16), pp. 3330–3347.

续表

民族文化原因为主（13 篇文献）			
作者	发表年份	考察地点	结论
谢珂①	2015 年	北京	利用地缘、亲友等关系，在本民族聚居的地方寻找依靠，从而在城市社会经济环境中作出合适的选择
Mägi 等②	2016 年	爱沙尼亚塔林	流动居住行为往往遵循既存的族裔网络，而不论其经济社会成就如何
Ibraimovic 等③	2017 年	瑞士卢加诺	不同的民族属性是不同阶层家庭居住选择的关键驱动因素
Zhang 等④	2017 年	兰州、临夏、甘南	居住意图取决于民族认同和流入地社会文化背景之间的相互作用
李晓霞⑤	2017 年	乌鲁木齐	区域内一个民族的人口比例越大，同民族的流动人口可获得的就业机会、社会资源就越多，居住便利性及文化适应度更高，生活成本也更低
Muller 等⑥	2018 年	瑞典	民族选择性和民族回避对居住的影响更为重要，因此需要改变民族偏好

---

① 谢珂：《北京市维吾尔族流动人口聚居区特征与形成机制研究》，《宁夏社会科学》2015 年第 2 期。

② Mägi, K., Leetmaa, K., Tammaru, T., and Van Ham, M. 2016. "Types of Spatial Mobility and Change in People's Ethnic Residential Contexts", *Demographic Research*, 34, pp. 1161 – 1192.

③ Ibraimovic, T., and Hess, S. 2017. "A Latent Class Model of Residential Choice Behaviour and Ethnic Segregation Preferences", *Housing studies*, 33 (4), pp. 544 – 564.

④ Zhang, B., Druijven, P., and Strijker, D. 2017. "Does Ethnic Identity Influence Migrants' Settlement Intentions? Evidence from Three Cities in Gansu Province, Northwest China", *Habitat International*, 69, pp. 94 – 103.

⑤ 李晓霞：《乌鲁木齐市建设嵌入式社区环境的政策实践调查》，《北方民族大学学报》2017 年第 6 期。

⑥ Müller, T., Grund, T., and Koskinen, J. 2018. "Residential Segregation and 'Ethnic Flight' vs. 'Ethnic Avoidance' in Sweden", *European Sociological Review*, 34 (3), pp. 268 – 285.

续表

综合原因（11 篇文献）

作者	发表年份	考察地点	结论
Fossett①	2006 年	美国	当民族偏好、社会距离与地位偏好、地位变化以及人口和城市结构相结合时，会产生高度稳定的多群体区隔和民族隔离
Johnston 等②	2007 年	加拿大、新西兰、英国英格兰/威尔士、澳大利亚、美国	区隔在很大程度上是由歧视、劣势和自我隔离共同造成的，但在不同的地方，作用强度各不相同
Lobo 等③	2007 年	美国纽约	区隔反映了长期以来的歧视、住房投资减少和无效的城市政策，经济融入和居住混合并不总是一致的
Murdie 等④	2010 年	加拿大多伦多	主观融入可能对居住区隔发挥更大作用
陈轶等⑤	2013 年	拉萨	对既有路径的依赖、社区经济的发展、民族宗教背景和城市的相关政策对居住产生影响
陈永亮⑥	2013 年	成都	围寺而居的传统、历史原因、民族机构的分布和流动人口的从业特征对居住产生影响

---

① Fossett, M. 2006. "Ethnic Preferences, Social Distance Dynamics, and Residential Segregation: Theoretical Explorations Using Simulation Analysis", *Journal of Mathematical Sociology*, 30, pp. 185 – 274.

② Johnston, R., Poulsen, M., and Forrest, J. 2007. "The Geography of Ethnic Residential Segregation: a Comparative Study of Five Countries", *Annals of the Association of American Geographers*, 97 (4), pp. 713 – 738.

③ Lobo, P. A., Flores, R., and Salvo, J. 2007. "The Overlooked Ethnic Dimension of Hispanic Subgroup Settlement in New York City", *Urban Geography*, 28 (7), pp. 609 – 634.

④ Murdie, R., and Ghosh, S. 2010. "Does Spatial Concentration Always Mean a Lack of Integration? Exploring Ethnic Concentration and Integration in Toronto", *Journal of Ethnic and Migration Studies*, 36 (2), pp. 293 – 311.

⑤ 陈轶等：《拉萨市河坝林地区回族聚居区社会空间特征及其成因》，《长江流域资源与环境》2013 年第 1 期。

⑥ 陈永亮：《成都市民族社区民族关系研究》，硕士学位论文，中央民族大学，2013 年。

续表

综合原因（11篇文献）

作者	发表年份	考察地点	结论
韩挺①	2014年	格尔木	文化因素、制度因素和城市管理因素对居住产生影响
许可可②	2017年	兰州	信仰传统决定了围寺而居，经济劣势决定了住房类型的选择
杨建超③	2017年	兰州	个人的社会资源（资本）在居住选择过程中发挥了重要作用
温士贤等④	2018年	广州	迁徙网络基于传统的血缘纽带和地缘关系，在择业时会首选能够解决食宿的工作
马小花⑤	2019年	西安、兰州	以围寺而居为特征，受个人选择行为的动态支配

三 质量评价

由3名研究员背靠背对所纳入文献的资料进行评价。由于本次系统评价关注的是现象的影响因素，因此采用英国伦敦大学医学统计学家希尔（A. B. Hill）提出的因果关系研究标准。

1. 一致性（Consistency）

如果不同的研究者，在不同的环境和时间条件下，使用不同的方法反复观察到了变量之间的联系，那么这种联系可以被视为基于证据的、不受个体和方法影响的普遍联系，也就说明结论具有一致性。在本次系统评价中，国外研究文献（19篇）的地点涉及14个国家，主要是美国和英国。国内研究文献（26篇）的地点涉及14个省区市（除东北地区外，其他地

---

① 韩挺：《格尔木市居住隔离问题研究》，硕士学位论文，西安建筑科技大学，2014年。
② 许可可：《区隔与融合——上西园社区少数民族流动人口聚居区研究》，硕士学位论文，兰州大学，2017年。
③ 杨建超：《城市社区民族工作研究——基于西园街道的调查》，博士学位论文，兰州大学，2017年。
④ 温士贤、朱竑：《城市少数民族流动人口的时空行为与文化响应——基于广州苗族务工者的实证研究》，《华南师范大学学报》2018年第4期。
⑤ 马小花：《城市（西安、兰州）流动穆斯林居住空间选择比较研究》，硕士学位论文，兰州大学，2019年。

区均有涉及），主要是西北地区，以有关兰州的文献数量最多。3个类别的文献都包括了中外不同的研究地点。3个类别的文献都包括了不同的民族对象，其中2篇关于在华外籍流动人口的文献（朱莅倩，2016；吴潇，2019）同属于经济社会原因为主类别。3个类别都包括了不同时间阶段的文献。共有14篇文献考察了研究对象的年龄或性别，分属经济社会原因为主和民族文化原因为主两个类别的数量基本一致。综上，3个类别的结论都具有较高的一致性。

2. 关联强度（Strength of Associations）

考虑到文献之间的差异和所构建问题的特征，本次系统评价以样本量和分析方法来评价结论与数据之间的相关性。3个类别都包括了使用不同研究方法的文献。相较而言，英文文献更多地掌握了当地政府或机构进行的大规模调查数据，样本量更大。中文文献更多的是采用定性研究方法，部分研究采用了数据分析，但样本量较小。经济社会原因为主类别的定量证据占62%，且包括3篇使用定量定性相结合方法的文献。民族文化原因为主类别和综合原因类别中的定量证据占比分别为54%和45%。综上，3个类别的结论都具有较高的关联强度，其中经济社会原因为主类别的强度最高。

3. 特异效应（Specificity of Effects）

某一种结果如果是在特定条件下产生，那么这样的特异性就增强了因果关系的可信度。由于各类文献使用了不同的研究工具，涵盖了多项指标，因此对于其他哪一种因素与区隔的产生特定相关并没有产生显著的证据。综上，只有"围寺而居"这一因素具有一定的特异效应，3个结论类别的特异性总体上都较低。

4. 时序性（Temporality）

时间序列问题与研究设计的内部有效性问题密切相关，比如，可以有助于分析是收入差距的扩大增强了居住区隔，还是区隔导致了收入的差距。一般认为，时序性可以通过前瞻研究、纵向研究或实验研究进行检验。所纳入文献中有14篇进行了纵向研究的设计或局部分析，主要支持经济社会原因为主类别，其他文献则基于横断面数据。综上，除经济社会原因为主类别外，其他结论类别的时序性较低。

5. 梯度（Gradient）

梯度在这里强调的是剂量与反应之间的关系。在经济社会原因为主类别中，以同化理论为代表的观点认为，随着经济收入的增加和社会地位的提高，居住集聚会下降。国内的部分研究认为，同一民族的成员在城市中从事相关特定行业的数量越多，居住集聚度越高。在另外两个类别中则没有发现明显的梯度分析。综上，除经济社会原因为主类别外，其他结论类别的梯度不显著。

6. 合理性（Plausibility）

合理性是指有特定的机制能够较好地解释要素与区隔之间的积极关系。3个类别的结论虽然各有侧重，但基本被囊括于文献综述所归纳的理论之中，反映了对集聚影响因素的解释形成了稳定机制。综上，3个结论类别的合理性都较高。

7. 实验证据（Experimental Evidence）

证明因果关系的最有力证据被认为是可以在实验中获得的，但只有综合原因类别中的一项研究采用了仿真实验的方法。综上，3个结论类别都基本上缺乏实验证据。

四 资料合成与讨论

本次系统评价的主要目的是探讨影响不同民族流动人口在城市社区中形成居住集聚的主要因素，而以往研究已经形成了诸多理论解释，讨论了相关的影响因素。其中，经济社会原因主要强调流动人口的经济条件、社会地位、职业选择等因素造成了集聚，民族文化原因主要强调文化传统、民族认同、民族关系等因素导致了流动人口的居住区隔，而综合原因主要是强调多种因素的交织。当然，3个类别不是截然对立的，特别是综合原因类别中的许多结论既有经济社会因素，也有民族文化因素。

考虑到文献特点、设计、测量等的差异，本次系统评价从7个方面对证据的质量进行了分析。对一致性的分析结果表明，在不同地点、民族、时间、年龄、性别等条件下都观察到了区隔现象。流动人口的居住集聚始终是学术界关注的重要问题，我国西北地区和欧美国家是国内外相关研究的重点区域。尽管中西方的民族分类有明显的不同，但普遍更加关注文化差异较大的流动人口。对关联强度的分析结果表明，经济收入、社会地位、民族歧视、偏好选择等因素同居住区隔有确定的联系。差异指数（IDxy）、区隔指数（ISx）、隔离指数（xIIx）、接触指数（xIEy）等已经被广泛应用于对流动人口居住区隔程度的测量当中，并且不断有研究对上述模型进行修订。定量工具可以评估特定区域内多个维度的关系、变化和相互作用，对集聚和区隔认知的定性探索可以理解地方和社区的日常生活经验。毫无疑问，定量与定性研究的结合以及多学科各种具体方法的相结合将提升研究结论的强度和深度。对特异效应的分析结果表明，由于不同城市社区和民族的情况千差万别，围绕具体因素对不同成果进行比较研究的难度较大，因而对集聚产生的特定条件的分析不足。但这也提示将循证运用于集聚研究具有很大的空间，对同一主题成果的系统性分析，可以得出关于集聚水平的综合结论，进而更好地在特定区域理解区隔现象。对时序性的分析结果表明，由于大多数研究使用的是横断面数据，无法确定相关因素的时序性。因此，在未来的研究中应该更加注重对流动人口历时性数据的掌握，从而在纵向维度更好地解释接纳对区隔的影响。对梯度的分析结果表明，探讨多个变量之间关系的已有文献数量较少，即使是对流动人口数量、经济收入等变量与区隔之间的关系也没有达成一致性的结论。就目前的情况看，还无法明确集聚影响因素的梯度。对合理性的分析结果表明，关于集聚形成原因的已有理论都获得了证据支持。虽然未形成广泛的一致，但创新性研究也没有突破现有解释模型的基本范畴，更多的是对理论细节的深入分析。对实验证据的分析结果表明，集聚研究基本都是在现实环境中进行的，但实验室研究可以在区隔相关测量工具的建模中加以应用。

综合以上的分析讨论，3个类别在总体上的研究偏倚较低，最终评定经济社会原因为主类别的信度为高，评定民族文化原因为主类别与综合原因类别的信度为中。这说明，仅就本次系统评价所纳入的研究证据来看，经济社会方面的因素可能是影响流动人口居住集聚的首要因素，或者说经济社会方面的因素对流动人口居住集聚的影响更大。城市和社区在制定居住接纳措施时需要优先或者重点考虑不同民族流动人口的经济社会状况。

第二节 "去区隔化"住房干预措施的系统评价

一 构建问题

流动人口的居住集聚与区隔在某种程度上掩盖了经济社会边缘化和排斥

的问题，导致其常与过度拥挤、缺乏基础设施、高额租金、劣质住房和不稳定的生活联系在一起。实事求是地讲，流动人口在住房市场上的机会是有限的，这在住房类型、住房面积、住房质量和年限等方面都有所体现。湖北的相关调研显示，流动人口以自己租房和住单位宿舍为主，居住满意度不高。[1] 对他们来说，在空间不匹配条件下，住房可能比其他任何因素都更为重要。[2]

一般认为，文化因素、家庭特征、家庭收入、国家政策、社区和房东的排斥等都会影响不同民族流动人口的住房情况。[3] 韩国启明大学社会学者 Chan 以中国香港地区的实证研究结果为基础，构建了一个"飞地公寓陷阱"（Enclave Tenement Trap）模型。该模型显示，租房过程实际上更多地成为一种过滤机制。通过公共和私人住房租赁的过滤，流动人口不得不长期居住于租金不合理、环境恶劣、治安差、房屋破旧、拥挤的廉价私人公寓之中。特别是在自由选择的租房机制中，所谓的"自由选择"反而使流动人口无法实现选择，造成了自我集聚与区隔的假象。由此可见，住房问题是由流动人口缺乏真正的选择，而不是他们的住房偏好导致的。[4] 瑞典林雪平大学城市研究学者 Bråmå 等则以住房市场分割（Housing Segmentation）来描述不同群体在租住权、住房类型、住房地点等方面的分布不均。虽然不同形式的制度歧视可能不会对希望获得自有住房的流动人口家庭构成绝对障碍，但将严重限制他们的选择。拥有住房的人数很少的事实表明，在房价快速上涨的情况下，租房的流动人口可能会不由自主地被"锁定"在当前所处的劣势中。因而，不能认为流动人口的住房偏好已经发生了变化，不能认为他们对自有住房的渴望比以前有所减弱。[5]

---

[1] 彭建军、刘荣:《城市少数民族流动人口市民化突出问题及对策——以湖北省10个城市为例》，《中南民族大学学报》2019年第6期。

[2] Stoll, M., and Covington, K. "Explaining Racial/ethnic Gaps in Spatial Mismatch in the US: the Primacy of Racial Segregation", *Urban Studies*, 49 (11), pp. 2501–2521.

[3] Musterd, S., and Van Kempen, R. 2009. "Segregation and Housing of Minority Ethnic Groups in Western European Cities", *Tijdschrift voor Economische en Sociale Geografie*, 100 (4), pp. 559–566.

[4] Chan, S. 2018. "Enclave Tenement Trap: a Case Study of Ethnic Minorities Residing in Private Rented Housing Sector in Hong Kong", *Environment and Urbanization ASIA*, 9 (2), pp. 198–213.

[5] Bråmå, Å., and Andersson, R. 2010. "Who Leaves Rental Housing? Examining Possible Explanations for Ethnic Housing Segmentation in Uppsala, Sweden", *Journal of Housing and the Built Environment*, 25, pp. 331–352.

所以，改善住房市场环境就成为解决空间集中这一问题的主要路径，而不是改变流动人口的行为偏好。

在英美等西方国家，常见的一类住房改善措施包括改变住房的使用类型、分配方式、租赁形式等，都以打破居住区隔，实现多民族的混居为目标。一是分散选址项目，将公共住房建造在以白人为主的非贫困区域，因为美国只有10%的公共住房位于穷人和非洲裔家庭集中的社区之外。二是政府向低收入家庭提供租房补贴，额度取决于住房的租金水平和家庭收入。另外一种形式是发放购房代金券，在购买任何类型的住房时都可以使用。三是实施住房分配政策，配额制有可能阻止流动人口进一步选择集聚性社区，使不同民族居住得更加分散。四是搬迁项目，将租赁补贴和咨询服务相结合，要求参与者搬到非洲裔比例较低的社区或贫困家庭比例较低的社区。五是住房多样化政策，预期多样化能够带来更大的社会凝聚力，使经济社会地位较低的人有更多的社会流动选择。[1]

另一类住房改善措施聚焦消减住房市场上的歧视现象，其中以族裔身份为理由拒绝或限制提供住房属于歧视现象中的区别对待（Differential Treatment），而差别影响（Disparate Impact）则指看似不具歧视性内容的程序和决议却可能强化了某一族裔流动人口不利地位的歧视现象。[2] 例如，以族裔身份为理由拒绝提供住房就是区别对待，而以居住人数、价格等一些看似不具歧视性的理由拒绝提供住房却加剧了某一族裔流动人口的租房困难，则属于差别影响的情况。有研究表明，在租房过程中，流动人口遭遇到的排斥性无回应的拒绝比被有针对性的故意设置不正当条件更加普遍。[3] 偏好和信息不完整被认为是造成歧视的两个主要原因。当房东或中介对特定群体有偏好并采取相应的行动时，就会出现基于偏好的歧视，对该群体成员表现出排斥。相比之下，统计性歧视的根源在于房东对租客的信息了解有限，往往按照其所属群体的一

---

[1] Bolt, G. 2009. "Combating Residential Segregation of Ethnic Minorities in European Cities", *Journal of Housing and the Built Environment*, 24, pp. 397–405.

[2] Oblom, A., and Antfolk, J. 2017. "Ethnic and Gender Discrimination in the Private Rental Housing Market in Finland: a field experiment", *PLoS ONE*, 12 (8), e0183344.

[3] Hogan, B., and Berry, B. 2011. "Racial and Ethnic Biases in Rental Housing: an Audit Study of Online Apartment Listings", *City and Community*, 10 (4), pp. 351–372.

般特征来加以判断。[①] 出现统计性歧视，首先是租客有一些可见的特征（如性别、姓名、肤色、年龄等），使房东能够将其归入一个特定的群体；其次是房东对该群体的普遍特征有先入为主的预判。无论是由何种因素引发的，区隔一旦开始形成，房东的歧视行为就会产生持续性，从而限制流动人口的住房选择。[②]

借助诸多工具，学术界围绕住房干预措施的相关议题已经开展了大量的基础性研究，积累了丰富的研究成果，并且对各种理论观点进行了不断反思和发展。但从另一个角度来说，大交叉的多样化研究不可避免地导致了结论的碎片化，反而可能造成干预措施制定者和决策者的"选择困难症"。所以，针对不同设计、不同方法而又高度相关的研究成果进行系统梳理从而进一步明确研究共识是有必要的。为了实现这样的目标，有学者将循证方法引入"去区隔化"的住房政策研究之中。

2018年，法国勃艮第一弗朗什孔泰大学经济学者Flage完成了该领域的第一篇循证分析，[③] 共纳入2006年至2017年间14个国家的25项研究，涉及约10个民族的流动人口。证据合成结果显示，族裔歧视和性别歧视是相互作用的，而少数族裔受到的性别歧视更加明显。在房屋租赁市场中，非少数族裔的女性最受青睐，少数族裔的男性则最不受欢迎。此外，与私人房东相比，房地产中介对不同族裔租房者的歧视似乎要少得多，这种差异在一定程度上是因为私人房东表现出显著的统计性歧视。因此，租房市场上的歧视不仅仅是偏好带来的，提供更多关于流动人口的经济社会状况信息也可以减少歧视的发生。2019年，德国慕尼黑大学社会学者Auspurg等完成了一篇对租房市场中族裔歧视实地实验（Field Experiments）的元分析，[④] 共纳入

[①] Horr, A., Hunkler, C., and Kroneberg, C. 2018. "Ethnic Discrimination in the German Housing Market: a Field Experiment on the Underlying Mechanisms", *Zeitschrift für Soziologie*, 47 (2), pp. 134-146.

[②] Bosch, M., Carnero, M., and Farré, L. 2015. "Rental Housing Discrimination and the Persistence of Ethnic Enclaves", *SERIEs*, 6, pp. 129-152.

[③] Flage, A. 2018. "Ethnic and Gender Discrimination in the Rental Housing Market: Evidence from a Meta-analysis of Correspondence Tests, 2006-2017", *Journal of Housing Economics*, 41, pp. 251-273.

[④] Auspurg, K., Schneck, A., and Hinz, T. 2019. "Closed Doors Everywhere? A Meta-analysis of Field Experiments on Ethnic Discrimination in Rental Housing Markets", *Journal of Ethnic and Migration Studies*, 45 (1), pp. 95-114.

1973年至2015年间10个西方国家的46项研究，包含71项实验。证据合成结果显示，在控制了文献的发表偏倚之后，租房歧视普遍存在于所有调查的国家中，尽管这种现象在过去的40年里稳步减少。在不同族裔的流动人口之间、不同的城市和社区之间，租房歧视现象具有一定的差异，但程度不大。提供更多关于租房者的信息可以减少约三分之一的歧视发生，而对统计性歧视之外的因素进行解释仍然比较困难。

综上可知，对于流动人口住房问题的研究多集中于影响因素，而相关干预措施的分析仍显不足。尽管世界各国的住房政策存在许多差异，但普遍从消极角度看待流动人口的居住集聚与区隔，将其视为对社会融合和社会凝聚力的威胁。这些政策都期望在城市社区中建立平衡的多民族人口分布空间，却无法说明理想模型到底是什么。另外，元分析在租房歧视研究中的初步应用显示了循证的意义和价值。对"去区隔化"住房干预措施进行系统评价将有助于推进政策的内涵、成效、创新等方面的研究。因此，本次系统评价的目的是获取哪些干预措施能够改善各民族流动人口的住房状况，消除居住区隔，从而提高城市社区对各民族流动人口的居住接纳能力。

二 文献检索与筛选

纳入标准采用SPIDER模型：①研究对象——城市社区中的各民族流动人口；②研究内容——流动人口居住集聚的住房干预措施；③研究设计——使用访谈、文献等研究方法；④评价内容——住房政策的有效性；⑤研究类型——定性研究。

排除标准：①研究综述；②重复文献；③除中英文以外的文献；④虽部分涉及住房政策，但不以之为主要研究对象的文献。

英文检索式：housing AND policy AND（ethnic OR racial OR minority OR migrant OR immigrant）。2020年7月1日，标题检索Web of Science和主题检索EBSCOhost数据库，共获得英文文献104篇。

中文检索式：住房AND（民族OR族群）。2020年7月4日，标题精确检索中国知网（CNKI）和万方数据（Wanfang Data），共获得中文文献35篇。

根据纳入与排除标准，由3名研究员背靠背阅读检索的文献题目、摘要和全文进行筛选。筛选后获得文献11篇并纳入质量评价，其中中文文献5篇，英文文献6篇。

三 质量评价与资料提取

由 3 名研究员背靠背使用 CASP 清单对纳入文献的研究风险偏倚进行评价（见表 2—2）。

表 2—2　　　　　　　　　质量评价结果（$N=11$）

评价条目	1	2	3	4	5	6	7	8	9	10	11
1. 是否清楚地描述了研究的目的？	是	是	是	是	是	是	是	是	是	是	是
2. 应用定性研究的方法是否恰当？	是	是	是	是	是	是	是	是	是	是	是
3. 研究的设计是否适合于解决研究问题？	是	是	是	是	是	是	是	是	是	是	是
4. 研究对象的招募策略是否恰当？	是	是	是	是	是	无法确定	无法确定	无法确定	是	是	无法确定
5. 资料收集方法能否解决研究的问题？	是	是	是	是	是	无法确定	无法确定	无法确定	是	是	无法确定
6. 是否充分考虑了研究者与参与者之间的关系？	否	否	否	否	否	否	否	否	否	否	否
7. 是否充分考虑了伦理问题？	否	否	否	否	否	否	否	否	否	否	否
8. 资料分析是否足够严谨？	是	是	是	是	是	无法确定	是	是	是	是	否
9. 是否清楚地描述了研究的结果？	是	是	是	是	是	是	是	是	是	是	是
10. 研究有多大的价值？	是	是	是	是	是	无法确定	无法确定	是	是	是	否

由于第 11 号文献的质量较低，因而排除。由 3 名研究员背靠背对最终纳入的 10 篇文献的作者、时间、研究地点、研究方法和主要结论等资料进行提取（见表 2—3）。

表 2—3　　　　　　　　　资料提取结果（$N=10$）

		时间	2009 年
1	Dhalmann 等①	研究地点	芬兰赫尔辛基
		研究方法	文献分析、访谈
		主要结论	住房混居主要通过租住混合和住房配额来实现，这两项政策应基于流动人口一定的自由选择。住房政策应关注当地住房市场的变化以及经济社会条件较好家庭的住房选择。在一定程度上，社会住房和租住权相结合的政策能够抑制区隔。然而，这些干预还必须更加细化和明确，以加强流动人口在住房市场上的地位，并促进他们的融入。住房政策还需要不断完善，采取更加灵活和创新的措施，承认和尊重文化多样性
2	Ponzo 等②	时间	2010 年
		研究地点	英国、荷兰、法国、德国
		研究方法	文献分析、问卷、比较
		主要结论	各国政府开始将公共住房的支持目标对准弱势群体，并逐渐选择对需求进行补贴，而不是对供应进行补贴。要完善社区功能，为流动人口租房提供各项服务。要强调以当地利益为基础制定政策，将住房与就业、教育、卫生、社会和文化调解等方面的干预相结合。要重视帮助流动人口获得住房所有权。要重视利益相关方的参与，搭建更广泛的伙伴关系。要将民族文化因素同住房的设计、建设、更新、使用相结合
3	Bolt 等③	时间	2008 年
		研究地点	荷兰阿姆斯特丹、鹿特丹、海牙、乌得勒支
		研究方法	文献分析、调查

---

① Dhalmann, H., and Vilkama, K. 2009. "Housing Policy and the Ethnic Mix in Helsinki, Finland: Perceptions of City Officials and Somali Immigrants", *Journal of Housing and the Built Environment*, 24, pp. 423 – 439.

② Ponzo, I. 2010. *Immigrant Integration Policies and Housing Policies: The Hidden Links*. Forum Internazionale ed Europeo di Ricerche sull' Immigrazione Research Reports.

③ Bolt, G., Van Kempen, R., and Van Ham M. 2008. "Minority Ethnic Groups in the Dutch Housing Market: Spatial Segregation, Relocation Dynamics and Housing Policy", *Urban Studies*, 45 (7), pp. 1359 – 1384.

续表

3	主要结论	对廉价住房的拆迁并以高价位新型住房替代的措施、对低收入群体流入某些社区的监管措施,限制了低收入家庭的住房选择机会,而扩大低收入群体在城郊的住房机会将增加低收入家庭的选择。到目前为止,消除区隔的最实质性措施是对老旧社区的住房改造。房屋的拆除和升级会导致某些社区的流动人口家庭减少,并使他们不得不搬到城市的其他地方。因此,城市中那些不受拆迁影响的、仍然有可负担廉价住房的社区可能面临更大挑战
4	DeLuca 等[1]	
	时间	2013 年
	研究地点	美国亚拉巴马州莫比尔
	研究方法	访谈
	主要结论	直接向流动人口提供补贴有助于他们购买或者租赁更好的住房。但是,代金券持有者在城市社区中的分布不平均,而且许多社区缺乏可负担得起的房屋,使得住房代金券的使用存在结构性阻碍。如果不采取组合型措施来增强住房补贴的使用效果,不同民族流动人口家庭即使获得了补贴也很大可能继续在相对集中的社区中流动。要将补贴与住房咨询、房东服务和其他服务结合在一起,其目的是减轻各民族流动人口的经济负担。为了帮助各民族流动人口家庭改善住房条件,必须建立包括租客、房东、中介、服务机构、社区等在内的合作链,尤其要关注私人租房市场上房东的态度和选择
5	Andersen 等[2]	
	时间	2013 年
	研究地点	丹麦、瑞典、挪威、芬兰
	研究方法	调查

---

[1] DeLuca, S., Garboden, P., and Rosenblatt, P. 2013. "Segregating Shelter: How Housing Policies Shape the Residential Locations of Low-income Minority Families", *The Annals of the American Academy of Political and Social Science*, 647 (1), pp. 268 – 299.

[2] Andersen, H., Tumer, L. and Søholt, S. 2013. "The Special Importance of Housing Policy for Ethnic Minorities: Evidence from a Comparison of Four Nordic Countries", *International Journal of Housing Policy*, 13 (1), pp. 20 – 44.

续表

5		主要结论	不同民族流动人口的住房选择在很大程度上等同于低收入群体在住房市场的一般选择，民族的居住区隔在很大程度上取决于收入分层，取决于住房政策创造的平等机会。如果住房补贴或税收优惠使高收入群体在自有住房方面得到支持，使低收入群体在租赁住房方面得到支持，则可以预期出现明显的分层和区隔。如果住房政策在更大程度上是为全体居民而不仅仅是为低收入群体提供住房，那么收入分层和区隔就会更低。缺乏足够的公租房会促使流动人口选择私房居住，但许多流动人口会生活在过度拥挤的住房中。此外，公租房的缺乏导致了私人租房市场的高需求，为租金上涨和歧视提供了空间
6	Tomlins[1]	时间	1996 年
		研究地点	英国
		研究方法	文献分析
		主要结论	流动人口只要得到多元文化主义住房政策和金融资源的支持，以确保他们在差异空间中的生活机会可与主流社会成员的生活机会类似，那么，即使出现居住区隔也不会导致不同民族流动人口的边缘化。通过一些针对各民族流动人口的住房服务可以进一步增强社区的作用，可以吸纳不同民族流动人口的自组织参与其中的相关工作。实现独立的自给自足被视为多元文化主义住房政策的关键
7	程云凤[2]	时间	2015 年
		研究地点	新加坡
		研究方法	文献分析、调查、比较

---

[1] Tomlins, R. 1996. "Towards a Pluralistic Ethnic Housing Policy", *Planning Practice and Research*, 11 (2), pp. 167 – 175.

[2] 程云凤:《城市多族裔共存视角下的新加坡住房民族一体化政策研究》，硕士学位论文，中央民族大学，2015 年。

续表

		主要结论	跨族群的社区组织及其多元化服务为各族群成员提供了互动机会，能够培育出新的团结互助精神和社会关系网络，促使族群关系和谐稳定。而且，社区组织作为沟通渠道，逐渐建立起了流动人口与政府之间的信任关系，并衍生出新的垂直型社会资本
8	彭庆军[1]	时间	2017年
		研究地点	新加坡
		研究方法	文献分析
		主要结论	各族群有比例地混居，有助于实现从过去各族群间的"背靠背"转向"面对面"，从而缩短了各族群之间的社会距离，有助于互相了解和尊重彼此的族群文化差异，有助于构建共同价值观。要抓住当前城市化进程中大量保障房建设的重要契机，科学合理规划公共住房，以增量改革为策略，秉持多元一体理念，形成政策合力
9	良警宇[2]	时间	2011年
		研究地点	北京
		研究方法	调查
		主要结论	大混居中的"小聚居"的确可以达到使不同阶层保持一定距离和生活方式的可能性，但其促进不同阶层和特性的群体沟通的理想在现实中却存在距离。所以问题不是因为富人不习惯穷人的行为，就可以选择逃离，而是他们理应承担责任，以自己的行为树立一种榜样，至少在公共政策上应当鼓励这种尝试
10	罗楚亮等[3]	时间	2015年
		研究地点	全国
		研究方法	调查

---

[1] 彭庆军:《族群住房配额制：各民族互嵌式社区建设的新加坡实践与启示》，《民族学刊》2017年第6期。

[2] 良警宇:《社区内空间分异、住房公平和谐社区建设：对拆迁改造后北京市少数民族新聚居社区的分析》，载《中国城市研究（第四辑）》，商务印书馆2011年版，第117—129页。

[3] 罗楚亮、刘晓霞:《住房贫困的民族差异与住房反贫困的政策选择》，《天津财经大学学报》2015年第12期。

续表

| 10 | | 主要结论 | 降低少数民族住房贫困率，需要加大对住房质量改善的扶持力度，加大经济适用房建设力度，对少数民族施行租房补贴 |

四 资料合成与讨论

资料合成使用元民族志法。3 名研究员通过对文献内容和观点的全面理解，在一级分析中共识别了 8 个概念。经过相似转化分析和对立分析综合，这些概念在二级分析中可以分为 3 个类别。国内外研究在不同类别中的分布情况基本一致（见表 2—4）。

表 2—4　　　　　　　一级概念的识别（N = 10）

类别	概念	1	2	3	4	5	6	7	8	9	10
环境类别	市场	√		√	√	√			√		√
	社区		√		√		√	√			
	文化	√	√					√	√		
政策类别	执行	√							√		√
	完善	√	√		√				√		
	影响				√	√					
个体类别	流动人口				√	√	√				
	当地居民	√				√				√	

一是环境类别，包括市场、社区和文化。流入地的住房市场是此类别中最突出的证据要素，城市住房市场的整体变化情况、流动人口可选择住房的分布和类型情况、城市提供的社会住房（公租房、廉租房、经济适用房等）情况等直接关系到住房政策的效果，在政策制定过程中需要重点考虑。对于是以改善住房质量还是增加住房数量主要任务，证据之间存在冲突，需要后续更多研究的讨论。社区向各民族流动人口提供住房相关的服务同样具有显著的积极效应，其中既包括社区联合房东、中介和相关组织开展服务，也包括社区与政府之间的沟通。社区的服务也有助于保障住房市场中的信息公开，以消除可能存在的统计性歧视。树立正确的文化

观，营造良好的社区文化氛围，对提升干预措施的绩效有着积极影响。

二是政策类别，包括执行、完善和影响。从政策的执行过程看，更加明确的目标和更加细化的操作可以使干预措施发挥更积极的作用，缺乏具体环节的规定可能导致过多人为因素的干扰。从政策的完善方向看，住房干预措施同其他领域的政策以及社区服务相结合、相关工作部门的协同进而形成合力，都对解决流动人口的居住区隔问题具有重要意义。另外，需要关注住房政策产生的双重影响。为消除目标区域和目标群体的居住区隔而采取的住房改造、配额、补贴等措施同时可能会限制不同民族流动人口的选择，从而影响其他区域的居住格局，造成新的问题。因此，对住房政策的考察不能局限于特定对象和特定区域，而应更加全面。

三是个体类别，包括流动人口和当地居民。流动人口自身的经济社会条件是其住房选择的重要影响因素，部分流动人口的住房困难可以通过针对低收入群体的政策措施加以解决，不断改善流动人口的生活状况同样可以在一定程度上消除居住区隔产生的负面影响。当然，对某类住房的依赖、社会网络的局限、信息的缺乏也是需要考虑的影响因素。另外，当地人特别是经济社会条件较好的居民的住房选择会对市场产生影响，作为房屋出售人或出租人的当地居民对不同民族流动人口的态度也直接关系到政策实施的效果。所以，社区中的当地居民选择回避或逃离不利于消除居住区隔。

借助证据分级工具 CERQual 对综合结果的方法学局限性、相关性、结果一致性、数据充分性进行分析。仅就本次系统评价所纳入的研究证据来看，最终评定环境类别和政策类别的信度为高，个体类别因数据充分性较弱而评定信度为中。

本书综合两次系统评价所纳入的研究证据，对一级分析的 8 个概念和二级分析的 3 个类别进行了三级综合发展。

第一，理解集聚的双重效应。居住空间上的集聚可能会固化贫富差距，减少社会流动，带来民族关系的疏远和冲突风险，导致更高的犯罪率等。同时，居住空间上的集聚也可能增强流动人口的归属感，巩固社会网络，提升安全感等。所以，认为居住集聚是一种完全负面现象的观点值得商榷。应该全面认识居住集聚现象及相应的住房问题，准确把握共居目标，并在此基础上制定科学的"去区隔化"政策。一定程度的空间集聚可能有助于各民族流动人口适应新环境，在住房问题上尊重流动人口的文化背景，以及他们希望与亲属或同族成员就近居住的愿望，可以提升干预措施的效果。

第二，发挥接纳的积极作用。人口流动而不是静止促进了居住空间上的互嵌，并成为实现更高程度经济社会整合的基础。尽管不同民族流动人口的迁徙路径不同，但其居住空间结果往往取决于城市和社区的反应同各民族流动人口的内部凝聚力之间的相互作用。为了构建不同民族居民的社区认同感，空间上的接近和共居是非常必要的。所以，城市和社区对不同民族流动人口采取接纳的态度对消除居住区隔产生的不平等壁垒具有十分积极的作用，选择回避、逃离或其他排斥性的态度不仅会造成流动人口的被动集聚，还会形成结构性歧视。

第三，结合城市的环境特征。各民族流动人口的居住空间集聚广泛存在于世界各地，城市宏观规划结构是分析微观居住集聚和住房问题的重要参考，也是创新接纳和融入措施的关键基础。所以，住房政策除了考虑经济社会差异和民族因素以外，还要考虑到住房所在的社区、区域或城市的总体规划。城市住房市场中租赁住房和自有住房，以及社会（公共）住房和个人所有住房的分布情况是制定住房政策的重要依据。[①] 住房政策与城市发展、社会凝聚力等政策的结合才能更好地改善各民族流动人口的住房问题。

第三节　友谊街社区居住接纳的实地调查

一　社区的拆迁背景

湖北省襄阳市樊城区米公街道友谊街社区位于老城区的中心地带，社区社会关系稳定，互嵌程度较高，其具有民族特色、地方特色的牛肉面餐饮和牛羊肉经营已经成为城市名片。但是，居民住宅多为20世纪七八十年代所建，制式为低矮平房，建筑布局混乱，电路老化外露，排水设施简

[①] Andersen, H., Andersson, R., Wessel, T., and Vilkama, K. 2016. "The Impact of Housing Policies and Housing Markets on Ethnic Spatial Segregation: Comparing the Capital Cities of Four Nordic welfare States", *International Journal of Housing Policy*, 16 (1), pp. 1–30.

陋,"马路市场"的交易模式使得污水杂物和垃圾不能较好处理,形成社区"脏乱差"的局面。随着襄阳城市化的发展,拆迁改建成为解决社区发展问题的必要手段,"它借助各种技术和新型材料将原有的空间彻底摧毁,而后建构出新的空间"①,这个过程直观表现为社区居民的"上楼"。

早在 2007 年襄阳市有关部门就组织编制了《襄阳市友谊街历史风貌区整治改造规划》。之后数年,通过多次座谈、协商、调研,逐步确定了就近安置的愿望以及生产生活相分离的实施原则。2012 年 11 月,友谊街片区房屋拆迁征收工作正式宣布启动。2013 年,樊城区人民政府公布了改建项目房屋征收与补偿实施方案,并调整和增加了住宅还建安置房的建筑面积、楼层及数量。2014 年友谊街社区进入全面施工建设阶段,2019 年启动还房工作。

二 社区的安置过程

友谊街内原本都是二三层高的小楼房,居民都是街坊式的居住,房屋形式比较自由分散;改造后,社区居民将会住上几十层的楼房,居民将会成为上下楼的邻里关系。

访谈记录 2—1:2017 年 4 月 30 日,B,女,社区工作人员。

> 我们这里经营的牛羊肉可以说是一个名牌,会继续保留。拆了以后,减少了部分流动人口的收入,通过商量,临时搭建了两排房子,让他们继续经营。我们会对商业活动进行管理。宜昌对商业的管理就做得很好,所有生意都要进店经营,我们也会学习这些好的经验。友谊街没有改造前确实存在脏乱差的问题,所以改造后,一定要解决环境问题,让居民们安居乐业,让来玩的人玩得舒适、玩得开心。

楼房式的建筑重构了社区的居住空间,商铺、屠宰场的建设重构了社区的经济空间。从这个角度上看,拆迁改造是对城市社区的"改善设

---

① 赵旭东、朱鸿辉:《城市化进程与乡村振兴——基于一种文化转型人类学视角下的移民思考》,《学术研究》2018 年第 8 期。

计",极大地提升了社区的基础设施水平,拓展了社区的公共交往空间①,保障了社区的进一步发展。但同时,拆迁改造对社区进行了政策性、组织性和关系性的解构②。

针对友谊街社区的实际情况,培育和壮大特色产业是促进社区经济发展的关键,实现社区居住接纳的重要路径。牛肉面等特色餐饮、牛羊肉加工经营不仅是流动人口主要从事的生产活动,也已经成为社区内部各民族成员共同参与的产业项目。可以进一步拓宽特色产业的发展思路,扩大更多主体和资源的投入,使之成为当地养殖、加工、销售等产业链条中的关键一环。这不仅能延长特色产业链,实现产、加、销、贸一体化,还能通过发展主导产业带动其他产业的发展,使各主体结成稳固的利益共同体,将极大地提升社区对各民族流动人口的接纳能力。在经济共享发展的基础之上,通过极具代表性的饮食关键符号的表达、传播与交流,可以帮助社区各民族居民适应"楼上楼下"的邻里关系模式。

同时,襄阳市通过各类社会组织协助做好流动人口的服务管理工作,开展民族团结进步创建,增进民族之间的相互嵌入,在社区居住空间再造和接纳方面起到了良好的效果。一是增强了社会组织的代表性,充分发挥其作用,引导各民族流动人口在遇到困难和纠纷时主动寻求咨询和帮助。二是从不同民族流动人口的角度出发,帮助解决了生活中的实际困难。三是坚持依法保护各民族成员的利益,坚持是什么问题就按什么问题处理的原则。四是加强了宣传教育,通过多种活动增进各族群众的相知、相识、共融、共乐,尤其关注各民族群众的心理适应,从融入和接纳两方面入手提升了共同体意识。

三 社区的共享发展

城市社区拆迁中居民的"上楼"是主被动相结合的城市内流动,需要解决的关键问题是在居住空间再造和社区共享发展过程中如何看待民族

---

① 陈宇:《空间重构与认同再造:新加坡互嵌社区中的族际整合及其启示》,《宁夏社会科学》2018年第3期。

② 张彬、熊万胜:《社会性解构:对征地拆迁过程的阐释——基于L县的调研》,《南京农业大学学报》2019年第1期。

性。困境的产生源于将不同民族、民族与当地社会看作二元对立的,习惯性地只强调单向嵌入和融入。而社会互构论强调多元主体在共同参与和行动效应的过程中,通过协商合作争取到各种可能性中的一个最佳值。[①] 借助这一视角可以发现,拆迁社区的再造是各民族成员、社会组织、政府等多行动主体间在交互作用下共同地型构、影响、创造的,是社会变迁的效应过程,是个体和集体发展的实践过程,也是相关政策的延展过程。所以,应当明确不同民族之间、民族与社会之间是同构共生、互构共变的,发生着相应的、协同的、共时的演变。

通过拆迁改造实现社区共享发展的过程具有非确定性和不可预料性,因此需要各主体间的协商合作,实现民族与社会的正向谐变,以构建出可以共同分享的接纳性发展前景。从政府角度应提高民族事务治理水平,从社会角度应建设各民族的共有文化,从社区角度应加快内外部环境建设,从个人角度应增强家乡认同,实现由异到同、由客人到主人、由分享到共享的转变。

---

① 杨敏、郑杭生:《社会互构论:全貌概要和精义探微》,《社会科学研究》2010 年第 4 期。

第 三 章

城市社区教育接纳能力的分析

语言相通是人与人相通的重要环节,语言不通就难以沟通,不沟通就难以达成理解,就难以形成认同。铸牢中华民族共同体意识,搭建促进各民族沟通的语言桥梁,对流动人口开展国家通用语言文字教育是城市社区接纳的重要内容,也将积极促进各民族流动人口的城市融入。因此,系统评价分析通用语言学习的研究证据,实地调查分析国家通用语言文字教育培训的实践证据,将有助于考察并提升城市社区对各民族流动人口的教育接纳能力。

第一节 流动人口通用语言学习的系统评价

一 构建问题

对于城市各民族流动人口来说,一方面,运用国家通用语言文字能力不强使他们在流入地的工作和生活中遇到许多困难,无法更好地改善经济状况,拓展社会网络,实现城市融入。另一方面,工作时间较长、收入偏低、局限于同族交往等问题,反过来又会制约他们更好地学习国家通用语言文字。相关实证研究也显示,流动人口的民族类型和流入地的交流语言对流动人口的城市适应产生显著影响。[1] 在对湖北、广东、广西多地的调查中发现,流动人口不同程度的语言表达与交流障碍影响其文化适应

---

[1] 高向东、余运江、黄祖宏:《少数民族流动人口城市适应研究——基于民族因素与制度因素比较》,《中南民族大学学报》2012年第2期。

进程。①

学术界已有诸多理论对语言学习的过程进行解释。按照社会认知方法的观点，语言被视为一种在特定环境中展开社会行动的工具，具有灵活和适应性强的特点；语言发展被概念化为学习者同学习环境之间渐进的、互动的调适。动态系统理论认为语言学习是一个迭代的过程，取决于学习者的目标（如需要获取某些知识）和教师的目标（如需要完成某些教学任务）之间的相互作用。社会环境模型则认为以通用语言文字进行跨文化接触与使用者的语言自信相关，而这种自信又与交流意愿及身份认同相联系。交际意愿框架则包含了几个认知、社会和经验因素来解释学习者使用通用语言进行交际的意愿。② 美国加州大学洛杉矶分校应用语言学家Schumann在其影响通用语言习得的社会心理因素理论中提出，流动人口学习语言的愿望取决于本地居民和他们之间的社会互动程度，而这些互动与群际关系、融入策略、社会凝聚力、群体规模、文化相似性和流动时间等有关。所以，成功的语言学习需要两个群体在一定程度上的整合。③

人们对新文化的适应在很大程度上并不取决于两种文化之间的距离，而是取决于流动人口在新环境中的文化转化能力。实际上，在流动人口身份建构的过程中，出现了3种常见的策略：产生自我激励作为对被边缘化的一种反应，或是设法获得当地居民的社交网络以提高交际能力并获得满意的工作，再或者成为多语言、双文化的"想象共同体"的象征成员。④ 在不同的情境中，流动人口学习通用语言文字的同时成功保持其民族身份认同，这表明他们可以接受新的文化身份。而且，当流动人口对民族语言和通用语言文字学习持双重的积极倾向时，语言学习的效率最高，其民族

---

① 姚文静：《城市少数民族流动人口文化适应问题及其调适路径研究——以广州市为例》，硕士学位论文，广东技术师范大学，2019年。

② Trofimovich, P., and Turuševa, L. 2015. "Ethnic Identity and Second Language Learning", *Annual Review of Applied Linguistics*, 35, pp. 234–252.

③ Schumann, J. 1978. *Social and Psychological Factors in Second Language Acquisition. Understanding second and Foreign Language Learning*, pp. 163–178. Rowley, MA: Newbury House Publishers.

④ Cervatiuc, A. 2009. "Identity, Good Language Learning, and Adult Immigrants in Canada", *Journal of Language, Identity and Education*, 8 (4), pp. 254–271.

语言素养对学术语言的发展也具有积极的影响。① 但在某些情况下，民族身份也会对通用语言文字的学习产生负面影响，流动人口可能因在流入地遭受到的污名化而抵触或放弃学习通用语言文字。正如有关爱沙尼亚和立陶宛的俄语流动人口的研究表明，语言是打开通往更广泛社会福利之门的钥匙，通用语言熟练程度较高的流动人口更有可能进入一个良性的发展循环。通过社会、文化和教育资本的积累，在工作中获得认可，总体上得到更好的融入成果。但同时要注意到，歧视和社会网络区隔会制约流动人口对通用语言的学习。② 这意味着不同民族流动人口对通用语言文字的学习和使用不是一个简单的"换台"问题。

推广国家通用语言文字是铸牢中华民族共同体意识的重要途径。③ 有学者提出，应树立"中华语言多元一体，和谐生态发展"的语言信仰，执行"人人都会普通话，个个都有传承语"语言管理，实施个人"1+N语言能力"的语言实践。在公共和工作场合坚持以普通话为主，在家庭场合可以同时使用普通话和方言，而在社区和个体交流场合中提倡传承方言。④ 在此背景下，做好城市语言文字公共服务，需要考虑服务的提供方式、服务语言的种类、服务的质量标准、服务的人才支撑、服务的技术支持、与其他服务之间的关系等方面的问题，完善顶层设计。⑤ 还需要加强流入地和流出地的协作，改善城市基础设施建设，营造良好的语言环境，提升各民族流动人口的学习主动性。⑥ 有研究显示，经济原因是流动人口学习国家通用语言的主要动力，首要的是就业问题。多数人是在聊天和购物等真实的社会文化背景下进行国家通用语言学习的，对于时间和收入有

---

① Somers, T. 2017. "Content and Language Integrated Learning and the Inclusion of Immigrant Minority Language Students: a research review", *International Review of Education*, 63, pp. 495-520.

② Toomet, O. 2011. "Learn English, not the Local Language! Ethnic Russians in the Baltic states", *American Economic Review: Papers and Proceedings*, 101 (3), pp. 526-531.

③ 王启涛:《中国历史上的通用语言文字推广经验及其对铸牢中华民族共同体意识的重要意义》,《西南民族大学学报》2020年第11期。

④ 覃涛:《人口迁移背景下的少数民族地区语言变化研究——以广西桂林市为例》,博士学位论文,上海外国语大学,2019年。

⑤ 王学荣:《城市民族语文公共服务的原则与思路探析》,《西南民族大学学报》2013年第6期。

⑥ 丁红艳:《新疆少数民族农民工的城市适应性研究》,博士学位论文,新疆农业大学,2015年。

限的各民族流动人口来说，非正式学习比正式学习更为重要。[1] 所以，社区为各民族流动人口提供使用双语的真实机会，也影响着他们的国家通用语言学习效果。

近年来，国家民委持续开展流动人口服务管理体系建设试点、流动人口服务管理示范城市建设等工作，在建立健全城市公共服务均等化体制机制、依法保障各民族合法权益、加强国家通用语言文字教育培训等方面取得显著进展，帮助更多的各民族群众进得来、留得住、过得好。[2] 对于上述试点工作的成效，国家民委主要采用"少数民族流动人口服务管理经验交流现场会""城市民族工作经验交流现场会"和"互观互检互学"等方式进行总结和推广，从而起到以点带面的作用。比如，河南省民宗委以语言为媒、教育为本、服务为上的理念，组织了"少数民族进城务工经商人员国家通用语言文字培训班"。[3] 另外，对国外相关案例的研究也提供了诸多可借鉴的经验。例如，流动儿童可在加拿大的公立学校接受多种模式的双语教育，包括、过渡模式双语课程、双向双语课程等。[4] 主动服务是美国"英语作为第二语言"（English as a Second Language，ESL）项目的核心价值观，也是带给我国的核心启示。[5] 澳大利亚的语言政策则启示我们可实施"一主要语言多语言中心并存"的语言政策。[6]

然而，仅仅通过提供单向的、有限的语言课程并不能完全实现流动人口与当地居民之间的整合。许多培训课程仍然只关注语言和文化知识的习得，课程设置僵化，教学和教辅人员不足，往往采用灌输式的、以教师为中心的教学方式，教学模式单一，没有考虑到学习者的多样性和差异性，

---

[1] Guo, S. -B., and Zhang, J. -J. 2010. "Language, Work, and Learning: Exploring the Urban Experience of Ethnic Migrant Workers in China", *Diaspora, Indigenous, and Minority Education*, 4（1），pp. 47 - 63.

[2] 闵言平：《完善少数民族流动人口服务管理体系》，《中国民族报》2020年12月8日第5版。

[3] 河南省民族宗教事务委员会：《努力做好少数民族进城务工经商人员国家通用语言文字培训工作》，《中国民族》2019年第4期。

[4] 王远：《加拿大流动儿童城市社会融入研究》，硕士学位论文，广西师范大学，2016年。

[5] 吴月刚、李辉：《美国ESL项目对我国城市少数民族流动人口服务与管理工作的启示》，《中国民族报》2016年6月24日第7版。

[6] 张世英、邱世凤：《澳大利亚语言政策发展概况对我国语言政策制定的启示——基于我国流动人口多语言、多方言状态》，《成都大学学报》2017年第1期。

因此无法满足学习者的需求。这就要求社区在实践中充分运用不同的方法，提升国家通用语言学习的效果，以增强各群体的跨文化交际能力。也就是说，当前的国家通用语言教学工作不仅要关注教什么，更要关注怎么教。为此，循证被应用于相关问题的研究中。2015年，北京师范大学教育学者穆光伦对18项研究的43个数据集进行循证分析后发现，在不同的民族群体中，民族认同感与传统语言（Heritage Language）熟练度之间存在统计学上显著的小到中等的正相关，这说明两者不是完全相互依赖的。[1] 2017年，土耳其奥斯曼尼耶科尔库特阿塔大学英语学者 Yükselir 对17项定性研究成果进行系统评价，结果表明，使用移动技术作为语言教学工具提高了学习者的语言水平，也提高了他们的学习意识，而关于移动辅助语言学习（Mobile Assisted Language Learning，MALL）的纵向和横断面研究还十分不足。[2] 马来西亚双威大学教育学者 Mahmud 于2018年对语言学习的混合教学法进行了元分析，共涵盖59项成果。结果表明，将传统方式与技术手段相结合的混合学习法在整体上对语言学习有效果。然而，这种效果存在一定的偶然性，依赖于环境和技术因素是如何具体应用的。[3]

综上可知，第一，学习并使用国家通用语言文字在各民族流动人口的城市融入和社会整合过程中具有重要而积极的作用，社会各界对此已形成了广泛的共识。第二，为了进一步做好各民族流动人口服务管理工作，全国各地正在深入开展国家通用语言文字的教育培训，一些城市和社区取得好的成效和经验。第三，实践中的突出问题是国家通用语言文字教学培训的效果还不能完全满足流动人口学习者的需要，迫切需要学术界加强对相关具体做法的分析，为城市工作者建言献策，切实提升新时代国家通用语言文字教育的成效。第四，循证方法在此领域的初步应用反映了其可行性，可以继续深化。因此，针对不同民族流动人口的通用语言学习进行系

---

[1] Mu, G. -L. 2015. "A Meta-analysis of the Correlation between Heritage Language and Ethnic Identity", *Journal of Multilingual and Multicultural Development*, 36 (3), pp. 239 - 254.

[2] Yükselir, C. 2017. "A Meta-synthesis of Qualitative Research about Mobile Assisted Language Learning (MALL) in Foreign Language Teaching", *Arab World English Journal*, 8 (3), pp. 302 - 318.

[3] Mahmud, M. 2018. "Technology and Language-what Works and What Does Not: a Meta-analysis of Blended Learning Research", *The Journal of Asia TEFL*, 15 (2), pp. 365 - 382.

统评价，具有重要的意义和价值。本次系统评价的目的是回答城市社区可以采取哪些措施帮助各民族流动人口学习通用语言文字，以提升社区的教育接纳能力。这里既包括社区能够主导并直接实施的措施，也包括社区能够参与和协作实施的措施。

二 文献检索与筛选

纳入标准采用 SPIDER 模型：①研究对象——城市社区中的各民族流动人口；②研究内容——流动人口的通用语言文字学习；③研究设计——使用访谈、问卷、对照等研究方法；④评价内容——通用语言文字教学培训方式方法的有效性；⑤研究类型——定性、定量和混合研究。

排除标准：①研究综述；②重复文献；③除中英文以外的文献；④不涉及具体教学培训措施的文献。根据纳入标准，与各民族流动人口传统语言学习的相关文献已被排除在外，不需要另行制定排除标准。

英文检索式：language AND learning AND（ethnic OR minority OR migrant OR immigrant）。2020 年 7 月 1 日，标题检索 Web of Science 和 EBSCOhost 数据库，共获得英文文献 225 篇。

中文检索式：流动人口 AND 语言 AND（民族 OR 族群）。2020 年 8 月 5 日，标题精确检索中国知网（CNKI），共获得中文文献 162 篇。

根据纳入与排除标准，由 2 名研究员背靠背阅读检索的文献题目、摘要和全文进行筛选。筛选后获得文献 26 篇并纳入质量评价与资料提取，全部为英文文献。

三 质量评价与资料提取

由 2 名研究员参考 CASP 清单和证据金字塔背靠背对所纳入文献的质量进行评价，并对作者、时间、地点、样本、方法和结果等资料进行提取。根据所构建的问题，为了更好地消除异质性对合成结果的影响，本次系统评价将纳入的文献分为两个亚组：一是针对各民族流动人口中的成年人，以培训等非正式的措施为主，共 13 篇文献（见表 3—1）；二是针对未成年流动人口，以幼儿园、中小学等正式的课堂教学为主，共 13 篇文献（见表 3—2）。

表 3—1　成年流动人口亚组的资料提取与质量评价结果 （$N=13$）

		时间	2012 年	质量等级
1	Duguay①	时间	2012 年	中
		研究地点	美国、加拿大	
		样本特征	11 名海地裔女性，27—48 岁，加拿大 5 人，美国 6 人	
		主要方法	访谈	
		研究时长	不详	
		主要结论	加拿大的流动人口倾向于正式学习，而美国的流动人口倾向于非正式学习。他们面临的学习障碍主要存在于教学以外的社会保障、子女就学、流动人口身份等方面。基于学习者或社区的参与式学习策略可以使学习体验更加真实和充实。可以将流动人口的语言学习与就业、职业规划联系起来，教学设计应围绕实际工作经验展开，加强与工作、实习单位或专业机构的合作。加强流动人口与社区居民的联系，为他们提供更多的社区服务。	
2	Kim②	时间	2013 年	质量等级
		研究地点	加拿大	中
		样本特征	2 名韩国裔，30 多岁，大学教育程度	
		主要方法	访谈	
		研究时长	10 个月	
		主要结论	影响通用语言学习的重要方面不是客观的、外部的环境，而是学习者对它的主观理解。当学习者能够认识并内化语言学习的优势时，通用语言环境才具有能供性（Affordances）。因此，将通用语言理解为一种更好的中介工具更加有利于学习效果的提升。	

---

① Duguay, A. 2012. "'The School of Life': Differences in U. S. and Canadian Settlement Policies and Their Effect on Individual Haitian Immigrants' Language Learning", *Tesol Quarterly*, 46 (4), pp. 306 – 333.

② Kim, T. – Y. 2013. "An Activity Theory Analysis of Second Language Motivational Self-system: Two Korean Immigrants' ESL Learning", *The Asia-Pacific Education Researcher*, 22, pp. 459 – 471.

续表

		时间	2015 年	质量等级
3	Wildsmith-Cromarty 等①	研究地点	南非	中
		样本特征	加纳裔	
		主要方法	访谈 15 人、问卷 100 人、案例 3 人	
		研究时长	不详	
		主要结论	语言学习的主要推动因素是获得经济上的成功、获得较高的教育水平、流动人口的年龄、社会接纳和群体交往程度。语言学习的主要拉动因素是通用语言的广泛使用、所在社区居民对流动人口的积极态度、流动人口的从业地点、通用语言的积极作用	
4	Zhong②	时间	2015 年	质量等级
		研究地点	新西兰	中
		样本特征	2 名中国裔，35 岁和 28 岁，专科和本科教育程度	
		主要方法	访谈、观察、问卷	
		研究时长	18 周	
		主要结论	理解学习者的信念和策略具有重要意义，在设计课程时必须考虑到这些因素，并将其纳入教学计划中，以优化语言学习效果	
5	Nieuwboer 等③	时间	2016 年	质量等级
		研究地点	荷兰、瑞典	中
		样本特征	16 名柏柏尔和阿拉伯裔母亲，荷兰 10 人，瑞典 6 人	
		主要方法	访谈	

---

① Wildsmith-Cromarty, R. and Conduah, A. 2015. "'Push' and 'Pull' Factors Influencing the Learning of Destination Languages by Immigrants", *South African Journal of African Languages*, 35 (2), pp. 147–155.

② Zhong, Q. -Y. 2015. "Changes in Two Migrant Learners' Beliefs, Learning Strategy Use and Language Achievements in a New Zealand Context", *System*, 53, pp. 107–118.

③ Nieuwboer, C., and Van't Rood, R. 2016. "Learning Language that Matters: a Pedagogical Method to Support Migrant Mothers without Formal Education Experience in Their Social Integration in Western Countries", *International Journal of Intercultural Relations*, 51, pp. 29–40.

续表

5		研究时长	2 年	
		主要结论	认识到通用语言学习的重要性并通过不同的视角进行学习对提升学习效果非常重要。应以类似的身边人和榜样为目标进行学习，转变被动学习方式，鼓励不同民族居民之间的高度接触。社会工作者往往能在干预中发挥比教师更积极的作用。教学安排应更加灵活，以参与式的方法鼓励学习者，教学主题应包括流动人口日常生活和未来发展中的重要内容	
6	Bradley 等[1]	时间	2017 年	质量等级
		研究地点	瑞典	
		样本特征	38 名阿拉伯裔，12 名女性，26 名男性，20—60 岁，大多数在 30 岁，18 人接受过 9 年以上的学校教育，其中 10 人接受过大学教育。对照组 14 人，实验组 24 人	高
		主要方法	问卷、访谈、观察、对照	
		研究时长	10 周	
		主要结论	使用语音 App 进行集中的训练对发展口语技能是有用的，可以促进流动人口的融入。但学习者使用手机主要是与家人和朋友交流，而不是与当地人交流和学习语言	
7	Gaved 等[2]	时间	2017 年	质量等级
		研究地点	英国	
		样本特征	14 名阿拉伯语、孟加拉语、法语、泰米尔语、意大利语、日语、波兰语、葡萄牙语、西班牙语流动人口	中
		主要方法	访谈	
		研究时长	3 周	

---

[1] Bradley, L., Lindström, N., and Hashemi, S. 2017. "Integration and Language Learning of Newly Arrived Migrants Using Mobile Technology", *Journal of Interactive Media in Education*, 1 (3), pp. 1-9.

[2] Gaved, M., and Peasgood, A. 2017. "Fitting in Versus Learning: a Challenge for Migrants Learning Languages Using Smartphones", *Journal of Interactive Media in Education*, 1 (1), pp. 1-13.

续表

7		主要结论	社会背景和归属感对流动人口学习者来说是重要的影响因素，教学内容应围绕流动人口融入当地展开，促进其建立新的身份认同。移动端辅助语言学习有助于提高语言技能。在设计移动端辅助语言学习时，必须考虑社会文化因素，以及对教学时间、地点和活动的反思	
8	Ennser-Kananen 等[1]	时间	2017 年	质量等级
		研究地点	奥地利、美国	
		样本特征	2 个社区案例，女性	
		主要方法	访谈、观察	中
		研究时长	1 年	
		主要结论	学习通用语言并不必然使女性流动人口进入良性的循环式发展道路，因此要将语言学习嵌入到对女性流动人口的整体支持措施当中。在语言学习中坚持性别平等，以学习者为中心，和学习者共同设计课程和教学。流动人口和社区之间多层次的双向学习至关重要。通用语言学习不是为了思考"我是谁"，而是为了实现"我可以成为谁"	
9	Adamuti-Trache 等[2]	时间	2018 年	质量等级
		研究地点	加拿大	
		样本特征	3090 名女性（各民族），20—59 岁	高
		主要方法	问卷	
		研究时长	4 年	

---

[1] Ennser-Kananen, J., and Pettitt, N. 2017. "I Want to Speak Like the Other People: Second Language Learning as a Virtuous Spiral for Migrant Women?" *International Review of Education*, 63 (4), pp. 583–604.

[2] Adamuti-Trache, M., Anisef, P., and Sweet, R. 2018. "Differences in Language Proficiency and Learning Strategies Among Immigrant Women to Canada", *Journal of Language, Identity and Education*, 17 (1), pp. 16–33.

续表

9		主要结论	年龄较大、受教育程度较低、不易获得工作的女性流动人口的通用语言能力较低，提高的机会也较少。这些差异叠加流入地的环境因素，可能加剧语言学习者之间的系统性不平等。女性流动人口主要通过媒体、家庭、朋友、工作上的联系、自学或参加学习班等方式提高通用语言水平。通用语言学习同流动人口的经济社会融入过程密切相关，也与流动人口的定居过程密切相关。社会人口学因素（性别、年龄和民族地位）、人力资本特征（受教育水平和工作经验）和流动人口状况（阶层和流入地）对语言学习有重要影响。流入后的障碍、机会和激励等因素也发挥着作用	
10	Aslund 等①	时间	2018 年	质量等级
		研究地点	瑞典	
		样本特征	13 个城市的流动人口大型统计数据（各民族），平均年龄 31 岁，一半多为男性，一半已婚	
		主要方法	对照	高
		研究时长	5 年	
		主要结论	总体上，奖学金并没有明显提高流动人口通用语言学习者的平均成绩。城市社区和学习者的特征可能使奖学金发挥实质作用，但这一作用可能是暂时性的	
11	Jones 等②	时间	2018 年	质量等级
		研究地点	英国	
		样本特征	17 名西班牙语流动人口，其中 5 名男性，12 名女性	高

---

① Aslund, O., and Engdahl, M. 2018. "The Value of Earning for Learning: Performance Bonuses in Immigrant Language Training", *Economics of Education Review*, 62, pp. 192-204.

② Jones, A., Kukulska-Hulme, A., Norris, L., Gaved, M., Scanlon, E., Jones, J., and Brasher, A. 2018. "Supporting Immigrant Language Learning on Smartphones: a Field Trial", *Studies in the Education of Adults*, 49 (2), pp. 228-252.

续表

11		主要方法	问卷、访谈	
		研究时长	3 周	
		主要结论	移动 App 可以帮助流动人口进行相关、实用的通用语言学习和不同语言技能的实践，并支持他们的社会学习。在学习者合适、方便的时间地点使用移动端学习语言，并通过网络论坛获得社会情感支持和反馈，将提升非正式语言学习的效果	
12	Pokorn 等[1]	时间	2018 年	质量等级
		研究地点	斯洛文尼亚	
		样本特征	中期组（各民族）4 名男性，6 名女性，26—55 岁；长期组（各民族）6 名男性，9 名女性，37—62 岁	
		主要方法	问卷、访谈、讨论、对照	高
		研究时长	不详	
		主要结论	长期组倾向于学习斯洛文尼亚语，而中期组倾向于学习英语。流动类型、流动人口的传统语言在流入地的地位、流入地提供的语言支持和资源、语言学习的多样化课程都将影响流动人口的通用语言学习选择。通用语言学习课程应根据流动人口的教育和语言背景进行设置，最好将具有相似背景的学习者组合在一起。应提升公共部门的多语种服务能力，鼓励开发语言学习资源和学习工具	
13	Al-Sabbagh 等[2]	时间	2019 年	质量等级
		研究地点	瑞典	中

---

[1] Pokorn, N., and Čibej, J. 2018. "Do I Want to Learn a Language Spoken by Two Million People? Mediation Choices by Mid-term and Long-term Migrants", *Language Problems and Language Planning*, 42 (3), pp. 308–327.

[2] Al-Sabbagh, K., Bradley, L., and Bartram, L. 2019. "Mobile Language Learning Applications for Arabic Speaking Migrants-a Usability Perspective", *Language Learning in Higher Education*, 9 (1), pp. 71–95.

续表

13	样本特征	33名阿拉伯语流动人口，女性64%，男性36%，教育程度从小学到大学不等，15—50岁
	主要方法	问卷
	研究时长	不详
	主要结论	App的易学性、操作效率和可理解性对于学习者的学习效果是非常重要的。使学习者在日常生活中参与式的学习，并为他们提供与本地居民的沟通渠道，将有助于流动人口的通用语言学习

相比较，主要考虑到研究样本量的因素，评定成年流动人口亚组的第1、2、3、4、5、7、8、13共8篇文献为中质量，其余5篇文献为高质量。

表 3—2　未成年流动人口亚组的资料提取与质量评价结果（N=13）

		时间	2008年	质量等级
1	DaSilva Iddings 等①	研究地点	美国	中
		样本特征	16名幼儿园儿童，其中4名墨西哥裔	
		主要方法	观察、访谈、1个案例	
		研究时长	1学年	
		主要结论	通过参与课堂任务而形成师生的共同关注可以作为儿童学习的重要中介工具，建议创建共同关注型的语言教学环境	

---

① DaSilva Iddings, A., and Jang, E.-Y. 2008. "The Mediational Role of Classroom Practices During the Silent Period: a New-immigrant Student Learning the English Language in a Mainstream Classroom", *Tesol Quarterly*, 42 (4), pp. 567–590.

续表

		时间	2009 年	质量等级
2	Soltero-González[①]	研究地点	美国	中
		样本特征	6 名墨西哥裔儿童,其中 3 名男孩,3 名女孩,平均 5 岁	
		主要方法	问卷、访谈	
		研究时长	1 年	
		主要结论	使用传统语言是支持儿童双语学习和发展的一个来源。高质量和有意义的读写能力培养、交互式的方法、旨在帮助儿童理解语言资源的直接教学,是口语教学的有效方法	
3	Borrero 等[②]	时间	2010 年	质量等级
		研究地点	美国	高
		样本特征	269 名高中生,其中 152 名女生,117 名男生,平均年龄 17.03 岁。其中亚裔 210 人,拉丁裔 31 人,非裔 3 人,俄裔 6 人	
		主要方法	问卷	
		研究时长	不详	
		主要结论	要重视培养学生的归属感,尤其是教育实践要考虑到学生的文化资本。学校的语言学习课程要嵌入学生的实际生活当中,并在互惠的关系中加以实施	
4	Chlapana 等[③]	时间	2010 年	质量等级
		研究地点	希腊	高

[①] Soltero-González, L. 2009. "Preschool Latino Immigrant Children: Using the Home Language as a Resource for Literacy Learning", *Theory Into Practice*, 48, pp. 283 – 289.

[②] Borrero, N., and Yeh, C. 2010. "Ecological English Language Learning Among Ethnic Minority Youth", *Educational Researcher*, 39 (8), pp. 571 – 581.

[③] Chlapana, E. and Tafa, E. 2014. "Effective Practices to Enhance Immigrant Kindergarteners' Second Language Vocabulary Learning through Storybook Reading", *Reading and Writing*, 27, pp. 1619 – 1640.

续表

4		样本特征	42 名男孩，45 名女孩，平均年龄 6 岁，主要为东欧裔。所有孩子都来自蓝领家庭，大多数家长的受教育程度较低。干预 1 组 28 人，干预 2 组 35 人，对照组 24 人，每组 4 个教室，人数分布相对平均	
		主要方法	问卷、对照	
		研究时长	不详	
		主要结论	互动教学比直接教学更有利于目标词汇的学习，幼儿园应采用互动式教学实践，鼓励孩子的积极参与。儿童在听读过程中的接受性词汇水平是影响学习的重要因素。通用语言词汇应成为幼儿园课程设计的基本目标和首要任务	
5	Stanat 等[1]	时间	2012 年	质量等级
		研究地点	德国	
		样本特征	117 名女孩，116 名男孩，平均年龄 9 岁 8 个月。其中 149 名为流动儿童，共使用 29 种本民族传统语言，以土耳其语、俄语、阿拉伯语者居多。对照组 83 人，其中流动儿童 54 人	高
		主要方法	问卷、对照	
		研究时长	4 周半	
		主要结论	内隐和外显相结合的教学模式对提高儿童的通用语言技能是有效的，有外显支持的方法比单独的内隐方法更有效。儿童在学校的成功在很大程度上取决于他们掌握的学术语言的程度。口语能力对于阅读理解能力的发展也是至关重要的	

[1] Stanat, P., Becker, M., Baumert, J., Lüdtke, O., and Eckhardt, A. 2012. "Improving Second Language Skills of Immigrant Students: a Field Trial Study Evaluating the Effects of a Summer Learning Program", *Learning and Instruction*, 22, pp. 159 – 170.

续表

				质量等级
6	Kim 等①	时间	2014 年	中
		研究地点	美国	
		样本特征	354 名学生，女性占 54%，10—16 岁，包括中美洲、中国、多米尼加、海地和墨西哥裔。三分之一的青少年的母亲是高中毕业的，家庭年收入在 0.5 万—8.5 万美元	
		主要方法	问卷、访谈	
		研究时长	5 年	
		主要结论	通过培养师生之间相互支持的关系可以帮助学生在一段时间内保持他们的语言学习成绩。应为学生提供一个具有包容性的课堂环境，支持各种形式的参与，课堂环境更具刺激性和投入性，学生更有可能提升学习效果。保持积极的课堂氛围和加强同社区的合作非常重要	
7	Lai 等②	时间	2015 年	质量等级
		研究地点	中国香港	中
		样本特征	111 名南亚裔，平均年龄 16 岁，51% 男生，49% 女生。一半以上学生的家长只具有中小学教育水平	
		主要方法	问卷	
		研究时长	半学期	

---

① Kim, H. -Y., and Suarez-Orozco, C. 2014. "The Language of Learning: the Academic Engagement of Newcomer Immigrant Youth", *Journal of Research on Adolescence*, 25 (2), pp. 229 - 245.

② Lai, C., Gao, F., and Wang, Q. 2015. "Bicultural Orientation and Chinese Language Learning among South Asian Ethnic Minority Students in Hong Kong", *International Journal of Bilingual Education and Bilingualism*, 18 (2), pp. 203 - 224.

续表

7		主要结论	在理解身份对语言学习的影响时，需要同时考虑语言和社会心理调节因素。融入式的文化适应取向通过影响学习者与当地社区接触的机会作用于通用语言学习的结果和信心，这比同化式的取向更有利于学习语言。特别在学习者经济社会地位较低、面对一定的社会歧视等情况下，融入式的双文化适应可能是语言学习的最佳取向	
8	Klein 等[1]	时间	2017 年	质量等级
		研究地点	德国	
		样本特征	1196 个家庭，3—6 岁，基于是否土耳其裔、德语输入低、德语输入高并结合其他变量分为 6 组	
		主要方法	问卷	高
		研究时长	不详	
		主要结论	对于家中德语输入水平较低的土耳其裔儿童来说，在幼儿园待的时间越长，他们的德语技能就越好。这一结果在不同的学前教育背景下非常稳定，强调了在早期进行针对性干预的重要性。应寻求与父母的联系，向他们传递通用语言学习的积极信息。仅仅增加学前教育的数量可能是不够的，还要注重提高学前教育的质量	
9	Lai[2]	时间	2019 年	质量等级
		研究地点	中国香港	
		样本特征	141 名南亚裔和东南亚裔，平均年龄 14 岁，其中 49% 男性，51% 女性	中
		主要方法	问卷	

---

[1] Klein, O., and Becker, B. 2017. "Preschools as Language Learning Environments for Children of Immigrants. Differential Effects by Familial Language Use Across Different Preschool Contexts", *Research in Social Stratification and Mobility*, 48, pp. 20–31.

[2] Lai, C. 2019. "The Influence of Extramural Access to Mainstream Culture Social Media on Ethnic Minority Students' Motivation for Language Learning", *British Journal of Educational Technology*, 50 (4), pp. 1929–1941.

续表

9		研究时长	不详	
		主要结论	非正式环境中的社交媒体实践对语言学习产生了影响。通过鼓励和支持学生在非正式环境中的实践，可以促进学生在正式环境中的语言学习。通过资源推荐或将社交媒体融入教学环节，并提供必要的知识和策略，可以帮助学生克服他们可能遇到的问题，提升跨文化体验效果	
10	Pirchio 等[1]	时间	2019 年	质量等级
		研究地点	意大利	
		样本特征	129 名儿童，7—9 岁。其中干预组 55 人，含流动儿童 24 人；对照组 74 人，含流动儿童 12 人。以欧洲裔和亚裔为主	
		主要方法	对照	高
		研究时长	1 学年	
		主要结论	学习活动需要适应语言习得的心理过程，以产生和维持儿童的学习动机。这意味着要为孩子提供在特定语言环境中生活的个人实际体验。课堂中的体验机会是有限的，应该利用想象、扮演等来丰富语言学习的条件。叙述性（Narrative Format）教学活动不仅在通用语言学习方面有很好的效果，而且可以改善教室中的民族关系。叙述性活动有助于创造包容性教学环境的条件，包括所有孩子共享一个相似的环境、高频率的接触、有共同的目标、同龄人之间积极情绪的体验。需要搭建一个良好而有效的儿童学习网络，才能使包容性课堂的良好实践更具可持续性	

[1] Pirchio, S., Passiatore, Y., Carrus, G., and Taeschner, T. 2019. "Children's Interethnic Relationships in Multiethnic Primary School: Results of an Inclusive Language Learning Intervention on Children with Native and Immigrant Background in Italy", *European Journal of Psychology of Education*, 34, pp. 225–238.

		时间	2019 年	质量等级
11	Robinson 等①	研究地点	英国	高
		样本特征	32 名女孩，30 名男孩，平均 5—6 岁。语言和文化背景包括巴西、中国、伊拉克、意大利、尼日利亚、波兰、葡萄牙、斯洛伐克、南非、西班牙、叙利亚和赞比亚。同质组 22 人，异质 1 组 14 人，异质 2 组 26 人	
		主要方法	问卷	
		研究时长	6—8 个月	
		主要结论	不仅是语言使用时间的长度和语言输入的强度，儿童语言技能发展的课堂环境也发挥重要作用。双语环境比单语环境可能对儿童更为有利	
12	Skoglund 等②	时间	2019 年	质量等级
		研究地点	德国	中
		样本特征	2 个城市的案例	
		主要方法	个案比较	
		研究时长	不详	

---

① Robinson, M., and Sorace, A. 2019. "The Influence of Collaborative Language Learning on Cognitive Control in Unbalanced Multilingual Migrant Children", *European Journal of Psychology of Education*, 34, pp. 255 – 272.

② Skoglund, E., and Bretthauer, A. 2019. "Starting Early with Language Learning. Enhancing Human Capital and Improving the Integration of Migrant Families in the Danube Region. Examples from Bavaria", *Südosteuropa*, 67（2）, pp. 234 – 263.

续表

12	主要结论	家庭的社会文化资本在教育决策中的作用可能比经济地位更为显著，流入地城市社区的特征也会影响家庭的教育决策。要进行学前教育以提高在孩子在入学前所需的通用语言知识。要全方面入手提高流动儿童的语言能力，加大对流动人口群体的宣传教育力度，增强使用传统语言的信息传播，促进各城市社区之间的经验交流	
13	Cycyka 等[①]	时间：2020 年 研究地点：美国 样本特征：35 名墨西哥裔母亲，平均年龄29.2 岁，超过一半没有完成高中学业，大多数没有工作，其子女平均年龄20.1 个月，51%是女孩 主要方法：访谈、问卷317 名拉丁裔母亲 研究时长：不详 主要结论：可鼓励流动人口家庭继续支持孩子早期的词汇学习，促使孩子参与语言互动的活动，提供与流动人口生活相关的语言学习书籍或编写读本。应该鼓励孩子在家里使用传统语言，为流动人口家庭提供语言学习的循证策略和双语发展的科学信息	质量等级 中

相比较，主要考虑到研究样本量和研究方法的因素，评定未成年流动人口亚组的第1、2、6、7、9、12、13 共7 篇文献为中质量，其余6 篇文献为高质量。

四 资料合成与讨论

由2 名研究员运用主题合成法对所纳入文献提取的描述性主题编码合

---

① Cycyka, L., and Hammer, C. 2020. "Beliefs, Values, and Practices of Mexican Immigrant Families Towards Language and Learning in Toddlerhood: Setting the Foundation for Early Childhood Education", *Early Childhood Research Quarterly*, 52, pp. 25–37.

成为分析性主题，最终形成两个亚组的综合结果。其中，成年流动人口亚组形成 10 个分析性主题和 2 项综合结果（见表 3—3），未成年流动人口亚组形成 7 个分析性主题和 2 项综合结果（见表 3—4）。

表 3—3　　成年流动人口亚组的资料合成与信度分级结果

综合结果	分析性主题	信度分级
关注各民族流动人口通用语言学习的影响机制	从推拉角度看，各民族流动人口在经济和教育上的发展愿望是最主要的学习推力，通用语言的广泛使用和城市社区对各民族流动人口的积极接纳是最主要的拉力。除学习过程本身外，通用语言学习还同流动人口的流动过程和融入过程密切相关，主要影响因素包括性别、年龄、受教育水平、工作经验、社会阶层、流入地城市和社区的特征等。需要关注的是年龄较大、受教育程度较低、不易获得工作的女性流动人口所面临的学习障碍	高（2 项高质量研究和 3 项中质量研究）
	各民族流动人口对通用语言的主观认知至关重要，当学习者能够正确认识并内化通用语言的优势时，良好的外部学习环境才能真正发挥作用。将通用语言理解为一种更好的中介工具有利于提升学习效果。教学活动应考虑到学习者的认知、视角和策略	中（3 项中质量研究）
	学习通用语言并不必然使女性流动人口进入良性的循环式发展道路，因此要将语言学习嵌入对女性流动人口整体性的支持措施当中	低（1 项中质量研究）
改进城市社区通用语言教育的手段	智能手机、笔记本电脑、平板电脑等移动端辅助通用语言的学习有积极作用，网络论坛、App 等平台有助于提升学习和实践效果。应鼓励学习者在日常生活工作中的使用，并以此增加同当地居民的互动交流。对通用语言学习资源和学习工具的开发要考虑不同民族流动人口的社会文化特征，增强易学性、操作性和理解性，尤其关注对学习时间、地点和活动的反思	高（3 项高质量研究和 2 项中质量研究）

续表

综合结果	分析性主题	信度分级
改进城市社区通用语言教育的手段	将通用语言学习的内容与各民族流动人口的日常生活、工作实际结合起来，着眼于流动人口在流入地的未来发展。教学过程中要加强与工作、实习单位或专业机构的合作，加强社区服务，提升双语公共服务能力，增进流动人口与当地居民的接触联系，实现两者之间多层次的双向学习	高（1项高质量研究和3项中质量研究）
	通用语言教学要强调性别平等，以各民族流动人口学习者为中心，突出参与式教学，教学安排应更加灵活，和学习者共同设计课程和教学	中（3项中质量研究）
	女性流动人口可以通过多种方式进行通用语言的学习，正式和非正式的学习渠道都要重视	中（1项高质量研究和1项中质量研究）
	通用语言教学的组织应考虑到不同民族流动人口的教育和文化背景，最好将类似的学习者组合编班。以身边的成功者为目标进行学习，有助于转变被动的学习方式	中（2项中质量研究）
	奖学金要依据城市社区和不同民族流动人口学习者的具体情况加以使用，但总的来看，奖学金并不能显著提高通用语言学习者的平均成绩	低（1项高质量研究）
	社会工作者在一些通用语言教学活动中能够发挥比教师更积极的作用	低（1项中质量研究）

在文献筛选过程中发现，相当数量的国内已有研究将国家通用语言文字能力作为各民族流动人口城市融入的一个评价指标加以讨论，只通过对国家通用语言文字的掌握和使用情况来分析各民族流动人口在城市中的现实状况，因而这些文献对于怎样提升教育效果、可以采取哪些措施改进教

学培训等问题的探讨不够具体。所以，最终纳入的 26 篇文献全部为英文文献。由此，国内对城市各民族流动人口的国家通用语言文字教育开展定量研究、对照研究或实验研究具有广阔的拓展空间。另外，认为流动人口语言文字技能普遍较弱的刻板印象掩盖了一个现象：国家通用语言文字能力较弱的个体，其本民族语言文字水平可能较高。因此，需要关注不同民族流动人口的民族语言文字技能对国家通用语言文字学习产生的影响。未来，国内研究需要在 4 个方面有所加强：一是各民族流动人口国家通用语言文字教育同铸牢中华民族共同体意识之间的相互作用；二是各民族流动人口国家通用语言文字教育同双语教育之间的关系及影响；三是影响不同民族流动人口国家通用语言文字教育的个人、环境、制度等因素的分析；四是在不同民族流动人口家庭中，父母与子女的国家通用语言文字教育之间的相互影响。

在资料提取过程中发现，成年流动人口亚组中有 4 篇、未成年流动人口亚组中有 1 篇涉及不同民族流动人口中的女性或母亲，这表明她们在通用语言教育中具有重要和特殊的研究地位。但是考虑到相关文献的证据并不只适用于女性或母亲，本次系统评价未将其单独分类。类似地，未成年流动人口亚组中有 7 篇涉及学前教育的文献也未单独分类，而将证据合并呈现。在今后的研究中，可以继续细化对象或主题类别，完成更具体的系统评价或元分析报告。另外，英文文献中的大多数证据指向的是具有本民族传统语言（第一语言）背景的流动人口学习流入地通用语言（第二语言，通常是英语），两种语言的差异性较大，且流出地的经济社会发展水平相对滞后。而部分英文文献所研究的社会背景更为复杂，在非英语国家，除使用流入地的母语（第二语言）外还通用英语（第三语言）。由于本书的内容不涉及此种情况，因此排除了个别此类证据。总的来看，未成年流动人口亚组基本上都是在幼儿园和学校的课堂教学环境中进行的研究，由背景差异带来的可能偏倚程度较低，且有 5 篇文献采用了对照的研究设计。因此，整体证据质量优于成年流动人口亚组。

表3—4　　未成年流动人口亚组的资料合成与信度分级结果

综合结果	分析性主题	信度分级
改善各民族未成年流动人口通用语言的课堂教学	建设包容性的课堂环境对于各民族未成年流动人口的通用语言学习非常重要，要考虑到未成年流动人口的家庭背景和文化特点，培养师生之间的互助关系，增进不同民族学生的接触，加深同学之间的情感交流，树立共同的目标，实现融入式的双文化适应，培养孩子的归属感	高（3项高质量研究和3项中质量研究）
	运用内隐和外显相结合的教学模式开展互动式教学，形成师生的共同关注，利用多种手段丰富课堂语言学习的条件，鼓励孩子的积极参与，以保持学习动力	高（3项高质量研究和3项中质量研究）
	要重视对各民族未成年流动人口的词汇、口语和学术语言的教学	中（2项高质量研究和1项中质量研究）
重视各民族未成年流动人口通用语言的课堂外学习	学校的通用语言教学要嵌入各民族流动人口儿童的实际，应加强同社区的合作，构建有效的支持网络，加大对流动人口群体的宣传教育力度，增强使用传统语言的信息传播，促进社区之间的经验交流，提高教育质量，营造良好的社区氛围，使教学实践更具可持续性	高（3项高质量研究和2项中质量研究）
	应积极寻求与不同民族流动人口家庭的联系，鼓励父母支持孩子进行早期有针对性的通用语言学习，提供与他们生活相关的语言学习书籍或编写相关读本	中（1项高质量研究和2项中质量研究）
	双语环境对各民族未成年流动人口的发展可能更为有利，应鼓励孩子在恰当的场合使用传统语言，以支撑双语学习和发展，应为流动人口家庭提供语言学习的循证信息和策略	中（3项中质量研究）
	鼓励和支持各民族未成年流动人口在非正式环境中使用社交媒体学习通用语言，可以促进他们在正式环境中的语言学习	低（1项中质量研究）

借助系统评价证据分级工具 CERQual，在资料合成过程中发现全部 17 个分析性主题的相关性较高，一致性较高，但在方法学局限性和数据充分性有所差异。因此，仅就本次系统评价所纳入的研究证据来看，最终评定 6 个分析性主题的信度等级为高、7 个为中、4 个为低。同时发现，两个亚组中的部分分析性主题具有相似性，比如参与式教学、合作教学等，这意味着这些证据具有更高的参考价值。

第二节 鸡鸣山社区教育接纳的实地调查

一 义乌涉外多民族社区的形成

浙江省义乌市逐渐发展成为全球最大的小商品集散中心的历程可以追溯到计划经济时代，即"鸡毛换糖"时期。义乌多山地的特征导致适宜粮食种植的土地偏少，但年均 17℃ 的气温、四季分明、降雨较多的亚热带气候适宜栽培甘蔗，加上义乌人掌握着制糖技术，因此，以甘蔗为原材料的砂糖和饴糖便成为计划经济时期义乌重要的产品。由于地形和土壤肥力的限制致使义乌的农业发展相对缓慢，大量义乌人用货担挑着制糖坊的饴糖走街串巷，甚至背井离乡前往外地，换取用于"塞秧根"施肥法[①]的鸡毛，以期改善土壤肥力，提高粮食产量。他们因此被称为"敲糖帮"。不久，敲糖帮的货担上便不再只是糖制品，各种类的日杂小百货也随着敲糖帮的足迹到达了中国大部分地区，并在各地留下了义乌商人的名号。1982 年 8 月 25 日义乌市发布了《关于加强小百货市场管理的通告（第一号）》文件，并于同年 9 月 5 日开放了奠定今日义乌全球知名小商品城基础的稠城镇小百货市场。此后，一系列政策的出台让当时被指责为"弃农经商""投机倒把"的"敲糖帮"吃下了定心丸。自此，义乌人的经商活动正式从"地下"走向合法公开，从乡间走到集镇，围绕小商品经营形成了众多的专业市场和专业村，奠定了今日义乌国际小商品城的雏形。

从人类最早的物物交换行为至今日的全球贸易时代，经济活动中的买方、卖方、商品和市场四个要素缺一不可。美国哈佛大学人类学教授 Be-

---

[①] 将鸡毛等动物的毛、羽碾碎后拌以草木灰、人畜粪便等，搓成小球，在插秧 7 天左右塞入根部的施肥方法。

stor 通过对全球最大的东京筑地海鲜市场进行了长期全方位深入的实地调研，从理论上发展了"嵌入性"这一学术概念，强调从长期过程来看，经济、社会和文化是相互嵌入、相互生成的关系，并不存在谁决定谁的问题：文化维持着结构，结构塑造着经济，经济校正着文化，这是一个无止境的动态循环过程，也是市场的生产和再生产过程。① 在义乌独特的"以商建市"的城市文化语境下，当地人、各民族流动人口和外籍流动人口在小商品经济、文化和社会三者共生且相互影响的情况下，围绕着各类专业市场形成了涉外多民族社区。大量的各民族流动人口和外籍客商通过不同的关系网进入义乌这座极具包容性的城市。先行者为了经营的方便，常常选择距离市场较近、租住手续方便的社区作为自己的落脚点，后来者出于对先行者的信任也常常与其居住在同一社区或是地理空间上接近的社区。义乌在市场建设的过程中，迁建和改建了很多住宅区，但受到可开发利用土地总体数量的限制，市场和住宅社区融为一体的局面并没有改变。

以义乌市江东街道鸡鸣山社区为代表的涉外多民族社区作为不可流动的、附着于土地上的地理空间，是结联居民（包括社区内的当地人口、国内流动人口和外籍流动人口）、市场和地方政府的重要中间人，对义乌市和谐共融、五洲同悦的景象起到了不可忽视的重要作用。关于涉外多民族社区从无到有的形成和发展过程，有学者强调义乌在面对大量的国内流动人口和外籍客商涌入时所展现出的包容性传统文化起到了关键作用，② 也有学者对在义乌开展经商活动外籍客商群体的"诚信与信仰"特征进行了民族志分析。③

二 "联合国"社区教育服务的成效与困境

根据陆立军团队对义乌长达16年的追踪调查，义乌是浙江省首个外来人口超过本地人口的县级市，同时也是除我国民族自治地方之外，少数

---

① Bestor, T. 2004. *Tsukiji: The Fish Market at the Center of the World*. Berkeley: University of California Press.

② 中国社会科学院《义乌发展之文化探源》课题组：《义乌发展之文化探源》，社会科学文献出版社2007年版。

③ 刘明：《诚信与信仰：中国义乌海外穆斯林商人研究》，博士学位论文，清华大学，2015年。

民族人口和外籍人口聚居最多的县级市。① 江东街道鸡鸣山社区成立于2003年6月，面积2平方公里，社区户籍人口约3000人，流动人口约2万人，有来自几十个国家和地区的境外流动人口1300多人，因而被称为"联合国社区"。这样的涉外多民族社区是义乌"买全球、卖全球"商贸模式良性发展的缩影。

国内流动人口和外籍流动人口来到义乌主要是看中了此地的商机，期望获取高于流出地的经济收益。但在全球化时代，一国内部的人口流动和跨国的移民是一个复杂的现象，并不是所有的流动人口和移民都会收获积极的结果。流入地、流入地居民和流动人口（移民）三方的日常互动和博弈在很大程度上左右着迁移的结果。和庞大的外来建设者数量相比，每年只有极少部分的流动人口可以成功落户义乌而成为"新义乌人"。而且，随着互嵌程度的加深，社会资本和社会网络资源的积累，流动人口的职业也有所分化。正如中国社会科学院民族学与人类学研究所马艳指出的，在义乌经商的流动人口可分为商人群体、作为代理商的中间层和最为普遍的打工者。商人群体主要由中外商人、留学生（包括曾经在阿拉伯国家留学的中国留学生和曾经在中国留学的阿拉伯国家留学生）和早期就在义乌从事外贸翻译的翻译群体三大部分构成。作为代理商的中间层多由当地人组成，打工者以阿拉伯语学校毕业的年轻男性为主。② 不同的职业群体有不同的需求，有时即使是相同的需求也会有更细的划分。

鸡鸣山社区主要从"互助、共创、同文、齐心"4个方面服务于各民族流动人口和外籍流动人口的共融发展。开展团结帮扶、儿童帮教、民族团结家庭结对，培育发展"乐众惠民"志愿者队伍，开展常态化的志愿服务，成立了义乌首家非营利性专业社会工作服务机构"同悦社工服务队"；定期开展各民族需求调研，针对性开展政策法律宣传、电子商务技能培训、外贸业务培训、国家通用语言文字培训等；以各民族传统节日为契机，以美食、音乐、绘画等文化活动为载体，搭建"家门口的孔子学院""中外居民邻居节"等文化交流平台，增进相互了解；启动民族互嵌

---

① 陆立军、王祖强、杨志文：《义乌模式》，人民出版社2008年版，第108页。
② 马艳：《一个信仰群体的移民实践——义乌穆斯林社会生活的民族志》，中央民族大学出版社2012年版，第59—76页。

社区建设工程和国际融合社区建设工程，成立"新义乌人乡贤分会"，引导各民族流动人口为社区发展建言献策，参与社区公共事务；制订并实施"洋打更"计划，让社区外籍志愿者参与社区对外籍客商的商户和出租屋进行环境安全检查、消防巡检，从而消除了社区与外籍流动人口之间的沟通障碍，形成了"以外治外"的工作机制，促进了社区的和谐安定；将热心的各民族骨干、"国际老娘舅"和"意见领袖"（Opinion Leader）[①]纳入议事和管理工作，发挥了他们作为各民族流动人口和社区之间的联络者对社区接纳流动人口所起到的积极作用。

访谈记录3—1：2019年5月5日，C，女，社区工作人员。

流动人口不是洪水猛兽，我们义乌是一个经商的城市，在这样非常包容的环境里，大家都比较自在舒服。他们刚开始来的时候主要的问题是语言障碍，我们请老师来教语言，还帮忙托管小孩。这两方面都免费提供，他们也比较放心。就业方面我们就是开展了电商培训班，帮助他们有更多机会，也是免费的，由政府兜底。如果产生了矛盾，我们会请社区民族民生互助委员会的骨干们来调节。组织才艺活动是效果最好的，传统节日也请他们来参加，都是免费的，大家参与度很高，供不应求。

访谈记录3—2：2019年5月5日，D，男，互助委员会成员。

义乌特别包容开放，吸纳全国各地和世界各地的人才到这个地方经商，这是义乌特色。我们现在说话都是"我们义乌"，好像是我们已经融入这个地方、这个环境之中。义乌人都有一种很平等的心态，没有里外之分。我觉得最有效的手段是及时沟通，上传下达，遇到什么事情我们及时沟通，一次不行，就两次。各项活动也是依法依规来

[①] 指在人际传播中为他人提供信息并对信息接收者产生影响的"活跃分子"。如果吸纳社区意见领袖参与社区治理，一方面尊重了社区意见领袖的表达权和参与权，另一方面促进了他们发挥积极的治理作用，使意见领袖从对抗思维走向共建思维，成为推动社区问题和冲突解决的领头羊。参见赵伯艳《城市社区冲突的参与式治理途径探析》，《云南行政学院学报》2015年第6期。

组织，全部都有行政许可，很规范，很有序。

访谈记录3—3：2019年5月5日，E，女，社区工作人员。

> 之前我们每周一次例行出租房安全检查、生产安全检查等，他们不配合。靠着社区的集体活动，大家熟了以后，就组织"各民族+境外人员"的检查人员，这样就顺利了很多。当然，这也得依靠上级的资金和政策支持。起冲突是最可怕的事情，我们的措施都是疏通，避免冲突，堵是堵不住的。

在国家通用语言文字培训方面，不同的流动人口群体的培训需求呈现多样化、细分的特点。如国内来自新疆的同胞和外籍客商均有国家通用语言培训的需求，但新疆同胞多以日常交流用语为主，外籍客商则更期待商务语言课程。为了满足他们的语言学习需求，义乌市民宗局、江东街道党工委、鸡鸣山社区党委及同悦社工服务队4家单位组织开办了国家通用语言培训班。培训地点位于鸡鸣山社区党群服务中心，由义乌工商职业技术学院的老师定期授课。

访谈记录3—4：2019年5月5日，F，女，专业社工。

> 我们2016年开始提供国家通用语言课程培训，老师是义乌市工商职业技术学院对外汉语专业的，今年是第三期，刚开始人不太多，现在人多起来了，上课很积极。课程免费报名，每人收押金200元（起到督促学习作用）。各民族流动人口和境外人员的需求不一样，他们有的不会说普通话，看病、租房子什么的，不会签自己的名字，而境外流动人口主要是希望学习商务语言、礼仪。我们想到发挥他们的特长，经常邀请他们在社区晚会上表演才艺，和他们一起做公益。他们都很热心，十分积极。现在就是就学有困难，所有的流动人口都困难，大多是读民工子弟学校。

因上课时间、场地等多方面限制，国家通用语言培训班无法同时满足所有外籍流动人口的需要，鸡鸣山社区又依托"中外居民之家项目"专门举办了境外人员汉语培训班。与收取押金的方式不同，社区通过与外籍流动人口商议，共同制定了通过志愿服务兑换免费课程的管理办法。由此衍生出的各种志愿服务项目已经得到了来自25个国家超过600名外籍志愿者的积极参与。

在义乌这样一个外来建设者人口数量庞大的城市，义务教育资源供给的紧张是显而易见的。2019年，义乌市公办和民办小学计划招生316个班14220人，其中具有招生资格的学校计划招收一年级外籍学生50名；公办和民办初中计划招生270个班13048人，其中具有招生资格的学校计划招收初中一年级外籍学生30名。鸡鸣山社区所属学区共有江东一小、五爱小学两所完全小学，江东中学一所初级中学，共3所义务教育阶段的公办学校。2019年的总招生规模分别为小学315人，初中650人。而社区内0—13岁的总人数为2092人，其中户籍人口452人、境外人员89人、少数民族300人、流动人口1251人。此外，在鸡鸣山社区所属的江东街道还有一所面向外籍流动人口适龄子女招生的浙江义乌枫叶国际学校。

公办学校只面向具有义乌户籍且在义乌拥有自住房的适龄儿童招生，对于外来建设者来说，除了这两个条件之外，还需要满足一定的社保缴纳年限和年纳税额度。因此，选择将家人带在身边的各民族流动人口，特别是链式流动人口（Chain Migration）①家庭在义乌遇到的最棘手问题之一就是子女读书。在社区和相关部门的努力下，一部分流动人口子女成功在义乌借读公立学校，但更多的适龄儿童不得不选择返乡读书，或入读费用较高但对户籍（国籍）、社保、纳税额等要求较低或不做要求的私立学校（含国际学校）。尽管义乌已经出台了一系列"阳光招生"和非学区子女跨学区入学等政策，但在可以预见的将来，流动人口义务教育资源的供需不平衡难以改善。

访谈记录3—5：2019年5月5日，D，男，互助委员会成员。

孩子上学是现在最头疼的问题。读不了公立学校，大家就要想办

---

① 即依靠先于他们到达的同乡、同族或亲属所提供的鼓励和帮助前往共同的流入地。链式流动人口在最初具有环流的特点，其中的多数人最终会回到他们的流出地。

法去读私立学校了，我们这边也叫民工子弟学校，一个学期一个孩子5000元左右。对于打工者而言，一家若有两个孩子就会比较麻烦，经济压力就会比较大。很多人都是为了孩子上学才买的"五险一金"，看病这一块还好，但是"上学难"是全国通病，不仅仅在义乌，也不仅仅是流动人口反映最大的问题。

访谈记录3—6：2019年5月5日，G，女，流动人口。

来这里（义乌）后，店铺、房子都是我们自己找，困难总是有的，但总的来说还好，现在最头疼的就是小孩子上学的问题。我有6个孩子，老四和老六是儿子。老大出嫁了，老二16岁，不读书了，在店里帮忙，老三马上读初中，准备去读私立中学，一年两万。老四在私立学校读二年级，一年一万多元学费。老五在老家读公立小学，不怎么花钱。老六也在老家，9月份读一年级。现在主要压力在于孩子读书，读书压力太大，还有就是房子买不起，义乌房价高，买不起房就读不了公立学校。

三 多主体参与社区互惠式项目

"中外居民之家"项目的主旨是更好地促进中外居民相互交流，推动中外居民自治。该项目由社区党委引领，通过组建中外居民之家自治委员会开展各项活动，致力于推动中外居民自我教育、自我管理、自我服务，并培育外籍流动人口志愿服务队。中外居民之家项目以互惠理念形成了"你来我往"的双向服务模式。除了前述外籍人士可以通过参与社区志愿服务换取免费汉语培训课程以外，鸡鸣山社区向外籍流动人口提供了解中国文化的服务项目，如"我们的节日"，在中国春节、元宵节、端午节、中秋节等传统节日开展各项文娱活动；"我们的文化"，常规开展汉字听写大赛、毛笔字培训、太极拳培训等活动。与此同时，外籍流动人口向社区提供独具特色的服务项目，如SAY HI，由外籍志愿者作为指导老师，面向社区6—9岁儿童开展英语教学。

由于鸡鸣山社区的人口构成复杂，流动人口基数大，社区工作人员数量严重不足。在这种情况下，社区探索出一条多主体参与互惠式民生项目的途径来开展各民族流动人口教育服务工作。互惠式服务是由经济、社会和文化三者共生关系共同塑造的，反映了社区多方主体对共同利益的维系，通过相互接纳塑造平等的相互关系，从而保障市场长期、健康、稳定地运转下去，让所有的参与者都可以获得收益。在愈加开放的经济环境下，东部地区城市社区需要在完善民族事务治理体系的基础上，通过发掘社区共同价值和践行社区互惠行为，探索涉外多民族城市社区接纳外来人口的有效路径，提升基层流动人口事务的治理水平。

第三节　典型社区流动人口国家通用语言文字教育的实地调查

一　"普通话+"模式

湖北省宜昌市西陵区学院街道环城北路社区形成于1950年代，面积0.15平方公里，社区居民约5000人。

环城北路社区从环境整治着手，改善基础设施条件，对社区的道路、下水管网、公共活动设施等进行了整体改造，设计社区徽标，建立宜昌市第一家社区少数民族服务站，依托服务窗口发挥"古稀队""红蚂蚁队""红领巾队"3支志愿者队伍的作用，开展创业、就业、就学、就医服务，制定社区民族团结公约，逐步完善了工作例会、情况通报、联系交友、应急处置等机制，实现了基本信息必摸清、身份服务必公开、基本服务必提供、信息系统必掌握。

环城北路社区在民族宗教部门、三峡大学以及相关单位的共同协调支持下，建设成为"湖北省少数民族务工人员语言文化政策教育培训点"并与宜昌其他市级培训点共同构建了"普通话+"模式，即对各民族流动人口开展"普通话+职业技能"的专题培训，"普通话+日常生活"的住房租赁、劳动合同、子女入学等内容培训，"普通话+中华文化"的体验培训。环城北路社区以课堂培训为主要形式，融入爱国主义、法律政策、中华优秀传统文化、地方知识等教学主题，通过开发本土文字教材和"听说看"电子教材、建立微课堂、落实教学规范管理等措施深化国家通用语言文字的教育培训工作。

访谈记录3—7：2019年8月12日，H、I，女，社区工作人员。

我们在2011年建立了全市首个服务站，在"普通话+"学习中对宜昌本地的文化风俗进行介绍和培训，搞一些文化活动以促进大家的深入接触，比如去屈原故里什么的。这项工作真的是投入一分，回报十分，取得了实效。而且我们通过对"普通话+"课堂的管理，加强沟通，可以主动掌握一些工作信息。

二 "社校联盟"模式

广西壮族自治区南宁市衡阳街道中华中路社区成立于2001年12月，面积1.3平方公里，辖区居民约1.3万人。

2007年，中华中路社区建立了广西第一个专门性社区服务之家，把服务对象定位于外来各民族流动人口。2012年，社区创立了"候鸟港湾"服务特色项目，打造"生活港""关爱港""解忧港""和谐港"四大服务，即利用社区便民服务站、流动人口服务站、"谢大姐暖心屋"等特色载体为流动人口提供市民化、均等化服务；在子女上学、劳动就业、生活保障、租房居住、语言交流、法律咨询、办证等方面定期开展服务活动，通过"温馨话室"了解各民族群众的生活工作状况，通过"党代表室""调解室"解决矛盾纠纷、调解劳资关系、处理居民投诉；利用道德讲堂、语言培训班、民族文化长廊开展交流活动。

在国家通用语言文字培训方面，中华中路社区同广西民族大学团委合作建立了"社校联盟"教育模式，主要依托"大学生志愿服务实践基地"开展工作，民族宗教部门以及相关单位参与协调。他们将举办特色活动作为主要形式，发挥书法课、民族节庆、公益课的载体作用，在教学中融入法律政策、出行安全、音乐舞蹈等主题，实现了国家通用语言文字教育同普法宣传、技能培训、困难救助、就业帮扶相结合。

访谈记录3—8：2019年8月9日，J，女，社区工作人员。

流动人口面临的最大困难是居住、经营、入学。我觉得关键就是先服务后管理，学语言、搞文化活动、志愿活动，然后改变一些习惯……后来其他单位支持我们帮着他们学政策，然后是广西的大学生来社区，一帮一服务。流动人口原来不愿参加社区的活动，现在主动要求开展活动。

三 "马义帮红色+联盟"模式

湖北省武汉市紫阳街道起义门社区是典型的城市老旧社区，面积0.13平方公里，辖区居民约9000人。

2016年，社区党员发起建立了"马义帮"志愿服务队和"马义帮工作室"，下设10支小分队，成员包括社区两委成员、专业社工和志愿者。服务内容涵盖社区治理多个方面，形成了社区自治微循环的互助机制。随着工作的深入，社区孵化出了特色公益创投项目"马义帮红色+联盟"。该项目以"马义帮工作室"为依托，以"马义帮"志愿服务队和中南财经政法大学"雪莲花志愿服务队"为骨干，开设了"朗朗书声响——起义门社区国家通用语言文字培训班"，每周授课2次。教学内容涵盖了宪法和法律知识学习、成语和歌曲学习和工作技能学习等，还在课堂外组织流动务工人员参观湖北省博物馆、红色教育基地等，加强爱国主义教育。

第四章

城市社区就业接纳能力的分析

就业是最大的民生，关系千家万户的切身利益，关系社会的安定团结。接纳各民族流动人口顺利就业，可以促进自身的社会融入，也可以增强其对城市和社区的认同。然而，流动人口往往在城市的就业和创业过程中面临诸多挑战。因此，系统评价分析就业差异形成机制和自我雇佣行为影响因素的研究证据，实地调查分析回流人口再就业的实践证据，将有助于考察并提升城市社区对流动人口的就业接纳能力。

第一节 流动人口就业差异形成机制的系统评价

一 构建问题

经济快速扩张的城市吸引了众多高技能的流动人口，他们从事薪酬较高的技术、金融和其他高端服务，这些岗位的产生是后工业化城市经济的特征之一。但与此同时，城市也吸引了数量较多的低技能和无技能的流动人口，他们从事着不稳定和低收入的服务工作，处于城市的底层。由此，城市的劳动力市场出现了技能极化现象，并形成了一种沙漏型经济。这对于各民族流动人口的就业来说更加不利，表现为他们的失业率在经济低迷时期上升最快，而在经济复苏时期下降最快，存在着"最后雇用，最先解雇"的情况。在此背景下，学术界更加关注流动人口的就业问题，并把劳动力市场准入作为流动人口成功融入的关键一步。

已有研究成果在讨论劳动力市场中的各民族流动人口问题时，通常涉及至少6个方面的内容：一是作为刚进入这个城市的流动人口，在与当地居民的就业竞争中处于劣势，因为他们的受教育水平可能较低或不被当地认可，不熟悉当地的生活方式，缺乏获得工作所需的社会关系；二是不同民族流动人口的家庭结构可能不同，从而影响他们在流入地的就业；三是劳动力市场结构的变化可能导致流动人口处于不利的地位，受经济波动影响更大，居住区隔和职业区隔使他们可选择从事的工作非常少；四是较低的教育预期和教育成就直接减少了流动人口在劳动力市场上的机会，几乎没有流动人口能够找到好工作的刻板印象可能会阻碍企业雇用他们，而这种困境反过来又进一步影响了他们的教育预期和教育成就；五是流动人口往往被认为会对城市的就业市场和社会秩序构成威胁，这样的态度可能导致他们更加普遍的排斥和疏离情绪，尤其在经济不景气的时期；六是雇主或用人单位可能会因为流动人口的假定特征而直接或间接歧视他们，从而减少了他们的工作机会和晋升机会。

英国布里斯托大学社会学者 Modood 进一步提出可以从 5 个维度分析劳动力市场上的民族差异。文化特性：规范和惯例。这些行为方式在一定程度上会随着时间推移而改变。因此，文化特性不仅在于一致，还在于民族成员认为自己需要参与文化实践。比例失调：某个特征可能不成比例地分布于一个民族，如高失业率。虽然这种分布可能是社会的结构性产物，但它可以塑造群体内外的态度。此外，职业分布的不成比例可能与民族歧视或者劳动力市场的特点有关，也可能和民族的就业偏好有关。策略：对同一情况的反应可能导致一些民族群体变得消极或排斥。创造力：有些即使被主流社会所接受的民族群体仍然具有与众不同的创新性。例如，延长营业时间或一种服装风格。认同：民族成员的身份具有情感上的意义，可能会增强或削弱他们的积极性。例如，在需要的时候必须帮助本民族同胞。[1]

人力资本被认为对包括各民族流动人口在内的所有人的就业状况产生了巨大影响，它有两个关键指标：教育和技能。即使流动人口具有一定的受教育水平，但可能难以在新的城市背景下进行转化，而且原有的工作经验可能也并不适用，所以出现了人力资本兑换限制。这就反映了特定人力资本的重要性，即只在特定背景下有价值且需要相当时间才能获得的技能，它决定了流动人口的融入程度。根据这一理论，雇主理性地选择人力

---

[1] Modood, T. 2005. *Multicultural Politics: Racism, Ethnicity and Muslims in Britain*. Edinburgh: Edinburgh University Press.

第四章　城市社区就业接纳能力的分析　/　125

资本最高的候选人，并不涉及其个人属性（民族、宗教和文化），学历和与工作相关的技能就提高了个人被雇用的可能性。所以，受教育程度高、语言熟练以及有工作经验的流动人口在经济上能更好地融入城市。而且，由于居住时间长短影响到流动人口的语言能力、工作经验和文化知识习得，从而决定了他们的经济地位，反过来又有助于进一步提高他们的人力资本。也就是说，这些技能可以随着时间的推移而获得和增强。因此，那些在流入地居住时间更长的流动人口更有可能获得必要的人力资本，从而取得更大的成功。上述观点使得人力资本理论成为经典线性同化理论的一种基础。

经济社会学的研究则着重于探讨流动人口群体的内部联系和民族社会资本所发挥的作用。基于族缘或亲缘的网络可以帮助不同民族流动人口获得工作信息并影响到最终的就业结果，特别是当他们在城市和社区中相对集中居住形成飞地或区隔时，这种集中效能的作用会更加明显，但同时也可能导致不同民族流动人口的经济社会边缘化。对流动人口子女而言，父母的阶层、收入、地位和与社会网络，父母的受教育程度，文化资本社会化（如参加文艺活动、学术活动等）等与家庭背景相关的因素都影响着他们在劳动力市场的表现。当然，在流入地发生的文化涵化和同化也在影响着各民族流动人口及其子女的就业。

尽管大量研究用经济社会背景、语言和教育方面的技能以及年龄、性别、出生和居住地点等变量来解释不同民族流动人口与当地居民的就业差异，但仍然有学者不断提出质疑，诸如巴基斯坦裔、孟加拉国裔和非洲裔流动人口在英国的失业率更高、工作声望更低、薪酬更低的劣势现象应该归咎于"其他"因素对他们的劳动力市场整合造成的社会性障碍。[1] 早在1993 年，英国牛津大学社会学者 Cheng 和 Heath 就提出了"族群惩罚"（Ethnic Penalties）概念来阐释这些"其他"因素。[2] 就业过程中的族群惩罚是不同族群流动人口与处于相似年龄阶段、具有相似条件的英国白人之

---

[1]　Heath, A., and Cheung, S. Y. 2006. *Ethnic Penalties in the Labour market: Employers and Discrimination.* Leeds: Department for Work and Pensions.

[2]　Cheng, Y., and Heath, A. 1993. "Ethnic Origins and Class Destinations", *Oxford Review of Education*, 19 (2), pp. 151 – 165.

间的净失业率。换言之，族群处罚是在统计模型中控制了相关解释变量后无法解释的残差（Residuals），[1] 包括不同民族流动人口与当地居民之间没有被观察到的差异、结构或制度约束以及歧视等。

有研究对英国1985—1995年间的9000个20—39岁的流动人口样本进行了分析，其中包括加勒比裔、非洲裔、印度裔、巴基斯坦裔及孟加拉裔的8590名流动人口。结果显示，即使考虑了很多影响因素，一些族群的流动人口在就业中仍面临着惩罚。[2] 还有研究表明，非欧洲裔的流动人口在进入劳动力市场时往往处于劣势，尽管其子女在受教育程度方面取得了进步，但这些劣势会代际传递。这意味着，即便第二代流动人口的受教育水平与当地居民相似，也具有相近的技能和社会出身，他们在劳动力市场上还是会遭遇族群惩罚。而且，不同国家的族群惩罚的范围和强度也存在着差异。族群惩罚在某些情况下存在于劳动力市场准入方面，而在另一些情况下存在于职业准入方面。[3] 对奥地利、比利时、德国、丹麦、西班牙、芬兰、希腊、葡萄牙、瑞典、英国的一项综合研究就提出，在就业立法保护更严格、劳动力技能需求偏低、对失业者保障较低的国家，流动人口受到的就业惩罚较少。[4]

一般来说，不同民族流动人口的就业差异或者就业不平等是由于个体、社会和文化等方面要素的组合差异，或者劳动力市场的制度障碍，抑或是由于雇主的歧视。因此，对族群惩罚的探讨实际上就是分析不同族群流动人口就业差异的形成机制。如果将各族群流动人口的收入直接与当地参照人口的收入进行比较，那么这种差异反映的是总族群惩罚。如果将各族群流动人口的经济社会成就同在人力资本等相关方面与之类似的当地居民进行比较，那么得到的就是净族群惩罚。虽然显著的净族群惩罚不能直

---

[1] Li, Y. -J., and Heath, A. 2008. "Minority Ethnic Men in British Labour Market (1972 – 2005)", *International Journal of Sociology and Social Policy*, 28 (5/6), pp. 231 – 244.

[2] Berthoud, R. 2000. "Ethnic Employment Penalties in Britain", *Journal of Ethnic and Migration Studies*, 26 (3), pp. 389 – 416.

[3] Midtbøen, A. 2015. "Ethnic Penalties in Western Labour Markets: Contributions, Explanations, Critiques", *Nordic Journal of Migration Research*, 5 (4), pp. 185 – 193.

[4] Reyneri, E., and Fullin, G. 2011. "Ethnic Penalties in the Transition to and from Unemployment: a West European Perspective", *International Journal of Comparative Sociology*, 52 (4), pp. 247 – 263.

接证明存在着歧视中的区别对待，但可以被视为广泛歧视意义上的差别影响。这里需要着重说明的是族群惩罚与民族歧视的区别。民族歧视通常被定义为个体或群体因其民族背景而受到的不平等对待，因此，要界定歧视性行为，必须明确个体或群体的民族背景与其实际遭受到的不平等之间的因果关系。相比之下，是否存在族群惩罚根据的是工资、失业率或职业发展方面的差异情况，即在控制了相关背景因素之后，流动人口和当地居民之间是否仍然存在差距。所以，歧视可能是造成族群惩罚的原因之一，但族群惩罚也可能是由其他难以直接观察的因素造成的。另外，与族群惩罚相对应，在某些民族群体或劳动力市场的某些行业中，可以观察到族群获益（Gains）或溢价（Premiums）现象。

综上可知，国外学术界以往的研究对各民族流动人口的就业问题进行了较为全面的分析，并且提出了族群惩罚的概念以拓展研究空间。相比之下，目前国内的研究还极少关注这一概念，尚未发表以此为题的学术成果。因此，有必要对就业差异问题进行系统性的梳理与评价，以丰富各民族流动人口就业接纳的研究视角。本次系统评价的目的是回答可以通过哪些因素分析和解释不同民族流动人口的就业惩罚现象，进而可以采取哪些相应的措施促进各民族流动人口在城市中就业，以提升社区的就业接纳能力。

二 文献检索与筛选

纳入标准采用SPIDER模型：①研究对象——城市社区中的各民族流动人口；②研究内容——流动人口的就业惩罚；③研究设计——使用统计分析、问卷等研究方法；④评价内容——就业惩罚的解释性要素；⑤研究类型——定量、定性和混合研究。

排除标准：①研究综述；②重复文献；③除中英文以外的文献；④验证型文献，即只验证了就业惩罚的存在，而未对其内在机理进行分析解释。

确定英文检索式：ethnic AND penalty。2020年9月7日，标题检索Web of Science、EBSCOhost、ScienceDirect、SpringerLink、Wiley Online Library和Sage数据库，共获得英文文献62篇。

根据纳入与排除标准，由两名研究员背靠背阅读检索的文献题目、摘要和全文进行筛选。筛选后获得文献17篇并纳入质量评价与资料提取

(见图4—1)。

```
通过数据库检索共获得文献 N=62
Web of Science N=23
EBSCOhost N=21
ScienceDirect N=1
SpringerLink N=1
Wiley Online Library N=4
Sage N=12
        ↓
初筛获得文献 N=22   ← 剔除重复文献 阅读标题及摘要排除 N=40
        ↓
复筛获得文献 N=17   ← 阅读全文排除 N=5
```

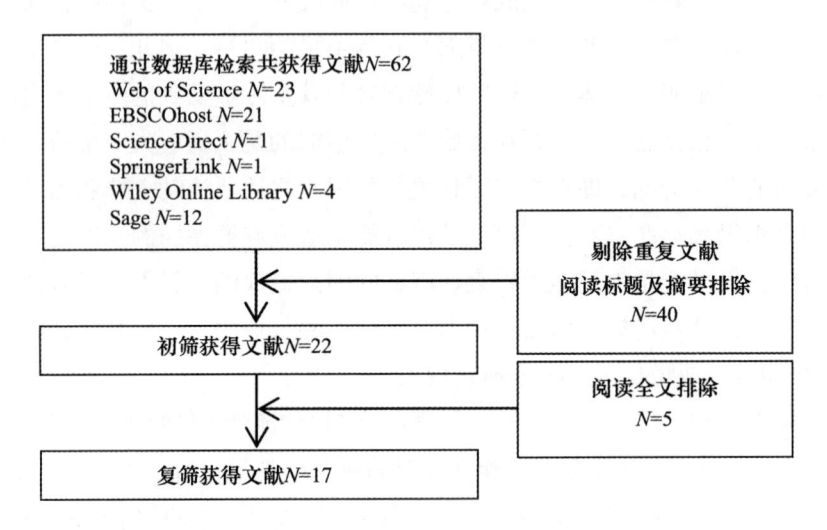

图4—1　文献纳入与筛选

三　质量评价与资料提取

由两名研究员背靠背对所纳入文献的质量进行评价，并对作者、时间、地点、样本和结果等资料进行提取（见表4—1）。由于本次纳入的文献基本上都采用了较大的数据样本，并全部运用了模型分析方法，研究设计和研究结论清晰，参考CASP清单和证据金字塔，给予全部17篇文献高质量等级。

表4—1　　　　　　　　　资料提取结果（$N=17$）

		时间	2018年
1	Kim[①]	研究地点	韩国
		样本特征	46个城市的21056名女性流动人口，包括中国朝鲜族、中国汉族、越南裔、菲律宾裔、日本裔和柬埔寨裔等，一半多居住在首尔大都市区。平均年龄37岁。2009年数据

---

① Kim, H. 2018. "A Liability of Embeddedness? Ethnic Social Capital, Job Search, and Earnings Penalty among Female Immigrants", *Ethnicities*, 18 (3), pp. 385–411.

续表

1		研究方法	模型分析
		主要结论	劳动力市场的不平等部分源于性别和民族因素所造成的人际网络特征及其作用变化
2	Khattab 等[①]	时间	2015 年
		研究地点	英国
		样本特征	19 岁到 65 岁样本 755791 人，包括英国白人基督徒、爱尔兰裔白人基督徒、加勒比裔基督徒、非洲裔基督徒、印度裔穆斯林、巴基斯坦裔穆斯林、孟加拉裔穆斯林、白人穆斯林、非洲裔穆斯林、英国犹太白人、印度裔印度教徒、印度裔锡克教徒、其他信仰英国白人、无信仰英国白人等。2002—2013 年数据
		研究方法	模型分析
		主要结论	种族或宗教群体的边界（或成员资格）本身是造成所观察到的不平等（惩罚）的唯一决定因素
3	Kislev[②]	时间	2017 年
		研究地点	西欧 13 个国家
		样本特征	25—64 岁样本 75017 人（包含本地居民），包括撒哈拉以南非洲裔、北非裔、南亚裔、中东裔、南欧裔、东欧裔、西欧裔。自 2002 年开始，每间隔 2 年，共 6 次数据
		研究方法	模型分析
		主要结论	流动人口在劳动参与和家庭收入方面处于劣势的主要原因是流出地和流入地特征，而民族身份、社会排斥和政策的影响较弱。但民族身份和社会排斥实际上是决定流动人口失业的关键因素
4	Zuccotti[③]	时间	2015 年
		研究地点	英国

[①] Khattab, N., and Modood, T. 2015. "Both Ethnic and Religious: Explaining Employment Penalties across 14 Ethno-religious Groups in the United Kingdom", *Journal for the Scientific Study of Religion*, 54 (3), pp. 501 – 522.

[②] Kislev, E. 2017. "Deciphering the 'Ethnic Penalty' of Immigrants in Western Europe: a Cross-classified Multilevel Analysis", *Social Indicators Research*, 134, pp. 725 – 745.

[③] Zuccotti, C. 2015. "Do Parents Matter? Revisiting Ethnic Penalties in Occupation among Second Generation Ethnic Minorities in England and Wales", *Sociology*, 49 (2), pp. 229 – 251.

续表

4		样本特征	印度裔、巴基斯坦裔、孟加拉裔、加勒比裔和非洲裔五组，各1000人，包括第二代和1.5代人流动人口，18—60岁。2009—2010年及2010—2011年数据
		研究方法	模型分析
		主要结论	出身阶层或父母社会背景有助于解释不同民族流动人口和英国白人之间的职业结果差异
5	Zwysen 等①	时间	2020年
		研究地点	英国
		样本特征	16—64岁样本68392人，包括英国白人、其他白人、印度裔、巴基斯坦裔、孟加拉裔、南亚裔、加勒比裔、非洲裔。2009—2017年间的7次数据
		研究方法	模型分析
		主要结论	人口组成、当地环境和职业选择的差异导致族群惩罚
6	Khattab 等②	时间	2013年
		研究地点	英国
		样本特征	19—65岁样本679763人，包括英国白人、爱尔兰裔白人、印度裔、巴基斯坦裔、孟加拉裔、加勒比裔、非洲裔。2002—2010年数据
		研究方法	模型分析
		主要结论	肤色种族主义带来的族群惩罚和文化种族主义带来的宗教惩罚交织并存
7	Gracia 等③	时间	2016年

---

① Zwysen, W., and Demireva, N. 2020. "Ethnic and Migrant Penalties in Job Quality in the UK: the Role of Residential Concentration and Occupational Clustering", *Journal of Ethnic and Migration Studies*, 46 (1), pp. 200 – 221.

② Khattab, N., and Johnston, R. 2013. "Ethnic and Religious Penalties in a Changing British Labour Market from 2002 to 2010: the Case Ofunemployment", *Environment and Planning A*, 45, pp. 1358 – 1371.

③ Gracia, P., Vázquez-Quesada, L., and Van de Werfhorst, H. 2016. "Ethnic Penalties? The Role of Human Capital and Social origins in Labour Market Outcomes of Second-generation Moroccans and Turks in the Netherlands", *Journal of Ethnic and Migration Studies*, 42 (1), pp. 69 – 87.

续表

7		研究地点	荷兰
		样本特征	25—49岁样本1678人,包括荷兰裔、摩洛哥裔和土耳其裔的二代流动人口。2009—2010年数据
		研究方法	模型分析
		主要结论	族群惩罚假设只得到部分证实,基于文化原因的族群惩罚在特定领域起作用。但民族和社会经济因素的交织有力地解释了第二代流动人口在劳动力市场上的不利地位
8	Avola 等[1]	时间	2020年
		研究地点	意大利
		样本特征	15—64岁样本22937人。2009年、2011—2012年数据,多民族
		研究方法	模型分析
		主要结论	就业中的族群惩罚与不同形式的歧视有关,一个可以称为制度歧视,另一个是统计和偏好方面的个人歧视
9	Modood 等[2]	时间	2016年
		研究地点	英国
		样本特征	7167人,包括英国白人、其他白人、非洲裔、印度裔、巴基斯坦裔和孟加拉裔等。2008—2009年数据
		研究方法	模型分析
		主要结论	种族主义解释群体间的差异和不平等是适当的。与失业和自主创业相关的民族差异可以部分归因于民族行为和策略的差异
10	Phalet 等[3]	时间	2010年
		研究地点	比利时
		样本特征	土耳其裔。1991年数据
		研究方法	模型分析

---

[1] Avola, M., and Piccitto, G. 2020. "Ethnic Penalty and Occupational Mobility in the Italian Labour Market", *Ethnicities*, 20 (6), pp. 1093 – 1116.

[2] Modood, T., and Khattab, N. 2016. "Explaining Ethnic Differences: can Ethnic Minority Strategies Reduce the Effects of Ethnic Penalties?" *Sociology*, 50 (2), pp. 231 – 246.

[3] Phalet, K., and and Heath, A. 2010. "From Ethnic Boundaries to Ethnic Penalties: Urban Economies and the Turkish Second Generation", *American Behavioral Scientist*, 53 (12), pp. 1824 – 1850.

续表

10		主要结论	差别影响往往根植于当地的制度环境和实践中，而区别对待与此无关。族群惩罚的大小与当地的接纳有关。第二代流动人口在大城市内部比在外部更能避免经济社会上的排斥
11	Mora 等[①]	时间	2006 年
		研究地点	美国
		样本特征	25—64 岁西语民族流动人口。1990 年和 2000 年数据
		研究方法	模型分析
		主要结论	贸易和族裔网络的扩大以及统计歧视的减少并没有系统地使所有英语能力有限的西语民族流动人口受益。因此，语言政策可能会在民族、性别和收入维度上产生异质性的结果
12	Simpson 等[②]	时间	2009 年
		研究地点	英格兰、威尔士
		样本特征	1138 个社区的样本为 3 万—5 万人。2001 年数据，多民族
		研究方法	模型分析
		主要结论	国家层面的民族差异是造成地方就业赤字的主要原因，人口构成和人力资本的地方差异影响较小。除此之外，邻里效应对每个民族群体既有共同的区位影响，也有一些针对性的影响
13	Silberman 等[③]	时间	2008 年
		研究地点	法国

[①] Mora, M., and Dávila, A. 2006. "Hispanic Ethnicity, Gender, and the Change in the LEP-earnings Penalty in the United States during the 1990s", *Social Science Quarterly*, 87 (5), pp. 1295 - 1381.

[②] Simpson, L., Purdam, K., Tajar, A., Pritchard, J., and Dorling, D. 2009. "Jobs Deficits, Neighbourhood Effects, and Ethnic Penalties: the Geography of Ethnic-labour-market Inequality", *Environment and Planning A*, 41, pp. 946 - 963.

[③] Silberman, R., and Irène Fournier, I. 2008. "Second Generations on the Job Market in France: a Persistent Ethnic Penalty. A Contribution to Segmented Assimilation Theory", *Revue Française de Sociologie*, 49, pp. 45 - 94.

续表

17	Catanzarite 等①		
16		主要结论	流动人口受到更大的惩罚是因为他们的岗位、工作环境和行业往往更不稳定。劳动力市场中的区隔是造成失业的主要原因，但也成为他们找工作的优势
17	Catanzarite 等①	时间	2002 年
		研究地点	美国
		样本特征	墨西哥裔和中美洲裔样本 1522 人。1992 年数据
		研究方法	模型分析
		主要结论	区隔使拉丁裔流动人口在经济上处于明显的劣势，既由于他们不成比例的聚集于一些不受欢迎的行业，也由于他们的工作地点和场所

四 资料合成与讨论

考虑到关键概念的分布较为广泛，为了获取更高层次的理论诠释，资料合成使用元民族志方法。两名研究员通过对文献内容和观点的全面理解，共识别出 11 个核心概念（见表4—2）。其中社会出身和文化资本属于人力资本的范畴，社会网络属于社会资本的范畴。也就是说，有部分研究认为所谓的族群惩罚仍然可以通过深化对教育、技能、背景等因素的理解加以解释。例如表4—1 中的 7 号文献发现，文化资本社会化比社会出身（父母阶层和父母教育）对劳动力市场中民族分层的产生影响更大。这有助于深入理解人力资本和社会资本在不同民族流动人口就业过程中所发挥的作用。在二级解释过程中，经过相似转化分析和对立分析综合，其他 8 个核心概念大致可以分为 4 个类别。

一是结构类别，包括集聚区隔和岗位特点。不同民族流动人口与当地居民在空间上的相对分离减小了通过嵌入当地社会关系获得就业机会和资源的可能，很少有机会找到好工作又造成他们大多从事质量较低的工作，职业发展更加不稳定。

二是关系类别，包括歧视和种族主义。除了存在偏好歧视和统计性歧视之外，肤色和文化种族主义导致了种族和宗教方面的就业惩罚。所有的

---

① Catanzarite, L., and Aguilera, M. 2002. "Working with Co-ethnics: Earnings Penalties for Latino Immigrants at Latino Jobsites", *Social Problems*, 49 (1), pp. 101 – 127.

第四章　城市社区就业接纳能力的分析 / 133

续表

13		样本特征	北非裔、南欧裔、土耳其裔、南亚裔、撒哈拉以南非洲裔等第二代流动人口，1992 年组调查样本 26359 人，1998 年组调查样本 55345 人。1992—2003 年数据
		研究方法	模型分析、队列比较
		主要结论	基于特定群体平均特征的统计性歧视发挥着作用，但其与更加直接的种族歧视之间的界限仍然不清楚
14	Auer 等[1]	时间	2019 年
		研究地点	瑞士
		样本特征	4303 人。2012 年数据，多民族
		研究方法	模型分析
		主要结论	出身比同化能更好地解释流动人口个体所面临的劣势。族群惩罚很可能主要是由雇主的歧视性行为造成的
15	Avola[2]	时间	2014 年
		研究地点	意大利
		样本特征	15—64 岁样本。2005—2012 年数据，多民族
		研究方法	模型分析
		主要结论	流动人口在劳动力市场上的显著差异可以在就业机会和工作质量的平衡中加以分析，流入地的劳动力市场特征在其中起决定性作用
16	Fullin[3]	时间	2011 年
		研究地点	意大利
		样本特征	20—60 岁样本 119748 人，其中 6649 名流动人口。2005—2008 年数据，多民族
		研究方法	模型分析

---

[1] Auer, D., and Fossati, F. 2019. "The Absent Rewards of Assimilation: How Ethnic Penalties Persist in the Swiss Labour Market", *The Journal of Economic Inequality*, 17 (2), pp. 285 - 299.

[2] Avola, M. 2014. "The Ethnic Penalty in the Italian Labour Market: a Comparison Between the Centre-north and South", *Journal of Ethnic and Migration Studies*, 41 (11), pp. 1746 - 1768.

[3] Fullin, G. 2011. "Unemployment Trap or High Job Turnover? Ethnic Penalties and Labour Market Transitions in Italy", *International Journal of Comparative Sociology*, 52 (4), pp. 284 - 305.

穆斯林群体不分民族都面临着就业惩罚，所有的非洲裔群体不分宗教信仰也面临着就业惩罚，同时面临宗教和非洲裔就业惩罚的群体（如非洲裔穆斯林）处于最不利的地位。

三是环境类别，包括邻里效应、社会环境和政策环境。不论当地居民的特点如何，他们的构成都会影响各民族流动人口的就业。不同类型的邻里效应以及流入地的劳动力市场特征会影响所有的民族群体，而接纳性、支持性社会环境和社会政策对各民族流动人口就业有积极作用。

四是策略类别。不同民族流动人口由于意识到外部负面因素的存在，可以通过不同的选择和行为来减少这些因素对自身的影响，以维持他们的生计。例如，成为自由职业者、灵活就业者或创业者。当然，不同民族流动人口的策略也会所有区别。

表 4—2　　　　　　　　　一级概念的识别（$N=17$）

		1	2	3	4	5	6	7	8	9	10	11	12	13	14	15	16	17
人力资本	社会出身				√										√			
	文化资本							√										
社会资本	社会网络	√				√												
结构	集聚区隔					√											√	√
	岗位特点					√										√	√	√
关系	歧视								√				√	√				
	种族主义		√				√			√								
环境	邻里效应												√					
	社会环境				√						√		√			√		
	政策环境				√							√						
策略	策略								√									

在资料合成过程中发现，所纳入文献集中在 2013 年以来，研究地点以欧洲国家为主，有 14 篇，其中涉及英国 7 篇。另外的研究地方包括美国 2 篇、韩国 1 篇。从研究对象看以第一代流动人口为主，有 4 篇文献针对的是第二代流动人口。从一级概念的识别过程看，时间、地点和对象上

的差别没有导致明显的异质性结果。

借助系统评价证据分级工具 CERQual 对上述 4 个类别进行分析，仅就本次系统评价所纳入的研究证据来看，其中结构、关系、环境 3 个类别的方法学局限性较小、相关性高、结果一致性较高、数据充分性较好，最终评定信度为高。策略类别因数据充分性不足，最终评定信度为低。

对于劳动力市场上的流动人口就业差异现象，学术界普遍认为其与不同民族流动人口的人力资本和社会资本有密切的关系。比如，家庭出身直接影响代际再生产，而且高阶层家庭比低阶层家庭往往能够更成功地让他们的孩子接受高等教育，进而影响就业结果。因此，出身阶层或父母社会背景有助于解释就业中的民族差异。又比如，社会网络确实在流动人口个体选择就业方面发挥了关键作用。族裔网络为流动人口提供了较多的资源，便于寻找工作，特别是在飞地内通常有较高的就业率，同族关系也为流动人口在面对劣势时提供了保护。然而，过度依赖同族联系可能造成流动人口的就业惩罚。一般来说，无论求职者身份如何，流动人口依靠族裔网络找到的岗位往往工作时间长，薪酬低，安全性差，非正式的求职相较于正式求职（如通过招聘会和直接申请的方式求职）所获得的收入会更低。如果一个社区内的流动人口保持高强度的非正式社会互动，那么就业差异可能就更为明显。但是，就业差异形成机制的系统评价又显示存在一些"其他"因素造成了不同民族流动人口在劳动力市场上的劣势，而且这些因素与人力资本和社会资本是交织的。例如，结构类别中，流动人口在居住和工作上的集聚性特征可能拉低他们的工资收入，带来就业差异。而这一特征又会与族裔网络相互影响，在凸显族裔网络作用的同时被其强化。再例如，关系类别中，歧视可能造成流动人口对流入地的悲观预期，选择退出或冲突行为，从而形成更长期的不稳定就业或失业。同时，歧视会限制流动人口的人力资本和社会资本的增加，反过来，资本短缺又助长了歧视。

综上，仅就本次系统评价所纳入的研究证据来看，本书通过三级综合形成对流动人口就业差异形成机制的证据解释框架（见图4—2）。总的来看，族群惩罚现象仍然具有不确定性，就业惩罚假说需要在不同的背景下进行比较、估算和解释。目前已有研究所衡量的族群惩罚仍只是流动人口在劳动力市场上所处劣势的一部分[1]，更多反映的是不同民族流动人口的资本低效配置，以及流出地和流入地之间的发展差距问题，而不是民族关系中的矛盾冲突问题。

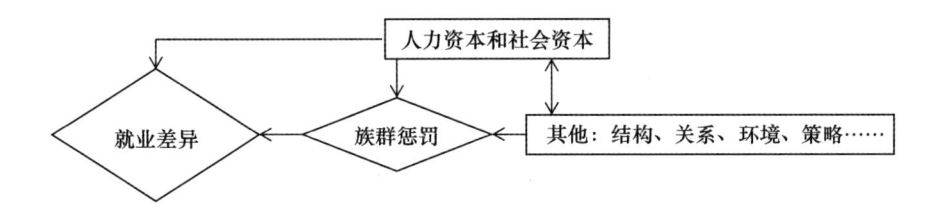

图4—2 流动人口就业差异形成机制的证据解释

第二节 流动人口自我雇佣影响因素的系统评价

一 构建问题

2014年9月中央民族工作会议提出，要引导群众转变就业观念，形成愿意创业劳动、支持创业创新的社会氛围，为鼓励和支持各民族群众进城创业、就业牵线搭桥，让各族群众用自己的双手创造美好生活。党的十九大报告也提出，鼓励创业带动就业。有研究显示，流动人口一般能够通过创业在流入地实现经济收入和社会地位的提升。[2] 因此，有必要关注各民族流动人口进入城市社区后的创业选择问题，从而完善就业创业扶持政策。

国际劳工组织与联合国将就业状态分为获得工资雇员、家庭帮工、自我经营者与雇主4类。以此分类，从就业身份上看，自我雇佣者（Self-employment）包括雇用雇员的雇主和不雇用雇员的自我经营者两类。[3] 因

---

[1] Rafferty, A. 2012. "Ethnic Penalties in Graduate Level Over-education, Unemployment and Wages: Evidence from Britain", *Work, Employment and Society*, 26 (6), pp. 987 – 1006.

[2] Takenaka, A., and Paerregaard, K. 2012. "How Contexts of Reception Matter: Comparing Peruvian Migrants' Economic Trajectories in Japan and the US", *International Migration*, 53 (2), pp. 236 – 249.

[3] 董志勇、高雅：《社会融合与农民工自我雇佣选择》，《经济与管理研究》2018年第1期。

而在很多情况下，自雇又与创业（Entrepreneurship）等表达互换或者同义使用，以展现经济行为个体的独立性，或主体性和能动性。①

自雇与受雇的职业群体分化是我国市场化改革带来的社会结构重大变化之一。② 2016 年全国流动人口动态监测调查数据显示，少数民族被调查者中 38.93% 为个体工商户。③ 同年的珠三角地区流动人口动态监测数据显示，少数民族流动人口中雇主身份比例为 4.62%，自营劳动者比例为 12.72%，均低于汉族。④ 而根据一共六次"中国家庭收入调查"的数据，到 2018 年，无论在城镇还是农村就业身份中，少数民族雇主和自营劳动者比例均高于汉族⑤（见表 4—3）。

表 4—3　　就业身份分布情况　　单位：%

城镇就业身份	少数民族 2013 年	少数民族 2018 年	汉族 2013 年	汉族 2018 年
雇主	4.86	3.82	0.23	3.42
雇员	80.55	76.97	98.94	82.14
自营劳动者	13.74	18.23	0.60	13.06
家庭帮工	0.85	0.98	0.22	1.38

农村就业身份	少数民族 2013 年	少数民族 2018 年	汉族 2013 年	汉族 2018 年
雇主	5.13	3.06	2.80	2.40
雇员	77.56	80.43	83.49	82.56
自营劳动者	14.22	15.91	12.42	13.37
家庭帮工	3.09	0.59	1.29	1.67

---

① 陈文超：《概念辨析：自雇、自主经营与创业——基于进城个体经济活动现象分析》，《中共福建省委党校学报》2017 年第 8 期。

② 王文彬、肖阳、边燕杰：《自雇群体跨体制社会资本的收入效应与作用机制》，《社会学研究》2021 年第 1 期。

③ 李辉：《少数民族流动人口的经济地位获得及其决定因素》，《西北民族研究》2020 年第 3 期。

④ 李晓婉：《少数民族流动人口就业质量研究——以珠三角地区为例》，《湖北民族大学学报》2020 年第 3 期。

⑤ 邓光奇、韩金镕、蔡宏波：《少数民族人口就业特征的变化——基于六次"中国家庭收入调查"（CHIPS）数据的分析》，《民族研究》2020 年第 2 期。

学术界对于流动人口自我雇佣的研究主要集中在以下方面。一是动机和意愿。个体特征、民族和社会网络及资源、流入地的劳动力市场等诸多因素决定了流动人口的自雇倾向。二是能力和认同建设,包括流动人口的知识和技能的提升、文化适应、语言使用,以及自身认同感的形成等。三是族裔网络。流动人口中的同一民族群体往往被视为一种安全网络,为他们的自雇提供重要资源和帮助。反过来,这一网络也可能制约流动人口的创业前景。四是经营策略。流动人口的自主经营范围可能只集中在本民族内,也可能突破民族界限,服务于各民族群体,甚至是形成国际化的发展。五是资源问题。一般认为,流动人口在自我雇佣过程中面临着资源有限、获取资源有障碍等问题,所以与家庭相关的资源可能在自主经营中起到重要的作用。六是跨文化关系,包括流动人口创业的文化背景,在流入地的文化嵌入、同化或区隔,以及在流入地建立社会关系等。在这些成果中,资本理论、嵌入理论、交叉理论、制度理论和文化理论等得到了广泛的应用。[1]

已有研究阐明了自我雇佣使流动人口更容易在流入地停留,并可能增强他们在此定居的意愿。首先,自雇是流动人口避免在劳动力市场上被边缘化的一种通常手段。其次,自我雇佣可以更多地参与城市的经济社会生活。再次,由于自雇需要比受雇进行更多的原始投资,因此他们的流动性更弱,在城市的停留时间也更长。最后,自雇经历可能会进一步提高流动人口的创业能力,有助于他们获得更高的收入,增强他们的永久定居意愿。[2] 而且,各民族流动人口的自我雇佣不是一个短暂现象,在一定程度上,可以通过促进自雇比例来提升就业率。[3] 但是,不同群体自我雇佣的类型有很大差异,收益也有很大差异,特别是不成功的创业项目对不同民族流动人口的经济融入有潜在的危害。所以,促进流动人口的自我雇佣可

---

[1] Dabića, M., Vlačićc, B., Pauld, J., Danaf, L-P., Sahasranamamg, S., and Glinka, B. 2020. "Immigrant Entrepreneurship: a Review and Research Agenda", *Journal of Business Research*, 113, pp. 25 – 38.

[2] Cao, G. – Z., Li, M., Ma, Y., and Tao, R. 2015. "Self-employment and Intention of Permanent Urban Settlement: Evidence from a Survey of Migrants in China's Four Major Urbanizing areas", *Urban Studies*, 52 (4), pp. 639 – 664.

[3] Clark, K., and Drinkwater, S. 2009. "Immigrant Self-employment Adjustment Ethnic Groups in the UK", *International Journal of Manpower*, 30 (1/2), pp. 163 – 175.

能并不总是一项合适的政策。①

一般而言，不同民族流动人口自我雇佣率的差异与个体的社会和人口特征有关，也与背景性的结构和制度因素有关，涉及性别、年龄、家庭成员、健康与受教育状况、劳动力市场、住房，以及歧视、聚居（飞地）、居住时间、资本、语言技能、民族文化、流动人口政策等许多因素。② 例如，瑞典的案例显示，流动人口在流出地的传统对他们在流入地选择自雇有重要影响。③ 表现为在流动之前积累了自主经营人力资本的个体更有可能在流入地进行创业，而不是受雇。④ 瑞士的案例则表明，流动人口的自雇率与流入地居民的自雇率呈显著正相关，还受到邻近社区的不同民族流动人口自主经营选择的积极影响。⑤ 而通过对欧洲18个国家的数据进行分析发现，更严格的就业保障法规可能将有临时受雇合同的流动人口"挤"向自我雇佣。⑥

实际上，各民族流动人口的自雇行为可以从必需和机会两方面加以理解。劣势理论认为，流动人口群体在劳动技能等方面的不足决定了自雇几乎是他们在流入地立足的最后手段，这是一种必要而被迫的创业。面对流入地劳动力市场的歧视性壁垒，自雇可以补充有限的受雇机会。也就是说，流动人口不是为了自雇或创业而流动，而是在经历流动之后只能选择自我雇佣和创业。但从另一个角度看，流动人口是一个自我选择性较强的群体，可能更具有创业精神。流动人口的部分文化特征也可能会推动他们

---

① Brzozowski, J., and Lasek, A. 2019. "The Impact of Self-employment on the Economic Integration of Immigrants: Evidence from Germany", *Journal of Entrepreneurship, Management and Innovation*, 15 (2), pp. 11 – 28.

② Clark, K., and Drinkwater, S., and Robinson, C. 2017. "Self-employment Amongst Migrant Groups: New Evidence for England and Wales", *Small Business Economics*, 48, pp. 1047 – 1069.

③ Hammarstedt, M., and Shukur, G. 2009. "Testing the Home-country Self-employment Hypothesis on Immigrants in Sweden", *Applied Economics Letters*, 16, pp. 745 – 748.

④ Tibajev, A. 2019. "Linking Self-employment Before and After Migration: Migrant Selection and Human Capital", *Sociological Science*, 6, pp. 609 – 634.

⑤ Giuliano Guerra, G., and Patuelli, R. 2014. "The Influence of Role Models on Immigrant Self-employment: a Spatial Analysis for Switzerland", *International Journal of Manpower*, 35 (1/2), pp. 187 – 215.

⑥ Ulceluse, M., and Kahanec, M. 2018. "Self-employment as a Vehicle for Labour Market Integration of Immigrants and Natives. The Role of Employment Protection Legislation", *International Journal of Manpower*, 39 (8), pp. 1064 – 1079.

走向创业，将自主经营作为更好的或者理想的发展目标，不断主动寻求自雇的机会。也就是说，流动人口不是为了自雇或创业而流动，而是因为在流动之后能够自我雇佣和创业。① 因此，必需视角下的自雇侧重于从失业状态转换到创业，而机会视角下的自雇侧重于从受雇或待业状态（Not-in-the-labor-force Status）转换到创业。

各民族流动人口的自雇行为还可以从拉和推两方面加以理解。一些研究提出了拉力假说，认为自雇是处于弱势的流动人口实现向上流动的途径。流动人口可以从自雇中获得比受雇更多的好处，主要因为创业通常可以满足特定民族社区和群体的需要从而获取更多利润，本民族的资源也有助于创业，而且在创业过程中遇到的歧视或障碍相对于受雇来说较少。所以，流动人口被拉入飞地，从而回避在一般劳动力市场中存在的劣势。例如，关于中国的研究表明，流动人口进行创业主要是由收入等经济激励驱动的，大多数自我雇佣的流动人口认为，如果从事受雇的工作，收入将会降低。② 但从另一个角度看，推力假说认为，流动人口在受雇中遭遇的歧视或其他障碍，迫使他们将自雇作为最后的谋生手段。与受雇相比，创业并不能增加收入。因为流动人口自雇者不太愿意涉足高风险、高回报的行业，也不太具备参与高利润行业竞争的能力，而且他们在进入白领型的自主经营行业时可能遇到障碍。③ 另外，还有研究提出了经济衰退推力假说和经济繁荣拉力假说：当失业率很高时，流动人口被推入自雇，以避免失业；当经济条件改善，更多创业机会出现时，流动人口被拉入自雇。④ 例如，丹麦的案例显示，流动人口比当地居民更有可能失业，但也更有可能创业。⑤ 瑞典的研

---

① Julie Knight, J. 2015. "Migrant Employment in the Ethnic Economy: Why do Some Migrants Become Ethnic Entrepreneurs and Others co-ethnic Workers?" *Journal of International Migration and Integration*, 16, pp. 575–592.

② Giulietti, C., Ning, G. -J., and Zimmermann, K. 2012. "Self-employment of Rural-to-urban Migrants in China", *International Journal of Manpower*, 33（1）, pp. 96–117.

③ Nakhaie, R. 2015. "Economic Benefits of Self-employment for Canadian Immigrants", *Canadian Review of Sociology*, 52（4）, pp. 377–401.

④ Miao, C. -Z. 2020. "Immigrant Self-employment and Local Unemployment in Sweden", *The Manchester School*, 88, pp. 464–488.

⑤ Blume, K., Ejrnæs, M., Nielsen, H., and Würtz, A. 2009. "Labor Market Transitions of Immigrants with Emphasis on Marginalization and Self-employment", *Journal of Population Economics*, 22, pp. 881–908.

究则显示，不再自我雇佣的流动人口会更多地走向失业，这说明流动人口更有可能是被"推"出自主经营。相反，当地居民从自雇转向受雇的比例更高，表明他们更有可能是被"拉"出自主经营。[①]

综上可知，学术界以往的研究对流动人口自雇选择的决定因素进行了较为深入的分析。但是，相较于一般意义上的流动人口群体，族裔、民族文化或飞地等相关因素在各民族流动人口的创业选择中起到了什么样的作用？对这一问题，已有研究虽提出了不同的分析视角，却未对此进行系统的总结。因此，有必要进一步梳理和明晰城市各民族流动人口自我雇佣的影响因素，从而更好地实现城市社区对流动人口的接纳。本次系统评价的目的是回答哪些与民族相关的因素影响了城市各民族流动人口选择自我雇佣，进而可以采取哪些相应的措施促进流动人口在城市中就业。

二 文献检索与筛选

纳入标准采用 SPIDER 模型：①研究对象——城市社区中的各民族流动人口；②研究内容——流动人口的自我雇佣；③研究设计——数据分析、访谈、观察等；④评价内容——影响流动人口自雇选择的民族相关因素；⑤研究类型——定量、定性和混合研究。

排除标准：①研究综述；②重复文献；③除中英文以外的文献；④非民族因素的分析文献。

英文检索式：self employment AND（ethnic OR minority OR migrant OR immigrant）。2020 年 11 月 22 日，标题检索 Web of Science、EBSCOhost 和 ScienceDirect 数据库，共获得英文文献 209 篇。

中文检索式：民族 AND 流动 AND（自雇 OR 创业 OR 自主经营）。2020 年 11 月 22 日，主题精确检索中国知网（CNKI）共获得中文文献 76 篇。

根据纳入与排除标准，由两名研究员背靠背阅读检索的文献题目、摘要和全文进行筛选。筛选后获得文献 20 篇并纳入质量评价与资料提取（见图 4—3）。

[①] Joona, P. 2010. "Exits from Self-employment: is There a Native-immigrant Difference in Sweden?" *International Migration Review*, 44 (3), pp. 539–559.

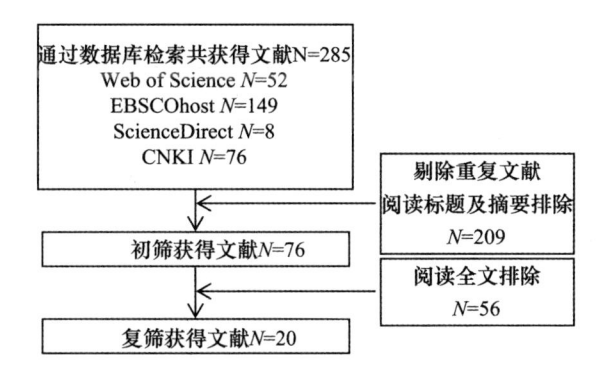

```
通过数据库检索共获得文献N=285
    Web of Science N=52
    EBSCOhost N=149
    ScienceDirect N=8
    CNKI N=76
            ↓                剔除重复文献
                        ←── 阅读标题及摘要排除
    初筛获得文献N=76          N=209
            ↓           ←── 阅读全文排除
                             N=56
    复筛获得文献N=20
```

图 4—3　文献纳入与筛选

三　质量评价与资料提取

两名研究员背靠背参考 CASP 清单及证据金字塔对所纳入文献的质量进行评价，并对作者、时间、研究地点、样本特征、研究方法和主要结论等资料进行提取。其中，第 20 号文献由于分析过程和结论表述不够清晰，给予了中质量评价（见表 4—4）。

表 4—4　　　　　　　资料提取与质量评价结果（$N=20$）

		时间	2015 年	质量等级
1	Romero 等[1]	研究地点	西班牙	高
		样本特征	华裔，130 名自雇和 158 名受雇。2012 年数据	
		研究方法	模型分析	
		主要结论	关系社会资本对华裔流动人口的自雇有显著的正向影响，结构社会资本有较小的正向影响，而认知社会资本则可能产生正向或负向的影响。"关系"在华裔流动人口的创业中具有明显的积极作用。	

---

[1] Romero, I., and Yu, Z.-K. 2015. "Analyzing the Influence of Social Capital on Self-employment: a Study of Chinese Immigrants", *Annals of Regional Science*, 54, pp. 877-899.

续表

		时间	2014 年	质量等级
2	Abada 等①	研究地点	加拿大	高
		样本特征	20% 抽样，25—44 岁 1.5 代和 2 代的各民族流动人口及本地人。1981 年和 2006 年数据	
		研究方法	队列比较、模型分析	
		主要结论	民族的人口比例与流动人口的自雇负相关或不显著相关。但是，一些非欧洲族裔群体的自主经营在民族群体人口集中的地区可能更具竞争性。	
3	Gold②	时间	2014 年	质量等级
		研究地点	美国、英国、法国、以色列	高
		样本特征	68 名苏联犹太裔、44 名越南裔，1982—1994 年数据。288 名以色列裔，1991—2004 年数据	
		研究方法	深度访谈、参与式观察	
		主要结论	同族关系（Coethnic）在 3 个群体中都发挥了重要作用，自主经营依赖不同的家族、社区和跨国关系。对许多女性流动人口来说，自雇是实现家庭和社会生活相协调的一种手段。	
4	Cueto 等③	时间	2015 年	质量等级
		研究地点	西班牙	高
		样本特征	16—64 岁的各民族流动人口。2005—2011 年数据	
		研究方法	模型分析	
		主要结论	与劣势理论相吻合，自雇降低了各民族流动人口的就业门槛，歧视助长了他们的自主经营。	

---

① Abada, T., Hou, F., and Lu, Y. - Q. 2014. "Choice or Necessity: Do Immigrants and Their Children Choose Self-employment for the Same Reasons?" *Work, Employment and Society*, 28 (1), pp. 78 - 94.

② Gold, S. 2014. "Contextual and Family Determinants of Immigrant Women's Self-employment: the Case of Vietnamese, Russian-speaking Jews, and Israelis", *Journal of Contemporary Ethnography*, 43 (2), pp. 228 - 255.

③ Cueto, B., and Álvarez, V. 2015. "Determinants of Immigrant Self-employment in Spain", *International Journal of Manpower*, 36 (6), pp. 895 - 911.

续表

5	Szarucki 等①	时间	2016 年	质量等级
		研究地点	德国	
		样本特征	意大利裔、波兰裔、罗马尼亚裔、俄罗斯裔、哈萨克斯坦裔、前南斯拉夫裔、土耳其裔流动人口，229 名自雇和 2419 名受雇。2013 年数据	高
		研究方法	模型分析	
		主要结论	民族文化决定了流动人口的风险意识和长期规划，从而影响着自雇选择。	
6	Andersson 等②	时间	2015 年	质量等级
		研究地点	瑞典	
		样本特征	20—64 岁，63213 名伊拉克裔、48714 名伊朗裔、15055 名叙利亚裔、19693 名黎巴嫩裔、30662 名土耳其裔。2007 年数据	高
		研究方法	模型分析	
		主要结论	飞地增加了各民族流动人口的自雇倾向，而族裔网络似乎对自主经营形成了障碍。	
7	Bauder③	时间	2008 年	质量等级
		研究地点	加拿大	
		样本特征	509 户（267 名女性和 240 名男性）华裔、东南亚裔和本地人。2003 年数据	高
		研究方法	模型分析	

---

① Szarucki, M., Brzozowski, J., and Stankevičienė, J. 2016. "Determinants of Self-employment Among Polish and Romanian Immigrants in Germany", *Journal of Business Economics and Management*, 17 (4), pp. 598 – 612.

② Andersson, L., and Hammarstedt, M. 2015. "Ethnic Enclaves, Networks and Self-employment Among Middle Eastern Immigrants in Sweden", *International Migration*, 53 (6), pp. 27 – 40.

③ Bauder, H. 2008. "Explaining Attitudes towards Self-employment among Immigrants: a Canadian Case Study", *International Migration*, 46 (2), pp. 109 – 133.

7		主要结论	族裔背景同自雇选择之间存在弱相关，而农村或城市出身成为对创业态度是更重要的预测变量。与农村背景相比，城市背景流动人口的自主经营意愿较低。	
8	Shinnar 等①	时间	2008 年	质量等级
		研究地点	美国	
		样本特征	83 名西语民族流动人口。2002 年数据	高
		研究方法	结构化访谈	
		主要结论	飞地对各民族流动人口的创业具有很强的激励作用，增强了拉力的显著性。	
9	Kanas 等②	时间	2009 年	质量等级
		研究地点	荷兰	
		样本特征	18—64 岁，6963 名土耳其裔、摩洛哥裔、苏里南裔、荷属安的列斯裔（418 名自雇）。1991 年、1994 年、1998 年和 2002 年数据	高
		研究方法	模型分析	
		主要结论	没有发现反映同族的伙伴、组织和聚集的内部社会资本（Bonding Social Capital）与自雇正相关。自主经营会受益于与当地居民的接触，他们向各民族流动人口提供了新的资源，因此，拥有外部社会资本（Bridging Social Capital）的流动人口更可能选择自我雇佣。	

---

① Shinnar, R., and Young, C. 2008. "Hispanic Immigrant Entrepreneurs in the Las Vegas Metropolitan Area: Motivations for Entry into and outcomes of Self-employment", *Journal of Small Business Management*, 46 (2), pp. 242 – 262.

② Kanas, M., Tubergen, V., and Lippe, D. 2009. "Immigrant Self-employment: Testing Hypotheses about the Role of Origin-and Host Country Human Capital and Bonding and Bridging Social Capital", *Work and Occupations*, 36 (3), pp. 181 – 208.

续表

10	Liu[①]	时间	2012 年	质量等级
		研究地点	美国	
		样本特征	亚裔和拉丁裔。1990 年、2000 年和 2008 年数据	高
		研究方法	模型分析	
		主要结论	尽管飞地在不同城市环境中有所差异，但其对不同民族流动人口的创业有积极影响。	
11	Wixe[②]	时间	2020 年	质量等级
		研究地点	瑞典	
		样本特征	16—17 岁的亚裔、欧洲裔、北欧裔、非洲裔。2001—2013 年数据	高
		研究方法	模型分析	
		主要结论	在邻里背景相似的区隔化社区成长的各民族流动人口更有可能在今后选择自我雇佣。青年时期积累的民族和社会资本可以产生持续影响。相比之下，无论从短期还是长期来看，居住在创业人数较多社区的各民族流动人口所受到的影响都是积极的，显示出创业行为具有强烈的同伴效应。	
12	Clark 等[③]	时间	2010 年	质量等级
		研究地点	英国	
		样本特征	白人、非洲裔、加勒比裔、印度裔、巴基斯坦裔、孟加拉裔、华裔。1991 年和 2001 年数据	高
		研究方法	模型分析	

[①] Liu, C. 2012. "Intrametropolitan Opportunity Structure and the Self-employment of Asian and Latino Immigrants", *Economic Development Quarterly*, 26（2）, pp. 178-192.

[②] Wixe, S. 2020. "Long-term Neighbourhood Effects on Immigrant Self-employment", *Urban Studies*, 57（13）, pp. 2733-2753.

[③] Clark, K., and Drinkwater, S. 2010. "Patterns of Ethnic Self-employment in Time and Space: Evidence from British Census Microdata", *Small Business Economics*, 34, pp. 323-338.

12		主要结论	没有证据表明自我雇佣是一种飞地现象，集中居住在相对贫困的区域内反而减少了各民族流动人口的创业机会。	
13	Fairchild[①]	时间	2008 年	质量等级
		研究地点	美国	
		样本特征	16—65 岁的 488715 名白人、非洲裔。1990 年和 2000 年数据	
		研究方法	模型分析	高
		主要结论	一般来说，非洲裔可能在个人、家庭和社区层面较少获得与创业相关的要素。较高的区隔程度与各民族流动人口的自我雇佣负相关。无论非洲裔或白人，生活在多民族环境的社区中会使他们更有可能选择自主经营。	
14	Valdez[②]	时间	2012 年	质量等级
		研究地点	美国	
		样本特征	25—54 岁的白人、古巴裔、墨西哥裔、韩裔、菲律宾裔、华裔和日裔。1980 年、1990 年和 2000 年数据	
		研究方法	模型分析	高
		主要结论	不能过分强调族裔对自雇的影响。随着各民族流动人口逐渐适应流入地社会，高于平均水平的创业率会在一到两代人之后下降。自主经营的各民族流动人口呈现主流同化的发展轨迹。	

---

① Fairchild, G. 2008. "Residential Segregation Influences on the Likelihood of Black and White Self-employment", *Journal of Business Venturing*, 23, pp. 46 – 74.

② Valdez, Z. 2012. "Self-employment as an Indicator of Segmented Assimilation among Six Ethnic Minority Groups", *Entrepreneurship Research Journal*, 2 (4), pp. 1 – 28.

续表

15	Ohlssonab 等[1]	时间	2012 年	质量等级
		研究地点	瑞典	
		样本特征	25—64 岁，多民族，2398469 名男性和 2332436 名女性。2007 年数据	高
		研究方法	模型分析	
		主要结论	族裔背景对流动人口自主经营倾向的相对重要性被夸大了。自我雇佣选择的大部分解释因素可能在个体层面。	
16	Brynin 等[2]	时间	2019 年	质量等级
		研究地点	英国	
		样本特征	白人、加勒比裔、非洲裔、印度裔、巴基斯坦裔、孟加拉裔、华裔。1993—2014 年数据	高
		研究方法	模型分析	
		主要结论	不同民族流动人口面临着就业市场和歧视的双重风险，即使存在很强的推力，他们也会尽可能地避免自我雇佣。创业并不是一个民族现象。	
17	Brynin 等[3]	时间	2009 年	质量等级
		研究地点	英国	
		样本特征	3 个家庭案例	
		研究方法	传记叙述访谈	高
		主要结论	族裔的纽带和网络对自我雇佣的各民族流动人口获取资源有潜在作用，但这些资源不一定成为他们的社会资本。	

---

[1] Ohlssonab, H., Broomé, P., and Bevelander, P. 2012. "Self-employment of Immigrants and Natives in Sweden-a Multilevel Analysis", *Entrepreneurship and Regional Development*, 24 (5-6), pp. 405-423.

[2] Brynin, M., Karim, M., and Zwysen, W. 2019. "The Value of Self-employment to Ethnic Minorities", *Work, Employment and Society*, 33 (5), pp. 846-864.

[3] Anthias, F., and Cederberg, M. 2009. "Using Ethnic Bonds in Self-employment and the Issue of Social Capital", *Journal of Ethnic and Migration Studies*, 35 (6), pp. 901-917.

续表

18	谢勇[①]	时间	2019 年	质量等级
		研究地点	中国	
		样本特征	139054 人，其中少数民族流动人口 10558 人。2016 年数据	
		研究方法	模型分析	高
		主要结论	尽管少数民族流动人口成为雇主和自营劳动者的可能性显著低于汉族流动人口，但一些拥有长期经商的传统以及在某些方面具有经营优势的流动人口（如回族、藏族）选择自我雇佣的概率相对较高。	
19	汤夺先等[②]	时间	2019 年	质量等级
		研究地点	中国	
		样本特征	回族等人员	
		研究方法	访谈、问卷	高
		主要结论	流动者在流入地依靠独特的民族文化、生产技术建立了适用于个体经营的族裔特色经济，体现出低成本、小规模、流动性强、资本周期短及侧重以民族技艺为优势竞争力的特点。	
20	刘金成[③]	时间	2020 年	质量等级
		研究地点	中国	
		样本特征	4143 人，回族等人员。2016 年数据	
		研究方法	模型分析	中
		主要结论	就业选择与民族身份之间的关系在一些民族的流动人口中较为显著的，而在另一些民族的流动人口中并不明显。	

---

① 谢勇：《少数民族流动人口的就业状况及其影响因素》，《云南民族大学学报》2019 年第 4 期。

② 汤夺先、刘辰东：《族裔特色经济与少数民族流动人口的城市融入》，《西北民族研究》2019 年第 4 期。

③ 刘金成：《西北地区城市少数民族流动人口就业及影响因素研究》，硕士学位论文，西北民族大学，2020 年。

四 资料合成与讨论

考虑到关键概念的分布较为广泛,为了获取更高层次的理论诠释,资料合成使用元民族志方法。两名研究员通过对文献内容和观点的全面理解,从 20 篇文献中共识别出 8 个一级概念(见表 4—5)。在二级解释过程中,经过相似转化分析和对立分析综合,8 个一级概念大致可以分为 3 个类别。

表 4—5　　　　　　　　一级概念的识别（$N=20$）

		1	2	3	4	5	6	7	8	9	10	11	12	13	14	15	16	17	18	19	20
集聚	人口比例		×																		
	飞地						√		√		√		×								
	区隔											√		×							
文化	民族文化					√		×							×	×			√	√	√
	城乡文化									√											
关系	同族关系	√		√			×			×								√			
	外部关系	√							√												
	歧视				√												×				

注：与各民族流动人口自我雇佣选择正相关的概念以√表示,负相关或无关的概念以×表示。

第一,集聚类别,包括人口比例、飞地和区隔。总体上看,流动人口的集聚更有可能对自雇选择产生正向作用。由于在流入地劳动力市场上可能面临着不利条件,飞地就成为流动人口创业的保护性市场。他们有机会借此开展自主经营,向本民族群体提供一些较为特殊的商品或服务,并且有机会获得来自本民族的、低成本的劳动力供应。即使飞地的保护性市场不是完全的,本民族的自主经营者仍然比其他经营者具有竞争优势。在相对区隔的环境中,流动人口中的自雇者和受雇者都可能实现更为稳定和持久的就业,从而产生积极的邻里效应。所以,集聚既从机会也从必需角度驱动了自我雇佣行为。但是,如果飞地市场狭小,现有的自主经营活动已经满足了本民族群体的需求,那么对于新流入的民族成员来说,其创业行为就会受阻。更为重要的是，缺乏开放性的空间和市场将产生消极的锁定效应，阻碍流动人口与飞地以外的资源建立联系，限制自主经营者的发展潜力，加剧流入地居民对流动人口的负面评价，从而导致飞地的贫困和低水平发展。

第二，文化类别，包括民族文化和城乡文化。不同民族流动人口的流出地背景在一定程度上影响着他们的职业规划、岗位偏好、工作技能，或者说塑造着他们的特定习惯，从而决定了对自我雇佣的选择。但需要注意的是，不同文献对同一民族自我雇佣的研究得出了相矛盾的结论，这说明民族文化因素的影响往往体现在个体层面，而在民族群体层面上表现的并不明确。同时，流动人口个体的文化特征在城市融入和接纳的过程中快速变化着，文化因素对个体自我雇佣选择的影响也随着流动状况的变化而变化。所以，对流出地背景的考察应关注流动人口个体是否由此取得了创业中的竞争优势并转化为自我雇佣的行动，简单地把自雇现象同某一民族及其地域身份直接挂钩，实际上是民族刻板印象的反映。

第三，关系类别，包括同族关系、外部关系和歧视。族裔网络可以为流动人口的创业提供信息、人力和金融资源，但能否将这些资源转化为实现自我雇佣的社会资本仍取决于流动人口的个体能力。而且，与飞地的作用类似，如果族裔网络包括了众多本民族的自主经营者，那么网络规模的扩大也意味着竞争的加剧，而对自雇产生不利的影响。相比族内关系，族际关系的发展对各民族流动人口自我雇佣选择的正向作用十分明确。同流入地居民和其他民族成员建立广泛的社会联系不仅有助于增加创业的机会和资源，而且有助于开拓流动人口的就业市场。另外，族际关系对各民族流动人口自雇选择的影响与自雇和受雇的风险比较有关。当流入地劳动力市场对自雇行为的歧视强于受雇时，各民族流动人口倾向于选择避免创业，反之倾向于选择创业。

在资料合成过程中发现，所纳入文献以2008年、2012年、2015年和2019年的数量较多，研究地点包括中国、北美和欧洲，研究对象囊括了各国主要的流动人口群体，有个别文献针对的是第二代流动人口和女性流动人口。其中，地点因素导致的异质性更为明显，有关中国的研究结论集中于文化类别，有关美国的研究结论集中于聚集类别。但这两个类别的证据来源又涵盖了不同地点，不仅局限在中美两国，从而在一定程度上降低了异质性的影响。借助系统评价证据分级工具 CERQual 对上述 3 个类别进行分析，其中方法学局限性较小、相关性高、数据充分性较好，但结果一致性不足。因此，仅就本次系统评价所纳入的研究证据来看，最终评定聚集、文化、关系 3 个类别的信度均为中。

自我雇佣选择的影响因素是复杂的和相互作用的，涉及对空间结构、经济结构、社会环境、文化等内容的探讨。从必需和机会的视角或者拉力和推力的视角进行分析，有利于研究者将越来越多的因素组合在一起，形成对各民族流动人口自雇选择更深入的理解。在自我雇佣影响因素的系统评价中，集聚类别实际上反映了流入地的劳动力市场特征所带来的影响，对各民族流动人口自主经营者来说，其中的关键是流入地城市本民族市场与非本民族市场的情况比较。文化类别体现了个体特征对自雇的影响，涉及不同民族流动人口个体的语言能力、知识储备、劳动技能、风险认知等方面的状况。关系类别显示了网络和资源对自雇选择的重要作用。由于流动人口往往更依赖于族裔网络，这使得他们的自我雇佣选择更像是对其他同族成员就业行为的模仿。但需要注意的是，在一级和二级合成过程中发现，许多关于流动人口创业的研究是以民族之间的差异为理论构建的出发点，侧重于从族裔角度分析就业市场上的供给和需求，而忽略了一般性的方面。另外，不同民族流动人口进入自雇之前的劳动力状态和退出自雇之后的劳动力状态对于创业研究具有重要意义。例如，从受雇转换为自雇可能反映了自主经营具有更高的收益，从自雇转换为失业状态可能凸显了自主经营是流动人口最后的就业选择。

综上，仅就本次系统评价所纳入的研究证据来看，本书通过三级综合的发展形成了流动人口自我雇佣影响因素的证据解释框架（见图4—4），并且明晰了民族相关因素在其中发挥的作用。个体特征、网络和资源、流入地劳动力市场特征共同影响着流动人口的自我雇佣选择，更准确地说，是影响着他们在自我雇佣与受雇、待业、失业状态之间的转换。流动人口个体的创业策略是在这3个方面因素的相互作用下产生的，民族相关因素包含于其中。

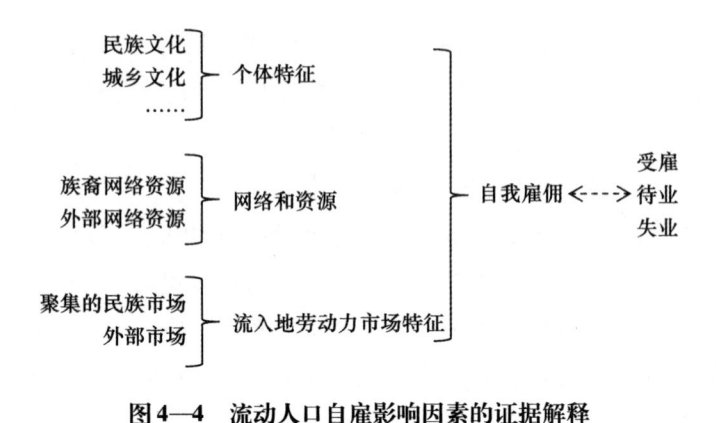

```
民族文化  ┐
城乡文化  ├─ 个体特征 ─────────────┐
……     ┘                        │
                                 │
族裔网络资源 ┐                    ├─ 自我雇佣 <---> 受雇
外部网络资源 ├─ 网络和资源 ───────┤              待业
            ┘                    │              失业
                                 │
聚集的民族市场 ┐                  │
外部市场     ├─ 流入地劳动力市场特征┘
```

图4—4 流动人口自雇影响因素的证据解释

第三节 南庄社区就业接纳的实地调查

一 "羌脆李"与人口的回流

南庄社区毗邻四川省阿坝藏族羌族自治州茂县县城，是一个汉羌文化高度交融的社区。截至2018年末，南庄社区户籍人口共824户2838人。

改革开放之后，南庄社区居民放弃了从前大规模种植的玉米，开始种植被称为"老三样"的青苹果、花椒、核桃，并一度改善了自身的经济状况。但20世纪90年代末，红富士苹果进入茂县市场，由于其颜色、口感和甜度均优于茂县本地的青苹果，老种植户受创严重。加之花椒和核桃的产量较低，"老三样"种植逐渐走向失败，南庄社区因而陷入了经济发展困境。随后，大量南庄社区居民外出务工"找活路"，人数最多的是在茂县及阿坝州打工，其次是前往成都、都江堰等省内城市，还有少部分人去往东南沿海城市。除因为工作和婚姻等原因落户他乡的人以外，更多的流动人口呈现出季节性流动的态势，即农忙、过年时返回南庄，其他时间外出务工。2008年汶川大地震以后，部分外出务工人员返回茂县参与家乡的重建，全球金融危机的爆发造成国内不少企业效益下滑，进一步加快了外流人口回到茂县。同年，四川农业大学的科研团队来到茂县进行全新的"羌脆李"种植试验并获得成功。在川西北地区的基础设施建设和多项区域优惠政策的支持下，"羌脆李"展现出良好的经济效益和发展前景。自 2010 年开始,许多外流的居民返回家乡种植李子树。到 2019 年,绝大部分外出务工人口已回流南庄社区。

访谈记录 4—1:2019 年 7 月 7 日,K,男,回流人口。

现在大家都回来了呀。你看这漫山遍野的李子,大家都在种。一年一户挣个十几二十万元,弄得好的家里可以赚好几十万元,不比打工强吗?而且又不用天天坐班,上午想去照顾一下树子就去照顾一下,大家现在都有汽车,中午直接开到下面(县城)的茶馆,就在牌桌子前坐起了。这种生活过惯了,成都哪里比得上,谁还愿意再去打工啊。

访谈记录 4—2:2019 年 7 月 6 日,L,男,回流人口。

我上初中后学了兽医,但是觉得兽医不赚钱,于是 1995 年我去了成都双流,在一个药厂选虫草,为别人打工。那个时候羌菌(松茸)很贵,质量好的能够达到 800—900 元一斤,后来觉得这份工作还是坚持不下来。2002 年回茂县县城承包食堂,到了 2011 年看到李子生意做起来了,我就想回来里种李子。于是,我就和兄弟姊妹商量了一下,2014 年建起了现在住着的二层楼房,安定了下来。

虽然南庄社区已经实现了人口回流,但由于李子的种植管理存在空闲期,即每年 10 月收获后到农历新年前,部分青壮年会在这段时间选择外出打零工以增加收入。这种流动的目的地不再是大城市,外出务工按天数结算工资,时间较短、收益较高,工作环境也比较自由,可以随时返乡。

访谈记录 4—3:2019 年 11 月 29 日,M,男,回流人口。

今年我就出去给别人修枝。宜昌(湖北省宜昌市)也有种李子的,他们叫作"半边红",25 元一窝,他们不会修枝,就请我们去修枝。老板给我们开的工资是 220 元或者 240 元一天,一共出去待 10 天,总共 10 个人。老板给我们支付来回路费一共 8000 元,我就收了这钱，开车来回茂县和宜昌，除去开车成本3000元，还能赚5000元回来。

访谈记录4—4：2019年7月8日，N，男，回流人口。

2012年我就回到茂县县城。2013年结婚后还在茂县城里耍了几年，一直到2016年才回来稳定下来。平时我在家照顾李子树，现在闲暇去搞点副业，比如修房子啊，修堡坎啊，我都做过。上个月去了黑水（四川省阿坝藏族羌族自治州黑水县，距离茂县约150公里），一天300元钱，帮人摘花椒，一个月下来能挣1万元钱。

"羌脆李"因其独特的地理区位和民族元素，迎合了广大消费者对于天然、健康食品的偏好。特色种植业的良好发展不仅迅速提高了居民收入，而且产生了巨大的劳动力需求。同时，由于交通运输逐渐便捷，"羌脆李"产品可以依靠冷链快速销往东部市场，甚至借助航运出口国外。网络技术的应用降低了收购成本，拓宽了销售渠道。这些因素的综合作用使得流入大城市务工的比较优势缩小甚至消失，成为南庄社区羌族人口回流的主要动因。

二 社区对回流人口的再接纳

回流人口主要通过参与宴席重新融入南庄的社会网络之中。首先，宴席对社会关系进行了反复呈现和强化。回流人口在参加宴席的过程中重新熟悉了与其他社会成员的亲友关系，明晰了在社会关系网中的位置，从而明确了自我的成员身份。其次，回流人口通过举办隆重宴席，邀请亲友参加宴席，能够展现自身的影响力和价值，从而获得普遍的尊重，获得作为社区重要成员的认可。再次，相互协助举办宴席以及参加彼此的宴席能够加强社区成员间的互动关系，使回流人口进而通过这种关系获得共享资源。此外，宴席有效增加了回流人口与其他居民的共享情感体验，从而恢复了社区成员间的情感联系。

人口的回流在相当程度上改变了南庄社区的传统生活方式。穿着方面，流行服饰逐渐增多，同时，由于人口流失而一度面临传承危机的民族服饰得以复兴，回流的中年妇女在农闲时重新拿起针线做羌绣，缝制鞋垫、围裙和鞋子。饮食方面，除了传统的熏腊肉、熏腊肠、熏血肠等，回流居民常常会去县城的农贸市场或者新开设的超市购买小龙虾、鲈鱼、基围虾、鹌鹑蛋等非传统食物，并引入了一些外地的特色食物。居住方面，羌族传统修建木结构的房屋，屋顶四周摆放白石，反映了"白石信仰"。而回流居民普遍新修建2层或3层的砖混小楼房，屋顶的四角各修砌一个三角形的水泥板，象征着白石。另外，原来位于房屋中心的火塘被移动到了院坝边的厨房内，或者和厨房分开，单独设置一个小小的火塘屋子。以前用于就餐的火塘和露天院坝被新修建的饭堂替代。这种传统与现代融合的建筑风格在南庄社区逐渐形成。交通方面，人口回流还带来了私家车的普及。

最终，南庄社区平稳实现了对回流人口的社会接纳和重新整合。回流人口的生活节奏因种植李子而改变，不再是外出务工时的"分秒必争"。随着收入差距的缩小，社区居民的自信心得以巩固，对属于自己果树的认同使回流人口收获了在外打工不曾有的幸福感。

三 人口回流的经济文化因素

事实上，在"羌脆李"研发普及以前，位于西部地区的茂县人能够获得的发展红利比较有限，日益改善的交通、通信反而加剧了人口的外流。而"羌脆李"研发普及以后，茂县人能够在本地通过劳动获得丰厚的收益，人口得以回流。所以，科技力量对于茂县和南庄社区的影响是根本性的，"羌脆李"是推动南庄社区人口回流的最关键因素。产学研的结合促进了特色种植业的形成，改变了当地的经济社会面貌，成为南庄社区近十年来快速发展的基础动力。

人口回流既是机遇又是挑战。返乡不再是各民族外流人口的"退路"，无论是重操旧业还是转换行业，都是他们对新生活的一次新选择。[①]因此，妥善接纳回流人口是地方社会持续稳定发展的重要前提。费孝通先生曾指出："发展少数民族文化不仅为民族成员提供必要的精神和情感依

[①] 田烨、李晓婉：《城镇化进程中各民族跨区域大流动研究》，中国社会科学出版社2019年版，第187页。

托以及最基本的价值依据,从而有利于缓解社会变革可能引发的社会震荡,有助于民族社会成员对社会变革的接受和认可,还可以为构建和谐社会提供宝贵的历史和现实智慧,也可以为社会成员中剧烈的观念冲击和行为改变提供个人和群体取得心理平衡的理由,有利于稳定社会秩序。"[1]因此,在面对人口流动时,应该理解和尊重地方自身的文化机制,并对其加以利用,这不仅有利于地方社会对流动人口的接纳,也有助于各民族流动人口对社会变革的接纳。地方文化机制本质上是在心理、社会和情感层面将流动人口纳入当地社会。这意味着,虽然人口回流的主因往往是经济要素,但是回流人口的稳定往往需要关注经济以外的要素。社区在大力发展特色产业的同时应积极发挥地方文化机制,提升流动人口的归属感。

---

[1] 费孝通:《社会学在成长》,天津人民出版社1990年版,第137—138页。

第五章

城市社区关系接纳能力的分析

推动建立相互嵌入式的社区环境，促进各民族广泛交往、全面交流、深度交融，就是要让社区居民相互接纳、和谐共处，就是要让各民族流动人口在城市生活中交得了知心朋友，做得了和睦邻居，结得成美满姻缘。因此，系统评价分析社区依恋感影响因素和创建民族团结进步示范区的研究证据，比较调查分析社区民族和流动人口工作的实践证据，将有助于考察并提升城市社区对流动人口的关系接纳能力。

第一节 流动人口社区依恋影响因素的系统评价

一 构建问题

一般来说，流动人口与流入地之间的关系可能存在着几种状态：一是流动人口融入了流入地的日常生活，对流入地产生了感情，两者建立起了紧密的正向互动；二是流动人口对流入地形成了负面看法，希望搬离这个地方；三是流动人口对流入地持中性态度，既可能选择在此继续生活，也可能选择再次流动到另一个地方；四是流动人口对地点是无感的或者说其本身是无地点性（Placelessness）的，即生活的空间维度对他们没有特别的意义。[1] 这样的人地关系可以放大至街道或城市进行观察，也可以缩小至邻里或单元加以理解。当流动人口与特定的社区建立了积极的情感联系

---

[1] Lewicka, M. 2011. "Place Attachment: How Far Have We Come in the Last 40 Years?" *Journal of Environmental Psychology*, 31, pp. 207–230.

或纽带时，或者形成了一种对特定社区的积极的认知或行为时，就产生了社区依恋（Attachment），[1] 表现为流动人口对社区生活感到满意、安全和幸福，倾向于保持对该社区的亲近和投入。

学术界对社区依恋的内涵有不同层面的探讨。有观点认为社区依恋是从疏远到亲密的一维连续统，也有观点认为社区依恋是多维度的，涵盖了诸多概念。比如，早期的研究将社区依恋分为社区认同和社区依赖（Dependence）两个方面，其中，社区认同关注个体从对特定社区的情感和社会关系中产生的认同感，是一种情感纽带；社区依赖指的是人们对社区所提供的设施和资源的依赖，是一种功能纽带。从一定的时间阶段看，由于依赖而进入一个社区居住将使个体产生社区认同。[2] 之后有研究将社会和自然联系纳入依恋的概念范畴，又或者将其分为熟悉感（Familiarity）、归属感、认同感、依赖感和根植感（Rootedness）。[3] 还有学者将个体心理上的依恋感分为4个类型：以信任自己和他人为特征的安全型；以对自己和他人缺乏信任为特征的恐惧型；害怕被他人拒绝，渴望亲密关系以获得接纳的专注型；只信任自己，回避人际关系和过度自负的拒绝型。并且提出，依恋类型比人口因素更能预测流动人口的心理和社会文化适应。[4]

流动人口带来的变化如何作用于社区环境，有两种看似相反的解释。一是基于威胁的解释。高度的民族混合可能会阻碍社会互动和融合，导致低水平的社区依恋。群体威胁理论提出，不同民族流动人口的增加会给当地居民带来威胁感，产生对他人的不信任和恐惧，造成不安全和无序的问题。冲突理论认为，不同民族流动人口（外群体）比例较大的环境会对当地居民（内群体）的地位产生竞争威胁，从而助长偏见。偏好非对称

---

[1] 国内部分研究将社区依恋表述为社区依附或社区归属感。

[2] Qian, J. -X., and Zhu, H. 2014. "Chinese Urban Migrants Sense of Place: Emotional Attachment, Identity Formation, and Place Dependence in the City and Community of Guangzhou", *Asia Pacific Viewpoint*, 55 (1), pp. 81 - 101.

[3] Chen, N., C. Hall, M., Yu, K. - K., and Qian, C. 2019. "Environmental Satisfaction, Residential Satisfaction, and Place Attachment: the Cases of Long-term Residents in Rural and Urban Areas in China", *Sustainability*, 11, 6439.

[4] Polek, E., Van Oudenhoven, J., and ten Berge., J. 2008. "Attachment Styles and Demographic Factors as Predictors of Sociocultural and Psychological Adjustment of Eastern European Immigrants in the Netherlands", *International Journal of Psychology*, 43 (5), pp. 919 - 928.

分布理论提出，社区居民现有的规范和价值观如果存在着分歧，会产生负面的多样性效应。收缩理论提出，民族构成多元的环境会导致人们远离他人和社会生活，较少地信任他人（包括本民族成员）。同质化理论提出，因为个体往往希望生活在与自己相似的人周围，民族多样性会破坏社区的凝聚力。[1] 由此，强依恋感是社区高稳定性的反映。居民数量增长、居民密度增大和居民异质性提高会降低社区依恋的水平，在这样的环境中，居民很难对社区产生依恋感。[2] 所以，人口的流动会弱化社区依恋感。有对广州的研究发现，当地居民比流动人口对他们所在的社区更有依恋感，而且，当地居民的社区依恋与功能维度（社区生活环境满意度）的关系更密切，流动人口的社区依恋与社会维度（社会接触和社会信任）的关系更密切。[3] 二是基于接触的解释。接触理论强调，群际接触的方式既可能塑造接纳环境，也可能抑制流动人口融入当地社会。积极的群际接触有助于直接减少偏见和增加信任，还可以通过减少内群体对群际威胁的感知间接增加群际信任。[4] 也就是说，当地居民和流动人口之间的接触往往是群际态度的重要作用因素。人们希望城市和社区文化是多元的，以满足不同群体的需求并保持发展的活力。不同民族流动人口也会在社区的不同居民中寻求重建社会关系，从而有助于增加相互理解和宽容，这可能导致他们比当地居民有更强的社区依恋。[5]

城市社区是不同民族居民共存和共同行动的基础环境，社区依恋感常被作为衡量流动人口心理融入的重要指标。社区依恋可以促进形成稳定、亲密和安全的社区环境，降低居民搬离社区的可能，增强成员对社区的忠

---

[1] Górny, A., and Toruńczyk-Ruiz, S. 2014. "Relative Deprivation and the Diversity Effect in Explaining Neighbourhood Attachment: Alternative or Complementary Mechanisms", *Urban Studies*, 52 (5), pp. 984–990.

[2] Flagg, C., and Painter II, M. 2019. "White Ethnic Diversity in Small Town Iowa: a Multilevel Analysis of Community Attachment", *Area*, 51, pp. 72–83.

[3] Wu, R., Huang, X., Li, Z.-G., Liu, Y. and Liu, Y.-Q. 2019. "Deciphering the Meaning and Mechanism of Migrants' and Locals' Neighborhood Attachment in Chinese Cities: Evidence from Guangzhou", *Cities*, 85, pp. 187–195.

[4] Schmid, K., Al Ramiah, A., and Hewstone, M. 2014. "Neighborhood Ethnic Diversity and Trust: the Role of Intergroup Contact and Perceived Threat", *Psychological Science*, 25 (3), pp. 665–674.

[5] Finney, N., and Jivraj, S. 2013. "Ethnic Group Population Change and Neighbourhood Belonging", *Urban Studies*, 50 (16), pp. 3323–3341.

诚，巩固社区的团结，继而产生亲和力或"我们感"（We-feeling）。[1] 广东工业大学人文地理学者吴蓉等认为，依恋感的形成有助于提升社区的接纳能力。当人们与对他们有意义的场所形成了情感纽带之后，一个熟悉的环境将为个体提供保护，满足他们的基本需求，进而导致个体对这一环境的依恋。大多数情况下，这种依恋是积极的，以归属感的形式存在。[2] 英国基尔大学城市研究学者 Pemberton 等则将接纳和依恋置于地点营造（Place-making）的理想模型当中。第一阶段，流动人口愿意基于一个地点构建认同感；第二阶段，流动人口不受排斥，与该地点建立联系，使这些地点能够成为他们的代表；第三阶段，流入地政府、各类组织积极参与流动人口的地点营造，形成接纳性的环境；第四阶段，不断进入的流动人口与流入地的关系日益密切，并能维持依恋感。[3] 所以，依恋感是社区凝聚力和社区融合的"锚点"（Anchor）。[4] 在新型城镇化过程中，对依恋感的培养有助于社区建设，也有助于流动人口适应城市新环境。[5]

如果强调社区依恋是通过社区成员之间的相互联系建立并维持的，那么依恋感肯定会受到流动人口个体相关因素（如经济社会地位、居住时间、住房所有权、年龄、职业、收入、受教育程度以及家庭和子女情况等），以及邻里交往、社区多样性、社交网络、安全等因素的影响。但同时，社区的物理环境（如道路布局、基础设施、绿化等）和功能也会作用于依恋感的产生。[6] 一项关于西安回民街的研究就提出，可以在传统建

---

[1] Pollini, G. 2005. "Elements of a Theory of Place Attachment and Socioterritorial Belonging", *International Review of Sociology*, 15（3），pp. 497 – 515.

[2] Wu, R., Li, Z. - G., Liu, Y., Huang, X., and Liu, Y. - Q. 2019. "Neighborhood Governance in Post-reform Urban China: Place Attachment Impact on Civic Engagement in Guangzhou", *Land Use Policy*, 81, pp. 472 – 482.

[3] Pemberton, S. and Phillimore, J. 2018. "Migrant Place-making in Super-diverse Neighbourhoods: Moving Beyond Ethno-national Approaches", *Urban Studies*, 55（4），pp. 733 – 750.

[4] Qiu, J. - J., Liu, Y. - H., Xian, S., Song, L. - J., and Ru, X. - L. 2020. "'Plural Reciprocity' vs. 'Acquaintance Society': Place Attachment and Residential Satisfaction Under Development-induced Resettlement Differences in Guangzhou, China", *Sustainability*, 12, p. 6444.

[5] 邓秀勤、朱朝枝：《农业转移人口市民化与地方依恋：基于快速城镇化背景》，《人文地理》2015 年第 3 期。

[6] Lin, S. - N., Wu, F. - L., and Li, Z. - G. 2020. "Beyond Neighbouring: Migrants' Place Attachment to Their Host Cities in China", *Population Space and Place*, e2374.

筑特色、传统建筑材料、特色食品等方面营造社区依恋感。[1] 有关开封回族社区的研究发现，围寺而居、依坊而守、依坊而商的传统对社区依恋产生了影响。[2] 另外，对中国的城市流动人口来说，户籍等制度因素也与社区依恋有关。[3] 因此，有学者将社区依恋的影响因素大体分为社区的社会供给、社区的开放程度和社区的环境美感3个方面，也就是说，社区的服务质量越好，开放程度越高，美感越好，居民对社区的依恋程度就越强。[4]

综上可知，学术界对社区依恋的研究不断深入，在概念内涵、衡量指标、影响因素等方面都形成了较为成熟的理论观点。相比较，国内学术界有关社区依恋的研究起步较晚，理论本土化不足，质性研究与量化研究的结合不够。[5] 从本书所关注的问题看，城市社区对流动人口的接纳实质上也是协调人地关系的一个方面，其中必然涉及各民族流动人口的社区依恋。在流动性更强和更加多样化的今天，流动人口的依恋感可能不再局限于单一的地点，而且每个人对特定地定的依恋程度也会有所不同。[6] 因此，有必要对这一问题进行探讨，借助系统评价的方法考察各类因素对社区依恋的影响，从而更好地促进城市社区接纳流动人口。本次系统评价的目的是回答哪些与民族相关的因素影响了流动人口对所在的城市社区产生依恋，进而可以采取哪些相应的措施提升各民族流动人口的社区依恋感。

二 文献检索与筛选

纳入标准采用SPIDER模型：①研究对象——城市社区中的各民族流动人口；②研究内容——流动人口的社区依恋；③研究设计——数据分

---

[1] 张中华、焦林申：《城市历史文化街区的地方感营造策略研究——以西安回民街为例》，《城市发展研究》2017年第9期。

[2] 艾少伟、李娟、段小微：《城市回族社区的地方性——基于开封东大寺回族社区地方依恋研究》，《人文地理》2013年第6期。

[3] 吴蓉等：《广州城市居民地方依恋测度与机理》，《地理学报》2019年第2期。

[4] Orth, J. Drivers of Community Attachment: an Interactive Analysis. *Computational Statistics*, 34, pp. 1591–1611.

[5] 吴晓林、谭晓琴：《破解"陌生人社区"困境：社区归属感研究的一项评估》，《行政论坛》2020年第2期。

[6] Du, H.-M. 2017. "Place Attachment and Belonging among Educated Young Migrants and Returnees: the Case of Chaohu, China", *Population Space and Place*, e1967.

析、访谈、观察等；④评价内容——影响社区依恋的民族相关因素；⑤研究类型——定量、定性和混合研究。

排除标准：①研究综述；②重复文献；③除中英文以外的文献；④非民族因素的分析文献。

英文检索式：attachment AND（community OR neighborhood OR ethnic OR migrant OR immigrant）。2020年12月3日，标题检索Web of Science数据库，共获得英文文献336篇。

中文检索式：依恋 AND（社区 OR 地方 OR 民族）。2020年12月3日，篇名精确检索中国知网（CNKI）共获得中文文献312篇。

根据纳入与排除标准，由两名研究员背靠背阅读检索的文献题目、摘要和全文进行筛选。筛选后获得文献10篇并纳入质量评价与资料提取。

三 质量评价与资料提取

由两名研究员背靠背对所纳入文献的质量进行评价，并对作者、时间、地点、样本和结果等资料进行提取（见表5—1）。由于本次纳入的文献基本上都采用了较大的数据样本，研究方法运用合理，研究设计和研究结论清晰，参考CASP清单和证据金字塔，给予全部10篇文献高质量等级。

表5—1　　　　　　　　资料提取结果（$N=10$）

1	Greif[①]	时间	2009年
		研究地点	洛杉矶
		样本特征	西班牙裔925人，亚裔297人，白人948人，非洲裔241人。2001年数据
		研究方法	模型分析
		主要结论	尽管各民族流动人口在一定程度上减少了当地居民的社区依恋，但在许多情况下，社区的民族构成并没有对社区依恋产生显著影响。较低的经济社会地位是影响各民族流动人口社区依恋的最主要因素

---

① Greif, M. 2009. "Neighborhood Attachment in the Multiethnic Metropolis", *City and Community*, 8 (1), pp. 27 – 45.

续表

2	Livingston 等①	时间	2010 年
		研究地点	曼彻斯特
		样本特征	39 人，男性 10 人和女性 29 人，其中少数民族 5 人。2006—2007 年数据
		研究方法	深度访谈
		主要结论	社会网络和安全感是影响社区依恋最重要的因素，功能性因素的影响较弱或缺失。社区住房流转和民族构成的快速变化导致了焦虑的增加和依恋的减少。在贫困地区，依恋的产生并非由系统因素主导，而是非常依赖环境因素
3	Toruńczyk-Ruiz②	时间	2013 年
		研究地点	毕尔巴鄂、里斯本、萨洛尼卡、华沙
		样本特征	本地居民 1420 人，各民族流动人口 1077 人。2009—2010 年数据
		研究方法	模型分析
		主要结论	生活在多民族环境中的当地人更重视自己与整个城市的关系，而流动人口则更关注他们的邻里关系，进而形成社区依恋。当环境特征不利于他们与邻里形成牢固的联系时，不同民族流动人口比当地人更容易对他们居住的社区产生依恋感
4	Górny 等③	时间	2014 年
		研究地点	毕尔巴鄂、里斯本、鹿特丹、萨洛尼卡、维也纳、华沙
		样本特征	本地居民 1853 人，各民族流动人口 1559 人。2009—2010 年数据
		研究方法	模型分析

---

① Livingston, M., Bailey, N., and Kearns, A. 2010. "Neighbourhood Attachment in Deprived Areas: Evidence from the North of England", *Journal of Housing and the Built Environment*, 25, pp. 409 – 427.

② Toruńczyk-Ruiz, S. 2013. "Neighbourhood Attachment and City Identity in Ethnically Mixed Areas: Comparison of Natives and Migrants in Four European Cities", *Estudios de Psicología*, 34 (3), pp. 339 – 343.

③ Górny, A., and Toruńczyk-Ruiz, S. 2014. "Neighbourhood Attachment in Ethnically Diverse Areas: the Role of Interethnic Ties", *Urban Studies*, 51 (5), pp. 1000 – 1018.

续表

4		主要结论	社区民族多样性的提高往往会降低邻里凝聚力，即社区依恋水平。个体处理民族多样性方面的经验能够调节社区多样性与社区依恋之间的关系。对当地居民而言，具有族际交往关系可以抵消民族多样性对社区依恋的副作用。而对各民族流动人口来说，没有族际交往关系可以抵消民族多样性对社区依恋的副作用
5	Kohlbacher 等①	时间	2015 年
		研究地点	维也纳
		样本特征	本地居民 300 人，各民族流动人口 300 人。2009—2010 年数据
		研究方法	模型分析
		主要结论	剥夺感在减少个体对社区的依恋上起着一定的作用，人口因素与社区依恋的相关性几乎不存在。当一个社区中亲密关系的数量增加时，依恋程度也会增强。流动人口与当地居民及其他流动人口的日常交往可以改变他们的依恋感，民族间的弱关系促进了流动人口对社区的依恋。而且，社区的空间条件越好，社区居民的依恋程度就越高
6	Toruńczyk-Ruiz 等②	时间	2016 年
		研究地点	华沙
		样本特征	当地居民 274 人。2014 年数据
		研究方法	模型分析
		主要结论	感知民族多样性与社区依恋正相关，兴奋情绪在两者的关系中起中介作用
7	王舒媛等③	时间	2017 年
		研究地点	西安
		样本特征	各民族流动人口 209 人。2016 年数据

---

① Kohlbacher, J., Reeger, U., and Schnell, P. 2015. "Place Attachment and Social Ties-migrants and Natives in Three Urban Settings in Vienna", *Population, Space and Place*, 21, pp. 446–462.

② Toruńczyk-Ruiz, S., and Lewicka, M. 2016. "Perceived Social Diversity and Neighbourhood Attachment: the Role of Intergroup Ties and Affective Appraisals of the Environment. Evidence from Poland", *European Journal of Social Psychology*, 46, pp. 818–832.

③ 王舒媛、白凯：《西安回坊旅游劳工移民的地方依恋与幸福感》，《旅游学刊》2017 年第 10 期。

续表

7		研究方法	模型分析
		主要结论	旅游劳工移民的社区依恋由宗教依恋、物质依恋、社交依恋构成。其中，宗教依恋对主观幸福感的影响最大，物质依恋的影响次之，社交依恋的影响最小
8	Wang 等①	时间	2018 年
		研究地点	英格兰
		样本特征	31421 名英国白人、巴基斯坦裔、孟加拉裔、印度裔、非洲裔和加勒比裔。2011—2012 年数据
		研究方法	模型分析
		主要结论	生活在同族密度较高社区的不同民族并不比白人有更强的社区依恋。各民族不再过分依赖飞地并不意味着他们在居住方面实现了融入，应注意区分各民族流动人口的居住混合与居住融入
9	Málovics 等②	时间	2019 年
		研究地点	塞格德
		样本特征	罗姆人，男性 5 人和女性 21 人
		研究方法	半结构化访谈
		主要结论	社会关系和社区特征是依恋的重要决定因素，但是这种影响会产生双重效应
10	Toruńczyk-Ruiz 等③	时间	2020 年
		研究地点	华沙
		样本特征	509 名乌克兰裔。2016 年数据
		研究方法	模型分析

---

① Wang, S. -H., and Ramsden, M. 2018. "Revisiting the 'Parallel Lives' Thesis: Neighbourhood Attachment and Residential Integration of Ethnic Minorities in England", *Population Space and Place*, e2156.

② Málovics, G., Cretan, R, Berki, B., and Toth, J. 2019. "Urban Roma, Segregation and Place Attachment in Szeged, Hungary", *Area*, 51, pp. 72 – 83.

③ Toruńczyk-Ruiz, S., and Brunarska, Z. 2020. "Through Attachment to Settlement: Social and Psychological Determinants of Migrants' Intentions to Stay", *Journal of Ethnic and Migration Studies*, 46（15）, pp. 3191 – 3209.

| 10 | 主要结论 | 各民族流动人口与当地居民的联系对定居意愿没有直接影响，但可以通过社区依恋产生间接影响。与当地居民有一些紧密联系的流动人口对城市的依恋程度更高，这反过来又增加了他们的定居意愿。情感型社会资本与社区依恋正相关，但只对循环式的流动人口起作用。工具型社会资本与社区依恋或定居意愿无关 |

四 资料合成与讨论

考虑到关键概念的分布较为广泛，为了获取更高层次的理论诠释，资料合成使用元民族志方法。两名研究员通过对文献内容和观点的全面理解，从10篇文献中共识别出11个一级概念（见表5—2）。在二级解释过程中，经过相似转化分析和对立分析综合，11个一级概念大致可以分为4个类别。

表5—2　　　　　　　　一级概念的识别（$N=10$）

		1	2	3	4	5	6	7	8	9	10
经济	经济社会地位	√									
	剥夺感					√					
人口	民族构成	×	√		√	×	√		×		
	住房流转		√								
功能	物质空间		×			√		√		√	×
	安全		√								
	宗教							√			
关系	社会网络		√	√							
	邻里关系			√							
	族际关系					√	√				√
	社会交往							√		√	

注：与各民族流动人口社区依恋正相关的概念以√表示，负相关或无关的概念以×表示。

第一，经济类别，包括经济社会地位和剥夺感。如果城市和社区中存在着不同群体或个体的经济社会不平等，那么由此产生的相对剥夺感会降低各民族流动人口的社区依恋。当然，这种比较的结果取决于参照对象是谁。以不同的对象为参照，不同民族流动人口感知到的经济社会不平等和相对剥夺感就会发生变化。

第二，人口类别，包括民族构成和住房流转。尽管大多数研究发现民族多样性会削弱居民的社区依恋。然而，这种影响并不直接来自社区居民的民族构成本身，而在于社区居民如何看待民族多样性。一方面，社区居民可能会对民族构成、住房流转带来的社区人口变化和社区环境变化感到不安。另一方面，多样的环境往往比单调和同质的环境更具吸引力，在不影响社区成员实际利益的情况下，人口多样性的环境也可能会引发居民的积极情绪。所以，关注的重点应是各民族流动人口和当地居民对多样性的态度差异。一般来说，流动人口的流动行为本身说明他们可能比当地居民更偏好多样性。

第三，功能类别，包括物质空间、安全和宗教。社区作为一个特定的地点，应该要满足流动人口吃住用行等方面的需求，尤其是关于不同民族风俗习惯方面的特殊需求，并为他们开展相关的社会活动提供平台。因此，社区的环境越好，所提供的服务越好，就越可能增进各民族流动人口对社区的依恋。但是，功能性依恋只是社区依恋的基本内容之一，而不是全部。在某些情况下，功能类别对不同民族流动人口社区依恋的影响相对较弱。

第四，关系类别，包括社会网络、邻里关系、族际关系和社会交往。对于各民族流动人口来说，城市社区是一个弱关系环境，同并不熟悉了解的当地居民建立日常联系是他们获得社会资源、建立社会网络、积累社会资本并减少对强关系依赖的关键途径。所以，与谁建立关系、关系的强度如何、怎样通过社区发生关系等问题就作用于社区依恋感的形成。

在资料合成过程中发现，所纳入文献的研究地点以欧洲为主，同时包括中国和美国，研究对象囊括了各国主要的流动人口群体，个别文献涉及第二代流动人口。借助系统评价证据分级工具 CERQual 进行分析，4 个类别总体上方法学局限性较小、相关性高。经济类别虽然结果一致性较好，但是数据充分性不足。人口类别和功能类别虽然数据充分性较好，但是结果一致性不足。关系类别中，第3、4、6、10号文献均为波兰华沙大学心理学者Toruńczyk-Ruiz对华沙等地的研究成果，在一定程度上影响到数据充分性和结果一致性。因此，仅就本次系统评价所纳入的研究证据来看，最终评定4个类别的信度均为中。

社区通过积极接纳各民族流动人口，满足其在生理和心理上的需求，并促进相互信任、相互尊重，那么各民族流动人口可能会表现出强烈的社区依恋，从而与社区结成紧密的联系。所以，高水平的社区依恋对各民族流动人口的城市融入有着积极意义。在流动人口社区依恋影响因素的系统评价中，经济类别的证据强调了从不同民族流动人口个体和群体的角度，也就是从"人"考察依恋感。人口类别和功能类别的证据强调了从物质和社会环境的角度，也就是从"社区"考察依恋感。关系类别强调了从人与社区相互联系的角度，也就是从"过程"考察依恋感。这一过程是动态的和渐进的，各民族流动人口首先因基本需求的满足而对社区产生功能性的依赖，进而在邻里关系、族际关系和社会关系的互动中增强同社区人与物的情感联系，并在认知层面形成对社区的认同感，最终选择扎根于社区。同时需要注意的是，这一过程是复杂的。一种情况是，流动人口几乎不与社区发生联系，而是倾向于依靠同族关系或社区外部关系。在这种情况下，流动人口的社区依恋较低，但可能不会对社区内当地居民的依恋感造成影响。另一种情况是，流动人口同社区的联系是广泛的，族际交往和社区内部交往频繁，较少依赖同族关系。在这种情况下，流动人口的社区依恋较高，但可能会对社区内部分当地居民的依恋感造成影响。当然，实际状况通常介于这两种极端情况之间，需要在实现接纳和融入的过程中达成某种平衡。

综上，仅就本次系统评价所纳入的研究证据来看，本书通过三级综合的发展形成了各民族流动人口社区依恋的证据解释框架（见图5—1）。社区依恋是一个综合概念，包含着基于行为、情感、互动、认知的各民族流动人口和城市社区之间的联系，民族相关因素对社区依恋的影响是在这种联系的实践过程中随时间推移产生的。

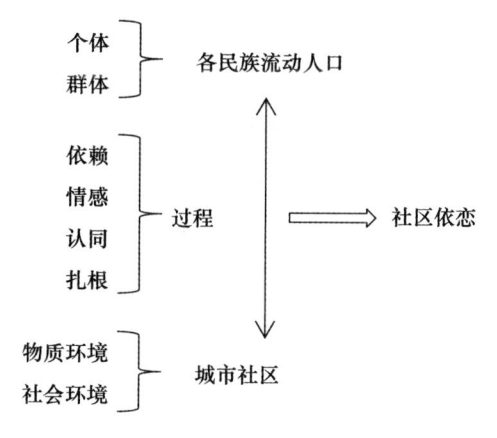

图 5—1　流动人口社区依恋影响因素的证据解释框架

第二节　民族团结进步示范区创建的系统评价

一　构建问题

习近平总书记在全国民族团结进步表彰大会上的讲话深刻总结了中华人民共和国成立 70 年以来民族团结进步事业的成就和经验,指明了前进的方向,尤其强调要把民族团结进步事业作为基础性事业抓紧抓好。这是做好新形势下民族工作,全面深入持久开展民族团结进步创建工作的根本遵循。那么,适应新时代发展的历史方位,如何进一步做好创建工作就成为广大民族工作者应该思考和回答的重大命题。

党和国家始终高度重视民族团结进步创建,在强化顶层设计、提高质量和扩大覆盖面、加强民族政策宣传教育、注重培育示范典型、严格依法治理、加强理论研究等方面出台了许多举措,[①]"中华民族一家亲,同心共筑中国梦"成为新时代我国民族团结进步事业的生动写照。同时,中共中央办公厅、国务院办公厅印发的《关于全面深入持久开展民族团结进步创建工作　铸牢中华民族共同体意识的意见》指出,要看到新形势下创建工作仍存在体制机制不健全、载体方式不适应等薄弱环节,要坚持

[①]　隋青等:《我国民族团结进步创建的实践》,《民族研究》2018 年第 6 期。

以铸牢中华民族共同体意识为根本方向，以加强各民族交往交流交融为根本途径，提升民族团结进步创建工作水平。

由此可见，开展这项基础性的系统工作需要我们不断"做"，在实践中巩固显著成效，创新方式方法；也需要我们不断"学"，在研究中探寻社会团结规律，总结各地民族团结进步创建工作的积极效果与特色经验；[1]更需要我们不断"做中学"，聚焦民族团结进步实践研究的成果转化。然而，总的来说，当前的实践成果存在"重创建，轻示范"的问题，对具体做法介绍较多，对背景机制分析较少；研究成果存在"重个案，轻综合"的问题，对局部现象阐述深入，对整体规律把握不足。这就造成了政策实践和政策研究之间的供需不匹配，两类成果相互联系和支撑的效应比较薄弱，制约了"做中学"环节的改善。中国社会科学院民族学与人类学研究所同国家民委监督检查司联合编辑出版的《中国民族发展报告（2018）：民族团结进步创建》[2]虽在一定程度上弥补了这一缺憾，但远未改变整体困境。不难发现，对于民族团结进步创建实践和研究的理念方法创新不足是造成上述情况的原因之一，传统的理念方法难以对各地多样化的实践经验进行综合研究，也缺乏促进实践和研究成果相互转化的路径。因此，这就为循证理念和方法在民族团结进步创建中的应用提供了较为广阔的空间。

第二次世界大战后，循证首先在医学领域得到了很好的应用，并于20世纪80年代开始影响社会科学研究和社会政策制定。2000年以来，循证教育、循证社会工作、循证管理等分支的兴起进一步拓展了循证实践的空间。尽管学界对基于证据的政策制定和实施，乃至"循证+治理"的新思潮[3]仍存在着诸多讨论和争议，[4]但民族团结是我国民族工作的主要政策聚焦点，[5]

---

[1] 王延中：《对如何认识和做好民族团结进步创建工作的几点思考》，《中国民族报》2019年3月22日第5版。

[2] 王延中、隋青：《中国民族发展报告（2018）：民族团结进步创建》，社会科学文献出版社2018年版，第1—24页。

[3] Parkhurst, J. 2017. *The Politics of Evidence: From Evidence-based Policy to the Good Governance of Evidence*, pp. 105 – 174. London and New York: Routledge.

[4] 王学军、王子琦：《从循证决策到循证治理：理论框架与方法论分析》，《图书与情报》2018年第3期。

[5] 郝亚明、赵俊琪：《改革开放以来中国民族政策的变迁——基于共词分析方法和政策工具的视角》，《中南民族大学学报》2018年第3期。

属于循证政策和决策的研究范畴。其次，各地在开展民族团结进步创建的长期实践中总结了许多经验，学界对民族团结进步创建的研究也形成了丰富成果，从而保证了证据的来源和数量。再次，循证在相关领域以及涉及民族、族群关系方面的前期运用为创建工作的循证创新提供了借鉴。因此，完全可以借助循证及其核心方法系统评价，从新时代民族团结进步创建工作已有成果中提炼出最为有效的证据，形成对传统理念方法的有机补充，为全面深入持久做好创建工作提供科学决策的依据。

考虑到社区的民族团结进步创建工作同所在城市、街道等有着直接和密切的关联，为了保证研究的全面性，本次系统评价针对党的十九大以来全国省、市、县、乡、村五级地方做好民族团结进步创建工作的有效性而展开，即各地在实践中有哪些做法、措施、方式等和相关研究的成果应用取得了良好的干预改进效果。

二 文献检索与筛选

纳入标准采用 SPIDER 模型：①研究对象——省、市、县、乡、村五级地方；②研究内容——民族团结进步创建工作的开展情况；③研究设计——使用访谈、案例、观察、问卷等研究方法；④评价内容——创建工作有效开展的举措；⑤研究类型——定性研究。

排除标准：①研究综述；②重复文献。同时，"民族团结进步创建"具有鲜明的中国语境，党的十九大作出了中国特色社会主义进入新时代的重大判断，标志着民族团结进步创建工作进入新的历史阶段。因此，本次系统评价又制定了两项排除标准；③外文文献；④发表于十九大之前的文献。

根据所构建的问题及纳入排除标准，考虑到"民族团结进步创建工作"常与民族团结、民族团结进步、民族团结进步创建等同义使用，因此确定检索词：民族团结，确定发表时间：2017 年 11 月 1 日—2020 年 3 月 28 日。篇名精确检索中国知网（CNKI）后，共获得文献 1701 篇。由两名研究员背靠背阅读检索的文献题目、摘要和全文进行筛选后获得文献 140 篇并纳入质量评价（见附录）。

三 质量评价与资料提取

由两名研究员背靠背使用 CASP 中的定性评价清单对纳入文献的研究风险偏倚进行评价（见表5—3）。

表5—3　　　　　质量评价结果（$N=140$）　　　　　单位：篇

评价条目	是	无法确定	否
1. 是否清楚地描述了研究的目的？	140	0	0
2. 应用定性研究的方法是否恰当？	140	0	0
3. 研究的设计是否适合于解决研究问题？	32	108	0
4. 研究对象的招募策略是否恰当？	140	0	0
5. 资料收集方法能否解决研究的问题？	23	117	0
6. 是否充分考虑了研究者与参与者之间的关系？	0	0	140
7. 是否充分考虑了伦理问题？	0	0	140
8. 资料分析是否足够严谨？	27	113	0
9. 是否清楚地描述了研究的结果？	140	0	0
10. 研究有多大的价值？	128	12	0

由两名研究员背靠背对所纳入文献的题目、作者、地点（见表5—4）、对象、方法和结果等资料进行提取，研究结果的提取紧扣系统评价所构建的问题进行。

表5—4　　　　　研究地点分析（$N=140$）　　　　　单位：篇

地点	云南 39 湖北 20 内蒙古 18 青海 15	西藏 8 广西 6 宁夏 6 黑龙江 5	新疆 4 湖南 3 甘肃 3 河南 2	北京 2 江苏 2 贵州 2 广东 2	上海 1 四川 1 吉林 1

四 资料合成与讨论

由两名研究员背靠背运用主题合成法对所纳入文献提取描述性主题，进而将类似的描述性主题编码合成为分析性主题，最终形成五级地方的综合结果（见表5—5）。

表5—5 各级地方的综合结果 单位：项

	省级221	市级246	县级200	乡级49	村级33
1	工作体系52	工作体系82	工作体系63	经济民生13	工作体系8
2	经济民生50	经济民生45	经济民生51	工作体系10	经济民生7
3	宣传教育28	宣传教育30	宣传教育23	宣传教育7	民族关系4
4	理念思路19	理念思路22	民族文化15	民族关系4	民族文化3
5	典型示范18	民族文化18	理念思路15	民族文化4	宣传教育3
6	法治18	典型示范16	典型示范11	典型示范3	公共服务3
7	民族文化15	社区和流动人口14	生态7	公共服务3	典型示范2
8	专题活动5	法治12	民族关系7	专题活动3	生态1
9	边疆安全5	边疆安全2	公共服务5	宗教1	专题活动1
10	宗教5	宗教2	边疆安全1	生态1	居民素质1
11	社区和流动人口5	专题活动2	宗教1		
12	生态1	生态1	居民素质1		

注：表格中的数字代表各级地方和各综合结果所含的描述性主题数量。

1. 各级地方的10项综合结果具有较高的相似性

第一，重视工作体系建设——成立领导小组，实施"一把手"工程；党委统一领导、党政齐抓共管、统战民宗部门综合协调、社会各界广泛参与；出台相关工作的规划、意见、办法等；建立健全多个层级的协调、激励、监督、考评等机制；突出党建引领；工作重心下沉；实现创建工作"N进"全覆盖；加强工作队伍和基层组织建设；加强省部、区域等多层面的共建；推动民族事务治理现代化。

第二，促进经济民生发展——推动产业结构调整，培育特色优势产业，尤其是打造民族旅游品牌；发挥专业合作组织的作用，拓展致富惠民平台；完善基本公共服务体系，做好教育、住房、医疗、社会保障等民生项目；完善基础建设；加大财政和金融支持力度，提高转移支付权重；结合乡村振兴、兴边富民、特色村镇建设、扶持人口较少民族发展、易地搬迁、对口支援等多维举措决战脱贫攻坚；重视民族教育和国家通用语言文字教育。

第三，加强宣传教育——将社会主义核心价值观、中国梦、爱国主义、思想政治、德育教育等同民族团结宣传教育相结合；开展党的民族理论政策学习培训；实现宣传教育的常态化、实效化、项目化、立体化；重视学校、教育基地的作用；挖掘宣传教育品牌；注重民族文化的载体作用；推进"互联网+"。

第四，明确理念思路——落实党的民族政策；突出特色，增强实际工作的地方属性；加强统筹协调和资源整合；注重融合创新，与其他共建创建活动相结合。

第五，发挥典型示范作用——分类别、各层次、多途径树立示范典型和品牌，以点带面提升效果。

第六，弘扬中华优秀文化——保护文化遗产；打造文化精品；推动文化产业化、品牌化；树立和突出各民族共享的中华文化符号和中华民族形象。

第七，开展专题性活动——举办富有特色的多种形式的群众性交流活动；贴近实际，贴近生活。

第八，促进宗教和谐——加强对宗教活动场所的精准化管理；加强对宗教人士的教育引导。

第九，注重生态建设——防治污染；挖掘民族生态文化；实施生态富民，实现绿色发展。

第十，关注边疆安全——促进民族团结和边防巩固的结合；实行军地、军警民联合稳固边疆。

2. 各级地方的5项综合结果具有一定的差异性

第一，省、市两级着重于完善民族政策法规，夯实创建工作的法理基础，推进民族事务治理法治化，故合成的综合结果为加强法治化建设。

第二，县、乡、村三级侧重于维护社会稳定，在基层社会治理中妥善处理涉及民族因素的矛盾纠纷，故合成的综合结果为注重协调民族关系。

第三，省、市两级强调整体上把社区作为基础，依托网格化加强各民族流动人口服务管理，建立各项城市民族工作机制，故合成的综合结果为重视社区和流动人口工作。

第四，县、乡、村三级关注具体通过服务中心、网络化、联系点等方式，向各族群众提供均等化且有针对性的公共服务，故合成的综合结果为增强公共服务能力。

第五，县、村两级的个别分析性主题显示要注意提升群众的综合素质。

在文献的筛选和评价过程中发现，绝大多数现有成果为工作总结或工作报告，即各地民族团结进步创建实践者产出的绩效数据，缺乏研究者围绕民族团结进步创建产出的科学研究、评价和统计数据。而工作总结或报告的形式基本没有或较少呈现研究设计、资料收集方法、研究者与参与者关系、伦理、资料分析等内容，所以造成了质量评价中问题3、5—8的结果基本为无法确定或否，对证据的总体质量产生了一定影响。考虑到这一情况的普遍，本书适当降低了相关问题的参考权重，并以问题10的评价结果反映证据的质量。

在资料提取过程中发现，所纳入的文献反映了19个省（区、市）的情况，其中既包括了5个自治区以及云贵川青甘等省份，又涉及全国各区域的省份，还涉及各级地方的不同类型，这充分说明本次系统评价有较好的代表性。同时，所纳入文献的对象集中在省、市、县三级，以市级地方数量最多，说明"市"是当前民族团结进步创建工作的重点层级。无论从文献总数还是各级地方的文献数来看，均以云南的为最多，说明云南各级的民族团结进步创建工作引起了广泛关注。存在局限性的是，直辖市与省、区，街道办与县、乡，社区与村之间有着一定的区别，本书仅从行政地位进行分级，而没有兼顾类型差异，可能对综合结果产生影响，需要在进一步的研究中加以完善。

综合结果显示，重视工作体系建设、促进经济民生发展、加强宣传教育的描述性主题数量在省、市、县、乡四级都居于前3位，表明这3个方面的举措是各级地方开展民族团结进步创建工作中最有成效的经验证据，体现了对做好创建工作的重要性。综合结果还显示，流动人口和社区方面的工作更受市级地方的重视，这符合当前城市各民族流动人口数量增加和社区民族工作强化的实际情况。生态方面的工作更受县级地方的重视，这与研究所涉及的县级地方多位于中西部地区和生态屏障区有关。

尽管分为五级地方进行系统评价，但是最终的合成结果显示各级地方的经验证据具有较高的同质性，不同层级和地方的特点并不十分凸显，这在一定程度上反映出当前各地的创建工作规定动作居多，自选动作偏少，示范效应较弱。同时表明，由于涉及政治、经济、社会、文化、生态等方方面面的内容，创建工作的拓展创新面临一定的困难和挑战。另外，该结果也与本次系统评价没有针对城乡、东西部、自治非自治等因素进行分类合成有关。这一局限也需要通过后续研究加以改进。

借助定性系统评价证据分级工具 CERQual 对综合结果的方法学局限性、相关性、结果一致性、数据充分性进行分析。仅就本次系统评价所纳入的研究证据来看，最终评定市级和县级两项综合结果的信度为高，省级、乡级和村级三项综合结果的信度为中（见表5—6）。

表5—6　　　　　　　　　　综合结果的信度分级

	纳入研究	评级解释	信度分级
省级综合结果	38个	7个研究的质量偏低。研究涉及北京、广西、贵州、黑龙江、湖北、湖南、内蒙古、宁夏、青海、上海、四川、西藏、新疆和云南14个地方（7个省、5个自治区、2个直辖市），资料比较充分，相关性高，一致性高	中
市级综合结果	50个	2个研究的质量偏低。研究涉及广东、广西、黑龙江、湖北、湖南、吉林、江苏、内蒙古、宁夏、青海、西藏、新疆和云南的45个地方（29个市、13个自治州、2个地区、1个盟），资料比较充分，相关性高，一致性高	高
县级综合结果	36个	2个研究的质量偏低。研究涉及北京、甘肃、广西、河南、黑龙江、湖北、内蒙古、青海、西藏和云南的31个地方（26个县、自治县、旗，4个市辖区，1个直辖市街道办），资料比较充分，相关性高，一致性高	高
乡级综合结果	9个	1个研究的质量偏低。研究涉及湖北、内蒙古、宁夏、青海、西藏、新疆和云南的9个地方（3个乡、5个镇、1个街道办），资料有限，相关性高，一致性高	中

续表

	纳入研究	评级解释	信度分级
村级综合结果	7个	0个研究的质量偏低。研究涉及西藏和云南的14个地方（11个村、3个社区），资料有限，相关性高，一致性高	中

第三节 典型社区流动人口工作机制的比较调查

一 "点对点"式工作机制

通过调研发现，各地流动人口工作的共同特点是重在基层、立足社区，具体呈现出两种基本的工作机制。第一种是由社区自我服务管理本社区内的各民族流动人口，可以概括为"点对点"式工作机制。

1. 华强社区："一二三四"工作法

安徽省芜湖市鸠江区湾里街道华强社区成立于2010年4月，面积0.27平方公里，辖区居民约1万人。

华强社区探索形成了"一库、二网、三访、四结合"工作法。"一库"即各民族居民信息库。依托"一站通平台"实现了各民族居民基本情况信息全覆盖，为联系和服务各民族居民提供了有力的信息支撑；"二网"即民族工作组织管理网和服务管理网。由党委书记牵头、居委会工作人员组成社区工作小组，建立了民族工作组织管理网络。按照社区网格分布，在各片区建立了以居民小组为单位的服务管理网络。"三访"即春节、中秋、端午三必访。将三大节日固定为各民族居民走访日，通过登门拜访、召开座谈会、茶话会等形式让各民族居民一同感受节日的氛围，适时了解各民族居民的思想和生活状况，及时帮助协调解决相关问题。"四结合"即坚持民族工作与民族团结宣传教育、社区文体活动、政策服务、困难救济相结合。将民族工作融入社会管理事务，保持常态化。

2019年以来，华强社区在前述民族工作法的基础上，以党建为引领，重点开展了"红橙黄绿青蓝紫——七彩梦·石榴情"品牌建设。一是先后成立了"火凤凰"合唱团、"凤飞舞"广场舞队、"墨宝斋"书法工作室、"红润"宣讲团、"太和社"太极拳辅导站、"俏夕阳"戏曲表演队、"百灵鸟"青少年文艺队、"梦之友"乒乓球队和"悦老"康乐棋队九支群众性文体活动队伍。同安徽工程大学、皖南医学院护理学院建立共建关系，拓展社会资源。邀请高校大学生开展座谈、联谊、文化帮扶、志愿服务等，同时为社区困难家庭和高校困难学生举行爱心捐款助学系列活动。二是充分利用各种节日、纪念日开展学习交流和文体活动，不断丰富每年5月的"邻里文化节"和每年9月的"民族团结进步宣传月"主题活动。三是融合党小组网格和原有的"二网"，实现"三网合一"共治，建立各民族社情民意档案。四是先后建成民族团结园、民族文化展示区、同心共建墙等特色景观和宣传园地。在芜湖市图书馆华强社区分馆专门设置书籍专区，成立"馨华强红色读书会"。五是推进民族工作网格化、信息化、全域化、多样化，建立基本台账，在华强社区微信公众号中开设民族情专栏，完善"民族工作直通车"服务内容。六是以"6+X"党员志愿服务队为载体，在喜事丧事、纠纷调解、看病住院、就业创业、社会保障等方面为各民族居民送关怀、送文化、送保障、送政策、送祝福、送健康。七是积极开展教育实践活动，通过智慧社区项目营造良好的舆论环境和社会氛围。

访谈记录5—1：2019年7月24日，O，女，社区工作人员。

做好流动人口服务工作，我觉得首先还是服务态度。对于来办事的群众，就是微笑服务、亲切服务。他们提出问题和需求的时候，我们能及时解答，不能解答的及时向上级反映，及时给他们反馈。社区的权限也有限，我们也会把我们能协调的告诉他们。当他们知道我们做了这么多事情之后还是没有解决，他们也能理解。我觉得这种服务工作就是相对的，你怎么对别人，别人就怎么对你。

现在社区都是零距离服务，每个人都是窗口。因为社区工作是不分家的，现在就是"一事多用"，把社区的各项工作融合在一起，达到事半功倍的效果，不是说单一地去做一件事情，通过最少的人达到最大的效果。

2. 建新社区："六联动"工作法

安徽省蚌埠市龙子湖区解放街道建新社区成立于1985年10月，面积0.75平方公里，辖区居民约1.3万人。

建新社区与13家辖区单位党组织成立社区大党委，以"党建工作联做、社区资源联享、公益事业联办、服务难题联解、精神文明联创、社区治安联防"的"六联动"工作法开展工作。一是成立党委书记任组长的社区民族工作领导小组，把民族团结进步工作纳入和谐社区建设；二是定期召开社区民族工作联席会议，向社区各民族联络员代表通报重要工作，听取意见和建议；三是分层次与各民族居民结对子，困难户必访、新迁户必访、节日必访、发生纠纷必访，完善社区基本数据信息；四是成立工作室和联谊会，并将各民族居民划分联络片区，明确片长，实行自我管理、自我服务；五是在社区服务大厅设立服务窗口，建立爱心救助帮扶中心和热线电话，成立老年大学、"社区大食堂"，围绕落实民族政策、权益保障、下岗失业、居家养老、家政等方面开展服务，积极引导、鼓励各民族居民参加志愿者活动；六是成立了"同心·惠民"工作站，拓展"党派+社区"的工作模式。民进蚌埠委在社区成立了家长学校和"四点半小课堂"，发挥界别特点，在社区开办家庭教育、急救知识等讲座，为社区儿童提供英语、美术、声乐等多方面的辅导。

访谈记录5—2：2019年7月26日，P，女，社区工作人员。

> 区里面、市里面对我们社区帮助很大，也对我们社区的工作很肯定，时常关注我们这块。现在的工作地点是2012年底搬入而来的，以前在一个非常破的房子里面，怎么可能去打造这些活动室，连我们自己的工作人员都没地方办公。现在示范社区申报成功了，经费就有了，我们就可以整合一下资源或者到辖区单位再拉点赞助，志愿者队伍就建起来了，包括大学生志愿者、党员志愿者，帮助我们解决流动人口的困难。
>
> 不同民族流动人口过来会有一些有小的问题，刚来的时候可能是生活上的，或者饮食上的、语言上的，还是需要时间帮助他们去克服的这种东西。我们社区这边有一个再就业帮扶，他们要自己创业，需要贷款，社区就尽可能地提供帮助，支持他们去创业。

3. 万众社区："12345"工作法

辽宁省大连市甘井子区泡崖街道万众社区成立于2000年12月，面积0.54平方公里，居民约1.4万人。

万众社区探索形成了"12345"工作法，即"一站式大综管家联心服务"，为各民族居民提供紧急事件联络卡，送法进家庭，倾听民意诉求，提供代管钥匙、代缴水电费、代接送孩子的服务；"两个一对一"，社区党员至少与一户居住在其附近的困难家庭建立长期联系，主动帮助解决日常生活中遇到的困难。社区党员至少与一户居住在其附近的居民建立长期联系，了解他们的需求，听取他们的呼声；"三建"，建立社区智囊团、建立教育讲师团、建立社区社会组织，引导各民族居民为社区建设发展做贡献；"四个一"，通过提供一条务工信息、奉献一份爱心、传授一项技术、带富一名群众，为各民族居民提供创业就业帮扶，提供民生救助、老龄关照、医疗卫生等方面的服务；"五个提升"，着重提升各民族居民的活动平台建设水平、法治观念、主人翁意识、文化修养、幸福生活指数，修建门球场、活动室，举办民族广场文化艺术节，开通24小时免费法律咨询服务，定期召开座谈会，组织社区健康文明督导队、治安巡逻队、看门望锁队、环保护绿队等志愿服务。

4. 万秀社区：四级网格工作法

广西壮族自治区南宁市西乡塘区北湖街道万秀社区，形成于20世纪40年代，面积0.85平方公里，辖区户籍人口约4000人，流动人口约6万人。

万秀社区依托南宁政法综治"云数据"应用平台，整合资源，建立了"总站—分站—工作室—网格"四级网格化体系，成立1个网格管理总站、6个分站、25个网格管理工作室，将全社区划分为50个网格，每位网格员都配备移动信息终端机，建立了一整套信息传输、处理和共享系统，并以此为各民族流动人口提供便民化服务。基于网格化而建立的网格信息处理系统，能够全面收集和掌握各民族流动人口的变动情况、基本信息以及他们的困难和诉求，这就为社区建立"微组织"，开通"微热线"，建设"微窗口"，实现"微心愿"，构筑"微平台"并开展村居管理、环境整治、社会治安等方面的服务提供了强有力的支撑，保障了包片负责联系机制、民族信息联络机制、互动联谊机制、部门协调联动机制的运行。

访谈记录5—3：2019年8月9日，Q，男，社区工作人员。

做好各民族流动人口的工作，我感觉最重要的是服务前置管理，这也是我们社区近些年在工作理念上的最大转变，关键是要提高社区居委会、党支部、流动站的工作能力和工作素质。人口流动好了，反过来也促进了社区的开放。

5. 明园社区："四化"工作法

江苏省南京市建邺区莫愁湖街道明园社区成立于2000年7月，面积0.15平方公里，辖区居民约1万人。

明园社区形成了"四化"工作法，即宣传教育"品牌化"，以"民族欢歌、舞动和谐、多彩生活、心心相印、和和美美"为主旋律，举办"莫愁湖民族风情节"；工作机制"规范化"，积极整合辖区内企业、学校、医院、派出所、物业、城管等资源，建立各民族流动人口台账管理制度、工作会议制度、联谊走访制度、扶贫帮困制度，定期召开居民议事会；管理工作"精细化"，划分为13个网格，建立6个网格党支部，成立以社区党委书记为主要负责人、以社区网格员及网格党支部书记为成员的民族工作领导小组，由社区民族工作专干负责日常事务性工作，到各民族居民家中发放便民服务联系卡，及时统计各民族适龄入学子女信息、就业创业信息、老年人空巢独居信息等；服务渠道"贴心化"，设立咨询受理服务窗口，提供"一站式"快捷便民服务，社区工作人员每人直接联系10户以上各民族居民，每年办实事不少于4件。

6. 胜利东街社区："12345"工作法

山西省太原市杏花岭区敦化坊街道胜利东街社区成立于2000年12月，面积0.19平方公里，现有居民约0.9万人。

胜利东街社区制定了"12345"工作法，即围绕"民族一家亲、共圆中国梦"的主题，不断完善机构组成、工作制度和运行机制，成立了工作领导小组，下设协调小组和联谊小组，建立了例会制度、学习联谊制度、突发事件处理制度、来信来访接待制度、双向服务等制度，完善了信息库，和公安派出所、驻地单位建立了联系制度；设立了民族团结大讲堂，以此为依托开展各民族流动人口的服务管理工作；通过抓宣传、抓载体、抓走访，打造文化楼宇、"同心廊"，让民族元素融入社区，营造民族和谐、团结、进步的良好氛围，广泛开展民族民俗文化体育活动，吸引各民族居民的参与，实行网格化管理，通过对入户走访了解需求和建议；建立了居民评理会、志愿服务队、舞蹈队和民族文化大院四支工作队伍，将服务管理融入社区建设的各项工作中；开展爱心、暖心、乐心、安心、舒心的"五心"服务，设立各民族居民窗口和法律援助站，落实好民族政策和法律法规服务，向遭受重大损害的居民提供帮助支持，向下岗失业居民优先介绍工作信息，提供居家养老和家政服务，积极引导、鼓励参加社区志愿者服务活动，帮助各民族流动人口充分享受社区的各项公共服务。

二 "点对面"式工作机制

通过调研发现，各地流动人口工作的第二种基本机制是由单独性的或依托某一单位设立的服务中心（服务站）服务管理一定范围内的各民族流动人口，可以概括为"点对面"式工作机制。

1. 庐阳区少数民族流动人口服务站

安徽省合肥市庐阳区现有流动人口约6000人。庐阳区以示范社区为重点，在社区服务中心嵌入民族服务内容，设立办事窗口，印发服务指南，在办理证件、就业咨询、卫生计生、法律援助和困难救助等方面向各民族流动人口提供帮助，切实解决务工经商、子女就学、看病就医等实际问题。同时依托社区、社工、社团联动形成了互联、互动、互补的工作格局。

"五色花"是庐阳区组织建立的5支专门为辖区各民族群众提供志愿服务的队伍，根据志愿者工作性质、行业特点、服务方向等进行分类，并以新疆、西藏、青海、甘肃等流出人口较多省份以及合肥市的代表性花朵冠名（见表5—7）。根据各民族流动人口的需求将服务内容分解到具体队伍，制定服务流程，安排专人接待、受理，志愿服务队无法解决的问题将通过"直通车"的方式移交区民侨局。

表 5—7　　　　　　　　　"五色花"志愿服务队

	服务内容	服务宗旨	人员组成
格桑花志愿服务队（粉色）	就业创业、扶贫帮困、助学入学、爱心帮扶	民困我帮、民求我应	街道社会事务中心工作人员、社区民政专干及社会爱心人士
雪莲花志愿服务队（白色）	计生服务、爱心义诊、健康咨询、急救培训	关爱健康、惠民医疗	社区、街道计生工作人员及社区卫生院工作人员
郁金香志愿服务队（红色）	"四点半"课堂、假日学校、未成年人成长	爱心陪护、持之以恒	街道、社区文明办、团委、关心下一代工作委员会及妇联工作人员
马兰花志愿服务队（蓝紫色）	普法宣传、司法调解、法律援助、农民工维权	真情服务、秉法维权	街道司法所、社区综治专干和法律援助律师
广玉兰志愿服务队（淡蓝色）	党员管理、普通话教学、政策解读	互助交流、民族共融	社区党员、各界爱心人士及高校大学生志愿者

2016年10月，庐阳区在逍遥津街道九狮桥社区建立了以"五色花"为标识的流动人口服务站，之后又将三孝口街道回龙桥社区生活服务e站作为分站。这也是安徽省第一个区级服务站，实现了对各民族流动人口的一站式综合性服务。服务站设领导小组，由区民侨局副局长担任组长，组员包括街道、社区、公安、清真寺、青海省循化县和化隆县驻合肥办事处的相关人员。服务站融合了多个职能，加强流入地与流出地的对接和联系，积极协调流出地配合工作。服务站开辟了庐阳区流动人口之家，开展城市管理、政策法规等方面的培训；设立了疆皖党员之家，掌握在合肥的流动党员情况；设立了经商务工人员夜校，强化对务工经商人员的思想引导和政策宣传。

2. 南宁市少数民族流动人员服务中心

广西壮族自治区南宁市是全国少数民族人口最多的首府城市，截至2018年12月，全市户籍人口773.8万人，其中少数民族人口448.7万人，占全市总人口的58%；登记在册外来少数民族流动人口约73.5万人，占总流入人口的63.8%。

西乡塘区华强街道是南宁市小商品批零商圈、建筑装饰材料批零商圈和特色餐饮商圈之一。2010年10月，南宁市流动人员服务中心依托华强街道办事处成立。该中心是全国首家地市级少数民族流动人口服务中心，作为南宁流动人口服务管理工作的核心平台，由其统筹推进1个市级技能培训基地、2个食品供应点、4条创业街、29个创业孵化站、20个流动人口密集社区的"少数民族流动人员服务站"、53个服务点的工作，实现有民族工作服务队伍、有就业创业孵化站点、有技能培训教育基地、有功能实用活动场所、有矛盾纠纷调处机制、有形式多样服务载体。由此建立了"1+20+N"的服务模式："1"即以1个服务中心为核心，"20"即辐射20个流动人口密集社区的"少数民族流动人员服务站"，"N"即为来邕流动人员提供各类服务。

3. 西岗区"365"外来人员综合服务中心

辽宁省大连市西岗区流动人口约10万人。2012年西岗区创新社会治理工作体系，建立"365"公共行政服务中心，提供365天24小时服务管理工作。

随着区内流动人口数量不断增加，2014年9月，西岗区在"365"公共行政服务中心内专门设立"365"外来人员综合服务中心。该中心位于大连市火车站附近，融合了行政、社会、市场资源，以O2O服务新模式，开通"365同乡汇"、微信公众号、服务网站平台、设立24小时"365"服务热线83658365，实现了线上服务和线下服务的结合并重。西岗区"365"外来人员综合服务中心通过增设服务窗口、增加服务人员、增添民族工作元素等方式，为各民族流动人口提供就业指导、技能培训、子女入学、困难救助、司法援助及民族语言翻译等方面的服务和帮助。

访谈记录5—4：2019年8月14日，R，女，服务中心工作人员。

> 我们这里流动人口遇到的问题以工作合同、工资纠纷为主，邻里纠纷也有。我们觉得工作的关键是突出服务，以服务带动管理。比如做就业推荐、兜底安排六盘水（大连对口帮扶）的务工人员、购买服务、提升信息化等。"上面千条线，下头一根针"，基层工作要做好整合，保持政策的稳定性和延续性，用心动情，把具体工作做实。

三 比较与讨论

"点对点"式工作机制主要由本社区的党群组织通过服务中心/站点开展有关社区内部各民族流动人口的工作。为了更好地梳理此类社区的特点，本书以流动性和现代性两个维度建立分类框架。其中，流动性主要反映社区中流动人口的数量和比例情况。数量越小、占比越小，流动性越弱；数量越多、占比越大，流动性越强。现代性主要反映社区内部的基础设施和社会联系状况，现代性较强的新建商品房社区、拆建社区等，其基础设施较好，但居民关系更离散，社会联系弱；现代性较弱的老旧社区、单位社区、城中村等传统社区，其基础设施较差，但居民关系更密切，社会联系更强。由此，本书选取了调查对象中的4个典型社区（见表5—8）分别作为一种类型的代表。

表5—8　　　　"点对点"式典型社区的基本情况和类型

名称	所在城市	户籍人口/流动人口	社区性质
万秀社区	南宁	流动性强	现代性弱—城中村
鸡鸣山社区	义乌	流动性强	现代性强—拆建社区
华强社区	芜湖	流动性弱	现代性强—拆建社区
环城北路社区	宜昌	流动性弱	现代性弱—老旧单位社区

万秀社区属于城中村，基础设施差，安全隐患多，各民族流动人口数量多，密度大，社区流动性强。因此，网格化成为其最有效的服务管理手段。万秀社区建立的"总站—分站—工作室—网格"四级网格化体系也是此次调查的各社区中最为复杂的。鸡鸣山社区各民族流动人口数量多，密度大，流动性强，同样依赖于网格化服务管理手段，建立的是"实践区—网格"的两级体系，设立了4个文明实践区，60个红色微网格，采取一个文明实践区一个党支部、一个微网格一名党员的"党建＋网格"的办法开展工作。同时，鸡鸣山社区属于拆建社区，基础设施较好，居民关系更离散，社会联系较弱，加之各民族流动人口和外籍流动人口数量多、来源广，文化差异较大，其服务管理工作更侧重于"共"和"同"。因此，社区充分发挥经济条件好的优势，发挥流动人口自治组织的作用，

深度结合专业社工和社会力量,通过项目化开展各民族流动人口服务管理工作。华强社区也属于拆建社区,基础设施相对较好,居民社会联系较弱。因此,社区同样注重依托社团开展服务管理工作,积极举办有特色的文化活动,在党建引领下,不断创新工作格局。另外,社区流动人口较少。因此,社区注重将服务管理工作同流动人口的风俗习惯、从业特点、生活需要等因素结合起来。环城北路社区属于老旧社区,同样流动人口相对较少,流动性弱。所以,社区的服务管理工作着重于有针对性地满足各民族流动人口的经营和生活需求,尤其是提升普通话水平较低者的语言沟通交流能力。同时,环城北路社区属于传统社区,社区现代性弱,基础设施较差。因此,社区以环境改善为突破口,并设计了社区文化形象,在很大程度上改善了社区的软硬环境。

基于上述比较,本书对 4 种类型代表社区的工作特点进行了归纳(见图 5—2):现代性较强的社区更注重整合社工社团的力量;现代性较弱的社区往往以环境整治为切入点;流动性较强的社区更加依赖于网格化;流动性较弱的社区侧重于服务管理工作的针对性。比较结果说明:在"点对点"式机制中,流动性和现代性对社区各民族流动人口服务管理工作有直接影响。也就是说,基于这两个维度可以对社区进行类型划分,并根据类型确定服务管理工作的重点内容。同时,在流动性和现代性两个基本维度之上,还应考虑社区流动人口的民族成分数量以及不同民族流动人口与当地居民之间的文化差异大小。

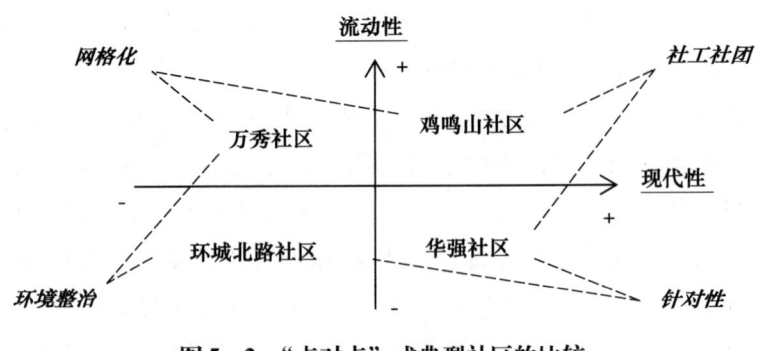

图 5—2 "点对点"式典型社区的比较

"点对面"式服务管理机制主要由依托某一单位设立的服务中心/站

或单独设立的服务中心（服务站），针对一定辖区范围内的各民族流动人口开展服务管理工作（见表5—9）。该服务中心/站可能是针对不同民族流动人口的，也可能是服务整个流动人口群体的。

表5—9 "点对面"式机构的基本情况和类型

名称	所在城市	类型	服务范围
庐阳区少数民族流动人口服务站	合肥	依托九狮桥社区设立的专门性机构	庐阳区
南宁市少数民族流动人员服务中心	南宁	依托华强街道办设立的专门性机构	南宁市
西岗区"365"外来人员综合服务中心	大连	单独设立的综合性机构	西岗区

庐阳区流动人口服务站虽然服务全区，但因挂靠在社区，所开展的工作类似于"点对点"式，工作对象更加明确，工作内容更加具体。因此，庐阳区流动人口服务站重视多方协作，根据流出地域开展差异化工作。也因此，"五色花"志愿服务队能够更有针对性、更加有效地开展各项工作。南宁市流动人员服务中心虽挂靠在街道办开展一系列的具体工作，但作为市级专设机构，其功能定位侧重于对整个南宁市各民族流动人口服务管理工作的引领和协调。正因此，南宁市将其作为民族事务服务体系建设"13456模式"中的"1"。[①] 南宁市流动人员服务中心的建立使得市、区、街道、社区四级服务网络体系更加完善，从硬件上保障了民族工作服务队伍、就业创业孵化站点、技能培训教育基地和功能实用活动场所的建设，从软件上保障了矛盾纠纷调处机制和形式多样服务载体的构建。西岗区"365"外来人员综合服务中心是一个服务流动人口的综合性机构，其成立背景是西岗区城市社会治理的改革和创新。西岗区以"365"公共行政服务中心为中枢，形成了区、街道、社区、网格三级管理四级联动的组织

---

① 南宁13456模式："1"是成立全市流动人口服务中心，统筹市级技能培训基地、食品供应点、创业街、创业孵化站和示范社区服务站、服务点的服务工作。"3"是构建市、区、社区三级服务网络体系。市级、城区成立流动人口建设试点领导小组，街道（乡镇）建立流动人口服务中心，社区（村）均建立了流动人口服务站，为流动人口实行一站式服务。"4"是建立完善工作准则、队伍建设、结对帮扶、法律援助4项基本服务制度。"5"是成立干部骨干、联谊会会员、社区成员、志愿者以及民族工作信息员、协调员、专家顾问共5支服务队伍。"6"是整合推进外来经商就业、住房租赁、子女入学、法律援助、困难补助、清真食品6大服务。

架构,采用信息化的运行模式。作为"365"工作体系的拓展,"365"外来人员综合服务中心以诉求受理、协调解决、社情民意引导、矛盾调处化解、便民惠民等服务等渠道服务各民族务工人员融入企业、子女融入学校、家庭融入社区、群体融入城市,从而将各民族流动人口服务管理工作纳入整个社会治理工作当中,发挥着优化资源配置和整合各方力量的积极作用。

基于上述比较,本书对两种类型机构的工作特点进行了归纳(见图5—3):专门性机构注重纵向的工作下沉(下沉程度与其依托的单位层级相关),为各民族流动人口提供"送上门"的服务,以根据流动人口籍贯而开展的整体性工作为主;综合性机构注重横向的工作辐射,积极引导各民族流动人口"找上门",以寻求帮助的流动人口个体开展工作为主。比较结果说明:在"点对面"式工作机制中,专门性机构开展的服务管理工作具有针对性优势,能够分地域开展工作,与流入地、流出地的民族宗教部门联系更加紧密;综合性机构开展的服务管理工作具有整合性优势,能够依靠城市治理体系,与各行政部门、各社会组织、各企业单位联系更加紧密。此类型中的服务管理机构都需要构建或依托多层级的工作体系,各层级之间的联动对于服务管理工作的有效开展至关重要。

专门性机构		综合性机构
南宁市少数民族流动人员服务中心	市级	
↓ 庐阳区少数民族流动人员服务站	区级	← 西岗区"365"外来人员综合服务中心
↓ *整体为主*	街道级	*个体为主*
	社区级	

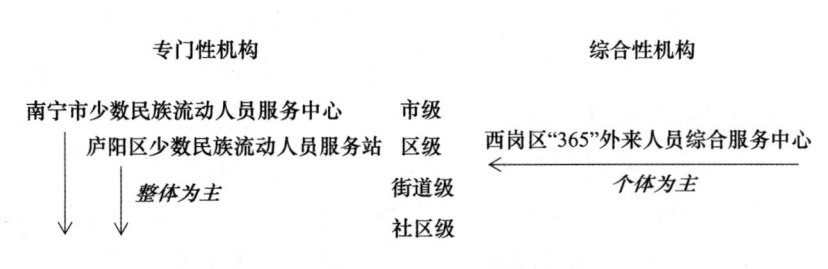

图 5—3 "点对面"式机构的比较

与此同时,当前城市社区的民族和流动人口工作也面临着一些挑战。第一,服务管理工作的发展定位不够明晰。一方面,调研中所呈现的两种模式都是以"点"为主开展工作,而"点"模式的工作力和支撑力具有先天不足,突出表现为队伍人员少、部门间协调难等问题在多数地方存在。另一方面,流动人口服务管理的"布点"反映出了一些地方仍然延续着"出现现象(各民族流动人口流入)—引发问题(出现3个不适应）—被动应对（进行服务管理）"传统思路，相关工作只在重点社区或街道开展。而随着各民族人口大流动、大融居的深化，城市中"点"的工作负荷和工作压力将越来越大，上述局限性就会被不断放大，从而制约服务管理工作的发展。第二，服务管理工作的示范效应不够显著。调研中所涉及的社会和机构基本都获评国家级示范单位，但现有的示范途径多是交流会（工作总结和典型发言）、媒体报道、参访、座谈等主观感受理解性较强的方式，没有关注工作模式和社区类型的比较。而且，示范和试点单位并非随机选取，一般也没有选择对照单位加以比较。因此，即便工作取得良好效果，也很难确定究竟是因为工作模式本身，还是工作地点或部门的原因。这就导致"示范"和"试点"还没有真正发挥出应有的积极效应，其他社区在遇到流动人口工作的新情况时，可能依然不知道会出现什么问题，也不清楚应该采取什么办法应对。

第 六 章

城市社区接纳能力建设的策略与路径

运用系统评价和调查研究对城市社区居住接纳、教育接纳、就业接纳和关系接纳4个方面的能力进行了分析，并获取了有效的国内外研究证据和实践证据。通过对两类证据的综合讨论，可以从共居、共学、共事、共乐等多个视角提出加强社区接纳能力建设的主要策略，并初步构建提升社区接纳能力的循证路径。同时，尝试性地制作城市社区民族工作循证政策简报，供实践者和决策者参考使用。

第一节 提升社区接纳能力的主要策略

一 共居视角下的接纳能力建设策略

从研究证据看，流动人口居住集聚影响因素的系统评价显示，经济社会原因为主类别的证据信度为高，民族文化原因为主类别与综合原因类别的证据信度为中；"去区隔化"住房干预政策的系统评价显示，环境类别和政策类别的证据信度为高，个体类别的证据信度为中。综合两次系统评价，国内外研究证据表明，各民族流动人口的居住集聚现象主要受经济社会方面的因素影响，制定和完善住房干预措施需要理解集聚的双重效应、发挥接纳的积极作用、结合城市的环境特征。

从实践证据看，友谊街社区在拆迁改造中尊重居民选择，充分协商对话，积极开展服务，以特色产业发展支撑了对各民族流动人口的居住接纳。调研同时发现，只有个别社区明确将流动人口居住问题作为专项工作进行了反馈，大部分社区则是将其纳入了其他相关的工作类别，包括：在常规工作中向各民族流动人口提供租房、购房信息并进行协调，在日常管理、走访和信息登记中掌握各民族流动人口的居住情况，在矛盾调解中处理涉及不同民族流动人口的邻里纠纷，在民族团结进步创建和民族理论政策宣传教育活动中营造共居的良好氛围，等等。由此可见，受客观因素的限制，社区开展关于流动人口住房方面的工作具有一定的局限性。一是租住房市场化使得社区只能以"中间人"的角色参与协调房东与租客、卖房人与购房者之间的关系，而不能直接干预他们的选择。二是社区对有居住意愿的不同民族流动人口的基本态度是不排斥和欢迎，没有积极引进的需求，除企事业单位社区外，一般社区不涉及主动提供和安排住房。三是不同民族流动人口在社区内的相对集中居住可能更加便于社区的统一管理，而且各民族流动人口自身仍具有同族集聚居住的主观意愿。四是社区不具有制定和改变住房政策的权限，只是所在城市政策的执行者。

通过前述分析，本书基于研究证据和实践证据，从共居的视角提出改善流动人口的居住状况，以提升城市社区接纳能力的建议。

第一，抓住首要因素。流动人口的居住集聚以及住房问题是高度复杂和动态的。鉴于居住集聚并不必然导致较高程度的贫困，也不必然与社区凝聚力相冲突，将流动人口的居住空间特征完全视为"民族性"的和"问题式"的是不准确的。目前，相比其他因素，各民族流动人口的经济社会条件对居住相关问题的影响作用更强。所以，城市在制定住房干预措施和社区在开展住房服务管理时需要重点关注各民族流动人口的经济和社会状况，防止其成为矛盾冲突的诱因。

第二，包容差异文化。除经济因素外，民族文化相关因素也起着影响作用。流动人口的迁徙行为往往遵循既存的地缘和族缘网络，但这样的社会网络结构和熟人数量通常是有限的，会制约其找工作、参与活动和交流，从而造成居住区隔。同时，民族歧视、偏见、刻板印象，以及不同的传统和价值观也可能导致居住上的区隔，形成一种基于住房的社会排斥机制。[1] 在此情况下，城市和社区尤其需要关注对特定文化背景的流动人口群体的接纳。创造平等和更具包容性的共居环境可以使社区替代区隔空间成为一个"入境口岸"和"安全港""避风港"，为各民族流动人口提供

---

[1] 方长春：《中国城市移民的住房——基于社会排斥的视角》，《社会学研究》2020 年第 4 期。

支持，从而改善他们的生活状况。并且，社区成功接纳一个民族的流动人口会对接纳其他民族的流动人口产生积极的影响。

第三，构建治理网络。经济社会因素和民族文化因素的交织（Eth-class）对居住集聚构成了最主要的影响，但这并不意味着城市历史与现状、城市政策、社区的安全程度和声誉、宗教、流动个体的迁徙经历等不会对集聚产生影响。干预措施不仅是为了向各民族流动人口提供住房以实现接纳和共居，更是为了促进各民族流动人口的融入。所以，城市和社区需要建立善治理念，形成治理主体和治理手段的协同，改善基础设施建设，搭建多方参与的服务网络，综合运用多项干预措施对住房政策进行补充。可以着重通过提升教育培训、就业、社会保障等方面的服务水平，增强租住房相关信息的公开与传播，以提升各民族流动人口获得住房的能力。

第四，增强统筹协调。越来越多的流动人口不再是进入城市中的流动型社区，而是一些相对老旧的世居型社区。这些社区往往居住成本较低、政府投资较少、服务供应较弱。而且，即使同一民族流动人口集聚在同一社区，但其工作和活动地点的差异也可能导致不同的城市融入结果。同时，由于人口整体流动水平的提高和现代通信技术的发展，人们建立社会关系不再完全依赖于他们的居住空间环境，人与人之间的距离已经不能简单地只用物理空间来表达。所以，仅仅针对流动人口相对集中的个别社区进行干预的效果是有限的，需要在城市空间内统筹解决各民族流动人口居住集聚及住房问题。

第五，完善保障措施。包括住房政策在内的城市政策体系的目标之一应该是改善各民族流动人口的生活状况。但是，在实际操作过程中，目标往往被简化为防止流动人口与当地居民之间的关系紧张，以及促进各民族的分散居住。通过对老旧社区的拆迁或改造升级，增大自住房屋比例，可以避免部分流动人口的集中，并实现更多的人口共居。然而，强制性的拆除、重建或疏散都并不一定产生社会融入。[1] 同时，这样简化的倾向容

---

[1] Phillips, D., and Harrison, M. 2010. "Constructing an Integrated Society: Historical Lessons for Tackling Black and Minority Ethnic Housing Segregation in Britain", *Housing Studies*, 25 (2), pp. 221 – 235.

易忽视不同民族流动人口住房问题背后的结构性因素，比如，在社会住房不足的情况下实施住房配额，反而会限制部分流动人口获得住房，导致贫困家庭的集中。而且，流动人口不同的住房政策需求与他们的定居意愿和流动范围密切相关。由于更难以获得自有产权住房，在许多情况下，可能只有部分流动人口希望在城市定居，或者形成了一种环流。[①] 因此，社区支持各民族流动人口进入住房市场的政策需要考虑到兼顾可达性和可用性（可达性即这些家庭能否负担住房的问题，可用性即评估特定类型房屋的规模、价格、类型、质量等情况），从而建立起更加符合他们利益诉求的城市住房保障措施[②]（见表6—1）。

表6—1　　　　　　　　　　完善住房保障措施

	有定居意愿的流动人口	保持循环流动的流动人口	计划返乡的流动人口
基础层次	提供租房补贴	提供租房补贴	提供租房补贴
第二层次	提供贷款和税收优惠 提供廉租房	提供廉租房 雇主提供免费住宿	提供廉租房 雇主提供免费住宿
第三层次	提供经济适用房 提供住房公积金	提供经济适用房 提供贷款和税收优惠	制定住宿标准 雇主为夫妻提供住房
其他	雇主提供免费住宿 雇主为夫妻提供住房 制定住宿标准	提供住房公积金 制定住宿标准 雇主为夫妻提供住房	提供住房公积金 提供经济适用房 提供贷款和税收优惠

第六，注重长期整合。各民族流动人口经济社会条件的改善和居住时间的增加并不必然带来居住集聚的下降，换句话说，受其他因素影响，城市和社区在经济和居住方面接纳不同民族流动人口的成效并不总是一致的。流动人口的居住空间分布具有惯性效应，一定程度的集聚仍然是城市空间结构的突出特征。所以，城市和社区需要注意不能简单将促进各民族

---

① 邓彤博、王子成：《民族特性、地理位置、流动范围与广东农民工住房选择——基于流动人口动态监测调查数据的实证分析》，《兰州学刊》2019年第8期。

② Lin, L.-Y., and Zhu, Y. 2010. "The Diverse Housing Needs of Rural to Urban Migrants and Policy Responses in China: Insights from a Survey in Fuzhou", *Institute of Development Studies Bulletin*, 41 (4), pp. 12–21.

交往交流交融等同于完全消除流动人口的居住集聚现象，不能盲目追求在短期内通过住房干预措施从根本上改变居住集聚状况，实现所谓"理想化"的混居。

二　共学视角下的接纳能力建设策略

从研究证据看，流动人口通用语言学习的系统评价显示，成年流动人口亚组形成了关注流动人口通用语言学习的影响机制和改进城市社区通用语言教育的手段这2项综合结果，所包含的10个分析性主题中，3个证据信度为高，4个证据信度为中，3个证据信度为低；未成年流动人口亚组形成了改善未成年流动人口通用语言的课堂教学和重视未成年流动人口通用语言的课堂外学习这2项综合结果，所包含的7个分析性主题中，3个证据信度为高，3个证据信度为中，1个证据信度为低。需要注意的是，本次系统评价最终纳入的均为英文文献（除2篇文献研究地点为中国香港外，其余文献研究地点为国外），因此，分析结果更多的只具有启示性。

从实践证据看，以义乌市鸡鸣山社区、宜昌市环城北路社区、南宁市中华中路社区和武汉市起义门社区为代表的许多社区已经开展并即将开展针对各民族流动人口的国家通用语言文字培训工作（见表6—2）。调研同时发现，尽管不同社区的工作载体、形式和措施存在着一些差异，但有3项实践证据受到了社区和民族宗教部门的共同肯定：一是教育服务理念。进行国家通用语言文字教育是社区服务各民族流动人口、实现城市接纳的关键内容。聚焦流动人口在流入地的实际困难和需求，以服务促管理，可以增进国家通用语言文字教育的效果。二是协同共育模式。通过政府、高校、组织等多方联动可以弥补社区单一工作力量的不足，保障国家通用语言文字教育开展的人财物力，同时为形成全社会"共学"的良好氛围打下扎实的基础。三是融合教学主题。将国家通用语言文字教育嵌入租房、创业、上学、看病等具体场景之中，有助于各民族流动人口提升生产生活技能并解决现实问题；将教育培训同文化交流活动相结合，有助于增加各民族居民的接触了解，推动民族团结进步创建工作的开展。

表6—2　　　　　　　　教育接纳实践证据的比较

	鸡鸣山社区	环城北路社区	中华中路社区	起义门社区
对象	国内外各民族流动人口	国内各民族流动人口	国内各民族流动人口	国内各民族流动人口
理念	服务+管理+互惠	服务+管理	服务+管理	服务
模式	同悦社工组织、民宗部门、义乌工商职业技术学院等相协调	三峡大学、民宗部门、新疆驻宜昌工作站、相关单位等相协调	以广西民族大学为主，民宗部门、新疆驻广西工作组等相协调	以马义帮志愿服务队为主，中南财经政法大学、民宗部门、相关单位等相协调
主题	融入商务、志愿服务、文化、儿童等	融入爱国主义、法律政策、文化、地方知识、管理服务等	融入书法、法律政策、安全、音乐舞蹈等	融入法律法规、文化和技能等
形式	课堂培训+特色活动	以课堂培训为主	以特色活动为主	以课堂培训为主
措施	分类设班、文化节庆活动、家门口的孔子学院、英语角等	本土教材、听说看电子教材、微信公众号课堂、规范管理等	民族文化节庆活动、公益课、谢大姐暖心屋等	公益创投项目、马义帮工作室等

各民族流动人口的城市融入与国家通用语言文字能力密切相关，但不应片面地将国家通用语言文字学习作为城市融入的先决条件。实际上，既然语言学习不是独立于社会融入之外的，从某种程度上说，国家通用语言文字学习更是各民族流动人口城市融入的结果。因此，在城市融入和国家通用语言文字学习之间的双向关系中，应突出强调接纳的重要作用。一方面，社区接纳提供更多更好的学习机会，帮助各民族流动人口提升国家通用语言文字能力，促进他们的城市融入；另一方面，社区接纳营造更加包容的环境，优化各民族流动人口城市融入的过程和效果，促进他们学习国家通用语言文字。

通过前述分析，本书基于研究证据和实践证据，从共学的视角提出加强流动人口国家通用语言文字教育，以提升城市社区接纳能力的建议。

第一，明确教育目标。城市社区可以为各民族流动人口的国家通用语言文字教育设定3项阶段性的目标：其一是基础目标。普及国家通用语言文字，提高各民族流动人口日常的国家通用语言文字能力。例如，能够掌握在超市、医院、银行等场合的常用词、口头语等。其二是进阶目标。提升各民族流动人口在职业发展方面的国家通用语言文字技能，以增加他们的人力资本和社会关系，拓展就业机会，改善工作和生活环境。例如，能够理解餐饮行业的从业标准、规范和要求，进行较为准确的书面表达等。其三是长远目标。发挥语言的积极作用，营造共居共学共事共乐共治的城市和社区环境，促进接纳与融入，以增强各民族流动人口的文化认同和城市认同，维护民族团结，铸牢中华民族共同体意识。例如，在接触和交流中分享生活、工作、家庭方面的看法、意见、困难、选择和解决办法，在活动中了解和尊重不同文化，在共同参与的过程中塑造城市和社区归属感。

第二，建立协作模式。新的社会网络的形成是一个共建共享的过程，需要流动人口和流入地所有社会成员的共同努力。在封闭的环境中进行灌输式的国家通用语言文字教学培训未必能对流动人口的社会网络发展产生积极的影响，所以有必要向他们提供相关的服务和指导，帮助建立拓展性的社会关系。而且，在学习过程中，各民族流动人口同样需要鼓励和坚持，需要制定有效的学习策略，需要接触和交流的机会，需要语言使用上的帮助。很显然，这些需要不只发生在某一个特定的场合中，还应有相关主体的参与。因此，努力、建立一个政府主导、多方协同合作的教育模式将有助于改善如何组织学习、谁参与学习、在何处以及如何进行学习等方面的问题，还能使相关参与者从教育产生的积极效应中获益。其中最为关键的是增强各民族流动人口生活场合与工作场合的语言教育协作，[①] 从而让他们获得长期、稳定和全方位的学习机会。民族工作部门可以牵线搭桥，加强各民族流动人口的居住地社区和工作地社区、用人单位、企业、机构、自组织等之间的合作，尽可能增加流动人口同本地居民之间的接触

[①] Janta, H., Lugosi, P., Brown, L. and Ladkin, A. 2012. "Migrant Networks, Language Learning and Tourism Employment", *Tourism Management*, 3 (2), pp. 431 – 439.

交流，避免只在封闭的同乡、同族环境中开展国家通用语言文字教育。

第三，突出服务功能。在教学中采用基于任务或行动的参与式方法，提升各民族流动人口在国家通用语言文字教育中的主观能动作用，将国家通用语言文字教育同各民族流动人口的日常生活和工作实际相结合，着眼于他们在流入地城市的未来发展，能够更好地增强学习者的自主性，优化流动人口服务管理工作的效果。例如，社区在开展政策法规宣传和法律援助活动的同时进行国家通用语言文字教育，既能帮助各民族流动人口解决现实中的实际困难，也能帮助他们增强沟通和交流能力。社区可以通过改善他们的住房、就业和受教育状况，以流动人口身边的先进典型为学习榜样，凸显学习国家通用语言文字在实现个人发展目标中的积极作用。

第四，改善教学环节。网络和移动端的应用对国家通用语言文字的学习有积极作用，能够提升学习和实践效果。城市社区应关注各民族流动人口对工具的偏好和使用习惯，[1] 支持对相关工具和资源的开发，加强正式与非正式学习的结合、线上与线下学习的结合，促进各民族流动人口在更广的时间和空间中学习国家通用语言文字。城市社区可以根据各民族流动人口个体的教育和文化背景，参考其本民族语言文字能力进行教学管理。[2] 提升公共服务能力，加大宣传教育力度，寻求与流动人口家庭的联系，鼓励父母支持孩子进行早期有针对性的国家通用语言文字学习。提升教学时间、地点和形式的灵活性，更加关注女性流动人口的学习需求。

第五，加强队伍建设。基于上述教学内容，从事国家通用语言文字教育的工作者不仅应有语文教师，还应包括文学、教育学、民族学、人类学、社会工作等领域的专业人士，以及职业培训、志愿服务等方面的相关人员。城市社区可以鼓励各民族院校和相关学校发挥自身优势参与教学培训，引导大学生加入志愿服务队伍，支持高校不断深化流动人口国家通用语言文字教育的理论与实践研究。社区可以进一步整合工作队伍，共同做好各民族流动人口的国家通用语言文字教育工作。

---

[1] Kukulska-Hulme, A. 2019. "Mobile Language Learning Innovation Inspired by Migrants", *Journal of Learning for Development-JlAD*, 6 (2), pp. 116 – 129.

[2] Beacco, J. - C., Krumm, H. - J., Little, D., and Thalgott, P. 2017. *The Linguistic Integration of Adult Migrants*, p. 358. Berlin/Boston：Walter de Gruyter GmbH.

第六，做好管理保障。城市民族工作部门可设立专项资金，支持社区相关教学活动的开展，对不同民族流动人口学习者免除学费。应设立相对固定的教学场所，兼顾流动教学地点，购置计算机、投影仪、教具等必需的设备。注重对教育过程和结果的考核评估，支持学习者参加普通话考试。注意对教学全过程的记录并保存相关资料。

三 共事视角下的接纳能力建设策略

从研究证据看，流动人口就业差异形成机制的系统评价显示，结构、关系、环境3个类别的证据信度为高，策略类别的证据信度为低，国外研究证据表明，流动人口就业劣势主要源于人力和社会资本的低效配置，以及区域和城市间的发展差距问题；流动人口自我雇佣影响因素的系统评价显示，聚集、文化、关系3个类别的证据信度均为中，国内外研究证据表明，各民族流动人口个体的自我雇佣和创业策略受到个体特征、网络和资源、流入地劳动力市场特征三方面因素的相互作用。需要注意的是，各民族流动人口就业差异形成机制系统评价最终纳入的均为英文文献，研究地点均为国外，因此，对所谓的"族群惩罚"现象的分析结果更多地只具有启示性。

从实践证据看，南庄社区通过特色产业和地方文化机制顺利实现了对回流人口的就业接纳。调研同时发现，所有社区都明确反馈了就业创业的相关工作，并将其作为流动人口服务管理的重要内容。尽管不同社区存在着一些差异，但总体上可以获得6项实践证据（见表6—3）：一是向各民族流动人口提供就业创业的服务，既包括了及时获取公布招聘信息、及时办理各种证件、协助签订各类合同、开展就业指导和法律咨询、走访慰问失业人员和困难户等基础性服务，也包括了根据各民族流动人口的不同需求进行诸如电子商务、对外贸易、餐饮等有针对性的就业创业技能培训。二是参与各民族流动人口的从业管理，既包括了对自主经营的摊点、门面、商铺的日常管理，也包括了对从业过程产生的各类纠纷的处理，如劳资纠纷、经营纠纷等。三是搭建各民族流动人口的就业创业平台，既有相关专业技术人员加入的就业创业孵化点，也有专门开辟的特色创业街等生产经营场所，还有商会等就业创业的自组织。四是与相关单位和部门建立协作模式，一方面是协同企业、高校、民宗、工商、城管、税务、公安等开展就业创业的服务管理，另一方面是同流动人口的流出地社区实现"两头对接"。五是营造有助于就业创业的氛围和环境，以及做好有组织务工人员的心理和生活稳定工作。六是扶持适宜于社区和各民族流动人口实际情况的特色产业行业的发展，从而创造出更多的就业创业机会。

表6—3　　　　　　　　就业接纳实践证据的分类

类别	内容
服务	就业创业的基础性服务与针对性服务
管理	生产经营过程中的日常管理与纠纷处理
平台	就业创业的场所和组织建设
模式	就业工作相关单位、部门、组织的协作
环境	促进就业创业的整体性氛围营造
岗位	特色产业和行业的扶持

通过前述分析，本书基于研究证据和实践证据，从共事的角度提出消除流动人口就业差异，增强流动人口创业能力，以提升城市社区接纳能力的建议。

第一，构建支持体系。改善各民族流动人口的就业状况对城市和社区的经济良性发展十分重要，支持性的社会环境无疑对各民族流动人口的就业产生积极作用。一方面，流动人口在劳动力市场中的不利地位可能部分是由歧视等因素造成的，而不完全是因为工作技能较弱。城市应积极干预可能存在的就业惩罚现象，因为市场力量尚不足以实现就业公平。正如在各民族流动人口的求职、招聘和晋升过程中，社会网络或社会信任的强弱发挥着重要作用，由此产生的统计性歧视可能直接造成了就业惩罚。这就提示城市和社区需要关注民族团结进步的基础性作用，不断加强文化建设，减少对各民族流动人口的偏见、成见和刻板印象，铸牢中华民族共同体意识。另一方面，由于"民族"因素对于流动人口自我雇佣的作用是有限的或部分的，因此，只针对特定民族群体或局部市场的干预政策未必能起到积极的效果。而且，各民族流动人口在找工作时会与当地居民产生广泛的互动，其中就可能出现就业竞争。所以，促进就业接纳的政策措施除了针对企业、单位和雇主，还需要关注当地居民中的待业者。城市和社区制定扶持大众创业的政策也应是针对所有流动人口的一般性措施。

第二，打破从业区隔。虽然劳动力市场上的行业区隔可能使流动人口更容易获得工作和缩短找工作的时间，但从长远看，消除就业差异需要打破这种区隔，以增强其他行业岗位对各民族流动人口的吸纳。对于各民族流动人口中的创业者和灵活就业者来说同样如此。尽管服务于同族客户是一种竞争优势，但自给自足的模式通常掩盖了在市场中被边缘化的问题，也就是说，这种竞争优势可能并不可持续。所以，外部市场可能带来不利于流动人口自我雇佣的竞争和风险，但打破区隔障碍总体上是有益的，特别是外部网络和资源的拓展能够为各民族流动人口创业者开辟更为广阔的发展空间，提高增加未来收益的可能性，必须使他们认识到工作对象和工作地点多样化的重要性。[①] 为此，城市和社区需要不断创造就业机会，优化岗位结构，通过法律法规打破行业或岗位的壁垒，保障各民族流动人口与当地居民的就业机会平等。通过形式多样的招聘活动和宣传活动，引导各民族流动人口减少对同质的非正式网络的依赖，主动向他们提供无障碍的信息和金融服务，扶持各民族流动人口自主经营者走出狭小的本民族市场，在更大的舞台上把握机遇，迎接挑战，进而实现更好的经济融入。

第三，优化特色经济。考虑到相对的优势竞争力，在族裔特色经济领域中进行创业是当前许多城市就业政策的推动目标和流动人口的优先选择。虽然不应忽视聚集的保护性市场对流动人口创业的积极影响，但系统评价提示了该领域"内卷化"风险的存在。因此，族裔特色经济不应只注重内生性增长，更要不断实现同城市经济的交融发展。城市和社区可以帮助流动人口个体根据实际情况制定和采取不同的就业创业策略，提升他们将社会资源转化为社会资本的能力，引导践行城市资本化规范，[②] 促进各民族流动人口人力资本和社会资本的再生产。各类社会组织也可以发挥

[①] Shinnar, R., Aguilera, M., and Lyons, T. 2011. "Co-ethnic Markets: Financial Penalty or Opportunity?" *International Business Review*, 20, pp. 646–658.

[②] 汤夺先、刘辰东、杨珍：《东部沿海城市少数民族新生代农民工的社会资源资本化研究——以山东省三市为中心》，《民族研究》2020年第2期。

积极作用，参与到这项工作中来。

第四，加大教育投资。城市和社区应努力提升各民族流动人口的人力资本。在家庭出身无法或很难改变的情况下，获得高水平的教育有利于各民族流动人口提高收入水平和劳动力参与率，尤其对于新生代流动人口或第二代流动人口来说。因此，教育投资需要更加全面，除了语言、认知、计算等能力与技能的培养，还需要关注不同民族流动人口个体的文化资本。而且，教育投资要尽可能满足不同群体的需求，特别是针对低人力资本的群体，通过提高政策措施的灵活度和时效性，尽可能消除在民族、性别和阶层维度上产生的差别效果。

第五，关注状态转换。需要强调的是，受"流动"和"民族"两方面因素的叠加影响，城市不同民族流动人口就业状态的转换或过渡形式可能更为多样和复杂，创业也不是他们在城市中就业的唯一选择。因此，应该避免"一次性"的研究和干预。不同民族流动人口从何种状态进入自我雇佣，以及退出自我雇佣后成为何种状态是研究者和实践者需要重点关注的问题。这将有助于深入分析流动人口自雇选择的动机，防范创业失败带来的负面影响，并采取有针对性的措施。

四 共乐视角下的接纳能力建设策略

从研究证据看，流动人口社区依恋的系统评价显示，经济、人口、功能和关系4个类别的证据信度均为中，国内外研究证据表明，社区依恋感是基于行为、情感、互动、认知的各民族流动人口和城市社区之间的联系；民族团结进步示范区创建工作的系统评价显示，市级和县级民族团结进步示范区创建工作的证据信度为高，省级、乡级和村级民族团结进步示范区创建工作的证据信度为中，各级地方的10项综合结果具有较高的相似性，5项综合结果具有一定的差异性。

从实践证据看，所有社区都明确反馈了关于协调社会关系的工作，并且是方式最多、载体最多、内容最多的方面。尽管不同社区存在着一些差异，但总体上可以获得6项实践证据（见表6—4）。一是举办社区居民喜闻乐见的各类主题式活动，例如，节庆、民俗、文艺、体育、娱乐、读书、学习、联谊等，并组织各种群众活动团队，增加各族居民的接触和交流机会。二是以橱窗、展板、讲座、展览等多种形式开展民族理论政策方面的宣传，培育社区的中华民族共同体意识。三是在流动适龄儿童入学入园、流动儿童教育辅导、流动儿童看护、各民族流动人口妇女权益保障、老年人关爱、家政等方面提供服务，并成立志愿服务队，调解邻里之间的矛盾纠纷。四是设立流动人口服务窗口，建立服务站点、联络站点和工作站点，开辟专门性的场地，形成具有象征符号意义的平台。五是与民宗、高校、公安、社工等相关单位部门组织建立协作模式，共同促进社区的民族关系和居民关系。六是通过基础设施建设改善社区公共空间，运用多种措施维护社区治安，设计有民族文化特色和社区特点的景观、标识。

表6—4　　　　　　　　　关系接纳实践证据的分类

类别	内容
活动	居民广泛参与的群众性活动
宣传	中华民族共同体意识和民族理论政策宣传教育
服务	功能性服务和邻里关系协调
平台	居民服务、管理和活动场所建设
模式	融洽社会关系相关单位、部门、组织的协作
环境	基础设施、文化环境和安全环境建设

通过前述分析，本书基于研究证据和实践证据，从共乐的视角提出培育流动人口社区依恋感，以提升城市社区接纳能力的建议。

第一，掌握流动类型。各民族流动人口受不同关系网络的影响可以形成"环流""回流"等多种类型。对于具有定居意愿的个体来说，他们会在流入地城市社区的居住时间更长，形成认同感并扎根于社区的可能性更大，也就是所能建立的社区依恋程度更强。而对于打算短期居住或循环流动的个体来说，他们可能只会对社区产生依赖感或简单的情感联系，也就是所能建立的社区依恋程度较弱。因此，城市社区可以根据不同民族流动人口个体的实际情况培育相适应的依恋感。社区依恋程度的加深反过来也会增强个体的定居意愿，起到"锚定"的作用。

第二，建设文化景观。社区的住房条件直接关系到各民族流动人口的居住稳定，社区的物质空间既影响功能依赖的产生，也影响情感联系的建立。因此，优化社区的基础设施建设，规划、设计、建造有包容性的社区景观，尤其是善于利用各民族居民共享的社区文化符号和社区形象，将有助于流动人口和当地居民提升社区依恋感。

第三，丰富服务内容。各民族流动人口需要通过城市社区来满足他们对居住、就业、教育、娱乐、社交等方面的需求。因此，改进社区的公共服务能力，充分保障各民族流动人口享受社区服务，将有助于增强他们对城市社区的功能性依赖，从而培育社区依恋感。如果社区能够兼顾不同民族流动人口合理的特殊需求（如语言、风俗习惯），并提供个性化的服务，将会对依恋感产生积极作用。而对于社会工作来说，与其他社会服务行业不尽相同的利他主义价值观、丰富的理论基础和助人自助的方法论都决定了其在服务与接纳各民族流动人口方面可以发挥更加积极的作用。

第四，营造安全氛围。促进跨文化的交流和理解，接纳不同文化背景的个体和群体，是实现各民族流动人口城市融入的基础。流动人口不是贫困落后、缺乏素养、不安全的同义词。在促进社区不同民族成员相互接触时，应注重降低当地居民的焦虑感和恐惧感，消除刻板印象、偏见和歧视，积极创造"家"的安全感，向各民族流动人口提供保护和情感支持，营造良好的社区环境，这样能够更好地实现社区的关系接纳。

第五，增加交流机会。城市社区需要更加关注群体间互动的缺失对社区关系接纳的负面影响，通过组织更多的社区活动，提高各族居民的参与性，增进邻里之间的沟通，从而提高各民族流动人口与当地居民之间的互信互惠程度。社区活动一方面包括传统节庆、文化体育、休闲娱乐等类型，另一方面包括社区事务、公益事业、志愿服务等类型。在此过程中，各民族流动人口将有机会建立新的情感纽带和关系网络，获取新的社会资本，进而加深社区依恋感。另外，城市社区可以积极建设社区网络平台，为社区居民的接触交流和提供社区服务开辟线上新的空间。

第六，研判变化趋向。流入地社区是一个"地点"，流入地城市也是一个"地点"，不同民族流动人口的城市依恋与社区依恋并不一定是重合的，甚至在某些方面是有很大差异的。随着社会的流动性越来越强，流动人口可能逐渐弱化对具体社区的依恋，而只保持对流入地某一区域或整个流入地城市的一般性依恋。因此，还需要研究者与实践者的密切协作，不断深入研究社区依恋同其他地点依恋的关系，进一步增强社区关系接纳的能力。

第二节 提升社区接纳能力的基本路径

一 基于循证的接纳能力建设

各民族人口的流动性给城市社区带来了挑战，其中一个显著特征是涉及各民族流动人口某些点和面的工作不再是"一过性"的，而逐渐常态化和强化。这使得基层的工作任务不断增多，工作压力不断加大。同时，做好各民族流动人口工作需要因地制宜、因情施策，处理好统筹推进与分类指导的关系，需要深入总结各地试点示范单位实践的积极效果与特色经验，处理好试点先行与面上推开的关系。但是，现有途径越来越难以对各地的实践进行系统综合，难以促进不同模式的试点示范成果的应用，无法满足主动性工作的需要。习近平总书记明确提出，对少数民族进城，要持欢迎的心态，要做好散居和城市民族工作，特别是各民族流动人口工作，完善流动人口服务管理体系。在此背景下，以循证为理念加强城市社区接纳各民族流动人口的能力建设，提升基层工作实效，就成为一条极具价值的路径（见图6—1）。通过建立相应的证据转化平台（Clearinghouse）和决策协同模式，[1] 提高研究者、社区工作者、政策制定者、各民族流动人口和其他利益相关者的互动水平，[2] 对各地开展流动人口服务管理工作的试点示范经验进行科学评价，[3] 得出基于证据的综合结果，制作流动人口服务指南和政策简报，可以为进一步做好城市社区流动人口工作提供科学依据。

一方面，基于循证的接纳能力建设要以市域社会治理现代化为方向。

---

[1] 吕佳龄、温珂：《循证决策的协同模式：面向国家治理体系和治理能力现代化的科学与决策关系建构》，《中国科学院院刊》2020年第5期。

[2] 王俊美：《弥合理论研究与政策实践的鸿沟》，《中国社会科学报》2021年3月5日第A02版。

[3] 刘军强、胡国鹏、李振：《试点与实验：社会实验法及其对试点机制的启示》，《政治学研究》2018年第4期。

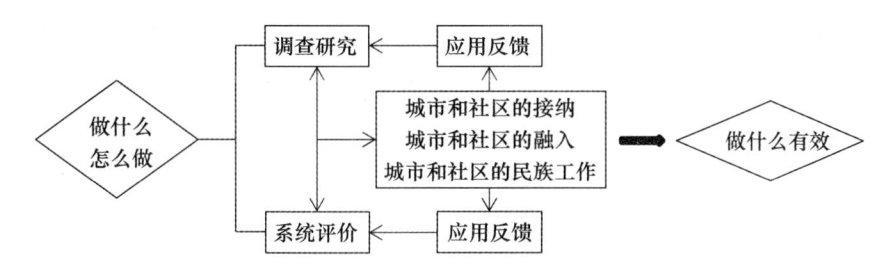

图 6—1 城市社区接纳能力建设的循证路径

党的十九届四中全会提出了"加快推进市域社会治理现代化"的行动目标，这就为提升城市社区接纳能力指明了目标。市域社会治理当然包括市域民族事务治理。创新城市和社区民族工作，需要把流动人口服务管理主动融合到市域社会治理的大体系中去，[1] 构建合纵连横、点线面结合的立体网络，为"点对点""点对面"以及其他工作模式的发展提供根本性的支撑；需要站在市域的高度统筹各类资源和各个部门，实现人口流出地和流入地对接，打破少数民族流动人口服务管理局限于民族团结进步示范单位、局限于民族工作部门的界限，实现服务管理的全覆盖，实现市域内的工作联动，增强重点单位的有效示范效应，未雨绸缪，主动作为，把流动人口服务管理作为常态性工作；以党建为引领，有效运用法律、科技等手段，以民生为重点领域，以信息化为基础，因地制宜创新载体；需要进一步加强工作队伍建设，提升基层民族工作业务能力，针对不同民族流动人口的文化、地域、心理、从业特点，合理运用民俗、民规、民约进行服务和管理，精准精细地开展具体工作；需要在市级党委领导和政府负责的框架内，充分发挥涉及各民族的群团组织、经济组织、社会组织、自治组织的作用，引导各民族群众主动参与服务管理工作，以自治撬动共治。[2] 同时，要注重市域社会治理承上启下的枢纽作用，使流动人口服务管理工作成为出台有利于构建互嵌式社会结构的政策举措和体制机制的重要实践基础，服务于国家民族事务治理的大局。

另一方面，基于循证的接纳能力建设要以社区为焦点。城市社区始终

---

[1] 吴晓林：《城市性与市域社会治理现代化》，《天津社会科学》2020 年第 3 期。

[2] 吴晓林：《党如何链接社会：城市社区党建的主体补位与社会建构》，《学术月刊》2020 年第 5 期。

是做好流动人口服务管理工作，实现市域社会治理现代化的关键。国家治理看市域，市域治理看社区。坚持立足社区，真正做到服务管理的精准化和精细化，需要聚焦社区治理在市域社会治理中的"下沉"和"上浮"功效，既能解决实际工作中的具体问题，又为决策制定提供直接依据；需要构建各民族全方位嵌入的社区环境，在社区治理中同步开展民族团结进步创建，把每一个环节浸入促进民族交往交流交融之中，通过建设社区共同体来打牢中华民族共同体的思想基础；需要增加社区的公共服务供给，善用新媒体资源和网络，[①] 回应各族群众对城市美好生活的新需要，在语言、技能、住房、医疗、教育等关键方面提供尽可能的支持，做实做细各项服务管理工作；需要做好社区内涉及不同民族流动人口的风险化解，以网格为基础，增强网格员的业务能力，加强法律法规的宣传教育，加大法律援助力度，健全民族关系的监测机制，完善矛盾纠纷的调处机制，把风险消除在萌芽状态，防止社会矛盾外溢；需要加强社区工作队伍的专业化能力，强化对习近平总书记关于加强和改进民族工作的重要思想的学习，坚持在人文化、大众化的工作中促进民族团结，营造中华民族一家亲的社区氛围，进一步加强社区工作队伍的力量，在人员、经费、场地等方面提供大力支持，在开放共治的氛围里形成社区、社工、社会的"三社联动"，整合多方资源，建设社会治理共同体；需要关注社区内流动人口服务管理的新对象，发挥民族工作者在服务管理外籍流动人口中的优势，积极应对新情况、新问题。

二 接纳能力建设的体制机制保障

基于循证的接纳能力建设需要相应的流动人口工作体制机制提供有力保障。当前，城市社区流动人口服务管理工作形成了以下基本经验。一是理念上强调服务为先。各民族流动人口的服务和管理是一个有机整体，服务前置管理，在服务中实现管理，在管理中体现服务将会更好地提升工作成效。各民族流动人口在进得来、留得住、融得进、过得好的各个环节中可能都会遇到一些特殊的实际困难，通过"点对点"式社区和"点对面"

---

① 陈福平、李荣誉：《见"微"知著：社区治理中的新媒体》，《社会学研究》2019年第3期。

式机构提供的"市民化""同城待遇"的服务把这些困难解决了,就消除了很多矛盾隐患,就赢得了"人心",相应的管理工作就会事半功倍。二是体制上强调多层联动。流动人口的服务管理是一项系统性工作,无论是做"着重点"还是"侧重面"的工作,都需要完善而高效的体制作为支撑。目前,"点对点"模式主要依靠社区—网格的两级结合,"点对面"模式主要依靠市—区—街道—社区的多级对接。无论哪种模式都是重点通过各层级之间的联动实现服务管理工作的社区化,这有利于工作信息和工作责任的传导,有利于流动人口服务管理内容的拓展和延伸。三是体系上强调党建引领。民族工作做得好不好,关键在于党的领导。做好流动人口工作需要切实发挥基层党组织战斗堡垒和基层共产党员先锋模范作用,为各级民族工作提供坚强的组织保障。各社区和机构都积极以党建引领,通过党建+网格化、党建+自治、党建+流入地流出地协调、党建+社会化精细化服务、党建+志愿服务等多种形式开展各项具体工作,使有关政策落到实处,使民族工作发挥实效,推进了城市民族事务治理的创新。四是载体上强调贴近生活。流动人口工作重在平时,重在交心。各社区和机构实践过程中的专题培训、节庆活动、志愿服务等工作载体创新都是以保障各民族流动人口在城市中的合法权益、实现公共服务均等化为方向,以群众喜闻乐见、通俗易懂、实实在在的形式体现的。贴近日常生活的工作载体,既为流动人口提供了满足所需的服务,引导流动人口自我服务管理,又体现人文关怀和人本理念,增进了各民族成员之间的感情。五是方法上强调以人为本。流动人口工作关系民生,不能因为流动人口是外地人而产生歧视和排斥,也要考虑当地居民的合理诉求,以相互尊重为基础才能做到不偏不倚。各社区和机构一方面能够围绕各民族群众在异地他乡的生活需求提供贴心服务,加强城市管理、法律法规等方面的宣传教育;另一方面能够引导当地居民以更加宽容和包容的心态接纳各民族流动人口,为铸牢中华民族共同体意识打下了坚实基础。

在4个维度循证研究的基础上,进一步完善城市社区流动人口工作的体制机制保障可从以下3个方面入手。第一,突出重点,把工作做实。一是工作体系方面需要突出实用。城市社区建立健全各项各民族流动人口工作体系只是第一步,还要使之真正运转起来。这就要求城市和社区充分认识民族团结进步事业的基础性,依托"大统战"格局,积极融合流动人口服务管理和民族团结进步创建，打破只针对个别民族或个别事项的局限。其中，需要着重提升领导小组和"一把手"懂民族工作、会搞民族团结的能力，从而保障各项体制机制发挥实用。另外，社区要积极调动社会力量参与创建，为社会工作者、社团、高校等发挥现实作用打通渠道，搭建平台。这不仅可以充实工作队伍，解基层的燃眉之急，还可以提升民族工作的专业性。二是经济民生方面需要突出实际。"共同团结奋斗，共同繁荣发展"的民族工作主题本身就要求以人民为中心，把调整经济结构和协调民族关系整合[①]起来，通过释放民族元素在培育特色产业、改善人居环境、提高文化素养等方面的能效，提升均等化和有针对性的公共服务能力，解决老百姓"急难愁盼"的问题，使社区和各族居民取得经济社会的实际进步，使人民群众有实际的获得。三是宣传教育方面需要突出实效。片面追求形式极大地制约了铸牢中华民族共同体意识和民族团结进步宣传教育的效果。因此，需要围绕民族工作主线，善于运用"润物细无声"的方式开展工作，贴近百姓生活，直面日常所需，重在生成共情，提高群际沟通的效果。同时，需要善于树立共享的符号形象，以各民族同建的形式提升地方性文化的影响层次，增强文化认同感，从而实现民族文化的互嵌。

第二，关注市域，把工作做活。一是注意发挥面上的窗口作用。习近平总书记在全国民族团结进步表彰大会上的讲话上指出，各民族紧密联系的广度和深度前所未有，民族人口分布格局呈现出大流动、大融居的新特点。而这种现实状况在市域内体现得最为鲜明。因此，市域流动人口服务管理和民族团结进步创建需要统筹城市与农村，统筹各民族的世居群众与流动人口，将经济、民生、宣传、教育、文化、活动、宗教等方面的工作同市域特色结合起来，丰富形式，扩大参与。二是注意发挥线上的枢纽作用。市域层面对上承接中央和省级民族工作的决策部署，居中对辖区内各级的相关工作进行指导，对下又直面基层城市多民族社区的具体工作。因此，市域民族工作需要统筹宏观与微观，统筹顶层设计与具体操作，着眼于体制机制和载体方式，解放思想，大胆尝试，发挥出市域所具有的补短

---

① 彭谦、程志浩：《新时代民族团结进步创新实践与整合效应研究——以黑龙江省牡丹江市为例》，《西南民族大学学报》2019 年第 3 期。

板能力优势,以深化创建内涵。三是注意发挥点上的驱动作用。从市域层面看,有关各民族流动人口的新情况往往出现较早,重难点问题往往表现突出。同时,市域在资源积累、力量调动、政策制定等方面具有明显的比较优势。因此,市域流动人口服务管理和民族团结进步创建需要主动应对新情况、新问题的挑战,针对下列问题开展专项的改革试点工作:其一是在相互嵌入式社区环境的基础上着力构建全方位嵌入的社会结构;其二是在党的领导、法律法规、流动人口、涉及民族因素的群体性事件等重点方面着力推进治理体系和治理能力的现代化;其三是立足超特大城市的特点和需要着力实现民族工作的精细化。[1]

第三,引领示范,把工作做深。一是进一步增强实践引领力。毫无疑问,流动人口服务管理示范城市社区和民族团结进步示范城市社区都扎扎实实开展了一系列的实践,探索出了行之有效的做法和经验。但这些实践工作还要能够为其他地方所用,具有可复制性。因此,需要加强示范工作的类别化建设,适当调整测评指标,增加对各地自选动作的考察,鼓励各示范城市和社区根据现实需要,按照区域、对象、主题等多个维度,以问题为导向进行实践总结。同时,需要加强示范工作的规范化建设,出台示范城市和社区工作总结的模板和清单,对同一主题的实践材料按照相应的标准进行归并,形成针对各种具体问题的创建工作指南。另外,需要加强示范工作的全程化建设,除了经验做法以外,还可以呈现出政策措施的出台背景、经济和社会成本、实施局限、推进趋势等相关内容,提高其他地方复制的合理性和准确性。二是进一步增强理论引领力。示范效应的发挥还在于揭示民族团结进步的规律,只有把握住这一点,各地的经验做法才具有可推广性,才能带动全面的改革。因此,需要加强对示范工作的科学研究,鼓励各示范城市和社区同高校、研究机构建立密切的合作关系,多开展一些实证和定量分析,结合质性研究,提炼创建工作的理论。同时,需要加强对示范单位创建工作的研究,包括学校、企业、部门、机构等,拓展研究对象,丰富研究成果。另外,需要加强对示范工作的循证研究,通过经验证据的反馈改善创建

---

[1] 马东亮:《城市民族团结工作精细化:内涵与实践分析》,《西南民族大学学报》2018年第8期。

工作的设计，进而提升工作绩效。

三 接纳能力建设的循证政策简报

循证政策简报（Evidence-Based Policy Brief）是以简洁明了为主要特点的格式化文本，以达到向决策者、实践者以及利益相关者传递信息、交流经验、辅助决策、促进实施等目的，因而也被称为"证据包"。[1]

如前述各章的内容，本书已经围绕如何提升城市社区接纳流动人口的能力展开了多项系统评价和调查研究。基于所获得的研究证据和实践证据，以及对两类证据的合成分析，参考分级进入的格式，[2] 本书尝试制作循证政策简报以呈现重要信息和摘要（见表6—5），供城市社区工作者和相关决策者参考使用。

表6—5　　　　城市社区接纳能力建设的循证政策简报

1. 背景		社区是社会的基本单元。在各民族大流动、大融居的新时代，做好城市社区民族和流动人口工作，提升城市社区接纳流动人口的能力，对于铸牢中华民族共同体意识、促进各民族流动人口的城市融入和实现社区善治具有重要的意义
2. 已有证据	2.1 居住	（1）向流动人口提供住房相关的服务具有显著的积极效应。 （2）经济社会因素是影响流动人口居住选择的首要因素。 （3）流动人口的居住集聚虽然可能降低住房成本，便于管理，但过于集中居住并不利于社会融入。 （4）流动人口经济社会条件的改善和居住时间的增加并不必然带来集中居住程度的下降，不应追求在短期内从根本上改变居住集聚状况

---

[1] 吴建、王垠莹：《卫生项目政策简报撰写的方法与技巧：以中英全球卫生支持项目（GHSP）为例》，《中国卫生政策研究》2017年第8期。

[2] Lavis, J. 等：《知证卫生决策工具之十三——准备和使用政策简报支持知证决策》，《中国循证医学杂志》2010年第5期。

续表

2. 已有证据	2.2 教育	（1）将国家通用语言文字教育、民族团结进步教育同流动人口的日常工作生活实际相结合，与区域文化、地方性知识相结合。 （2）建设包容性的学习环境对开展国家通用语言文字教育和民族团结进步教育非常重要。 （3）向流动人口提供子女入学相关的服务具有显著的积极效应。 （4）在教育培训中应用网络和移动设备有积极作用
	2.3 就业	（1）流动人口在就业行业、岗位上的集中可能降低找工作的成本，避免竞争风险，但从长远看不利于经济融入。 （2）引导流动人口减少对同族、同乡的依赖，拓展他们在当地的社会关系和社会资源。 （3）引导族裔特色经济同城市社区经济文化的交融发展。 （4）通过各种培训提升流动人口的技能和素养，满足不同的就业需求
	2.4 关系	（1）优化公共服务能力，充分保障各民族流动人口享受社区服务。 （2）确保各类服务信息及时准确的公开与传播。 （3）设计建造有包容性的社区景观和标识，尤其是善于利用各民族居民共享的社区文化符号和社区形象，营造良好的公共活动空间。 （4）维护社区安全，保障公安、司法方面的服务管理
	2.5 机制	（1）建立党建引领、多方协同合作的工作机制。 （2）以真情实意、服务为先为基本理念。 （3）引导高校、大学生、社会工作者、社会组织参与民族和流动人口工作。 （4）引导流动人口开展自我服务管理，参与社区事务。 （5）增强流动人口生活场合与工作场合的服务管理协作。 （6）增强当地社区之间的互动，建立与流出地社区的联系

续表

3. 成本	吸纳其他相关主体参与流动人口工作将降低工作成本，实现社区基层工作的整合与融合将降低工作成本
4. 重点建议	（1）在推进市域社会治理现代化进程中完善社区民族和流动人口工作体系。 （2）根据各民族流动人口的流动类型，依托网格提升服务管理的精准化。 （3）丰富活动内容，创新工作载体，增加接触机会，增进沟通交流。 （4）注重正面的宣传报道，关注新媒体和自媒体平台。 （5）开展工作评估，消除某些措施做法的潜在风险，避免"好心办坏事"。 （6）关注流动人口在自雇、受雇、待业、失业之间的状态转换。 （7）注重从降低当地居民的焦虑感和恐惧感的角度，消除可能存在的对流动人口的刻板印象、偏见和污名化
5. 待研究的证据	相关政策文本未纳入系统评价
6. 备注	具体内容、研究方法、参考文献等详见相关各章节

结　　语

新冠肺炎重大疫情发生之后，学术界围绕"流动"和"治理"进行了深刻的反思与探讨。英国牛津大学人类学家项飙认为，中国社会的大流动并没有促进人口和资源的扩散，而是强化了集中，出现了"流动性聚集"。[1] 本书在对城市社区流动人口现状的调查中也发现，无论是何种流动类型，聚集性都在各民族流动人口中有不同程度的体现。而这种聚集与"民族"因素密不可分，或者说，"民族"因素促成了各民族流动人口在"流动性聚集"大背景中的再聚集，表现在一些城市和社区、一些行业和岗位或者一些时间阶段中不同民族流动人口聚集程度的增强。尽管通过同族网络研究人口流动并不是一个新视角，但本书尝试提出"族域流动"的假设性概念来进一步描述当前城市社区流动人口的"流动性聚集"现象。所谓"族域流动"的第一层含义是"族和域"，不同民族流动人口会选择在家乡和一个或几个相对固定的城市间流动，而且这种流动往往是"漂浮"的，并不以扎根为目的。这些地点共同构成了一个联系紧密的场域，即使流动人口原有同族网络弱化甚至不再存在，依然能够吸引新的人口流入。第二层含义是"族的域"，不同民族流动人口会在城市中形成相对聚集的、稳定的生产生活空间和社会交往空间。这些空间往往与一定的社区、企业、学校、行业或部门关联叠加在一起，造成了城市社会结构的分化。[2] 在此背景下，加强城市社区的接纳能力建设对于应对"族域流动"带来的挑战，推动各民族流动人口单向嵌入向各民族相互嵌入转变，

---

[1] 项飙：《"流动性聚集"和"陀螺式经济"假说：通过"非典"和新冠肺炎疫情看中国社会的变化》，《开放时代》2020年第3期。

[2] 李怀：《转型期中国城市社会分层与流动的新趋势》，《广东社会科学》2020年第4期。

进而实现融居，有着特别的意义。

本书对提升城市社区接纳流动人口的能力进行了基于循证的探索，围绕居住、教育、就业、关系等方面的相关问题开展了系统评价和调查研究，获取了有效的研究证据和实践证据。这里再次强调说明的是，本书所提炼证据的质量和信度的高低仅代表研究者推荐程度的强弱，仅代表建议实践者和决策者优先或重点参考高质量、高信度的证据。只有将证据同具体社区的具体工作相结合，才意味着高质量和高信度的证据转化为好证据和适当的证据。因此，构建城市社区接纳能力建设的循证路径需要研究证据和实践证据的相互支撑，需要一次研究和二次研究的有机整合，需要研究者和实践者的协同努力。新冠肺炎疫情的暴发给研究工作的开展带来了较大的影响，但同时，本书也运用循证方法对重大疫情中如何做好流动人口的服务管理工作进行了初步分析，并形成了具体建议（见附录）。

当然，本书也存在着明显不足。一是在循证的方法学方面。首先，对证据异质性的处理较为薄弱。社会异质性、民族异质性、城市和社区异质性不仅关系到对证据质量和信度的评价，也关系到证据的使用。但受循证社会科学方法尚不成熟的影响，本书对具体证据同具体环境的结合分析不够。其次，没有能够对研究证据和实践证据进行元分析，无法将研究结果以森林图（Forest Plot）、证据地图（Evidence and Gap Maps）等直观方式量化呈现，制约了本书质量的提升。再次，对证据的检索不够全面。除了选用的数据库有限以外，没有对政策文本进行检索和分析，而只是依靠实地调研、问卷调查的手段，可能对证据的提炼及合成产生一定的影响。二是在证据的应用反馈方面。受客观因素影响，本书所获得的各类证据、所制作的政策简报、所形成的主要建议尚未得到城市社区相应的反馈信息，因而也未能对研究结论进行修订和完善。三是在研究的具体环节方面。本书对各民族流动人口和城市社区的对象设定比较宽泛，没有对流动人口的共性问题和部分民族流动人口的特性问题进行探讨，没有将流动人口和移民两个概念在中外不同语境中加以梳理；所选取的居住、教育、就业、关系4个方面接纳能力的分析内容不够全面；系统评价所针对问题的设计仍然不够具体；对典型社区的调查研究不够深入，所获取的实践证据同研究证据的对应不够明确。

在今后的研究中，我们将利用定性—定量—定性的顺序设计，进一步开展城市社区流动人口工作的效果研究（如各民族流动人口对社区接纳的感受、为什么有些接纳工作没有达到预期效果）、接纳措施的输出与结果之间的相关性研究（如哪些因素促进或阻碍了社区接纳工作的实施），以及针对城市社区接纳流动人口的某个具体问题的比较研究（如不同社区对负面的刻板印象进行了怎样不同的评估和干预，效果有什么不同），以期用循证研究的成果搭建城市民族事务治理理论与实践之间的互通桥梁，为新文科建设①提供有力的支撑。

---

① 杨克虎、魏志鹏：《探索新文科背景下循证社会科学新发展》，《中国社会科学报》2020年12月8日第A01版。

参考文献

一 中文文献

(一) 著作类

拜争刚主编:《循证社会科学》,华东理工大学出版社2019年版。

陈丰:《城市化进程中流动人口服务管理创新研究》,华东理工大学出版社2015年版。

陈菊红:《"国家—社会"视域下的流动人口自我管理研究》,浙江大学出版社2016年版。

费孝通:《社会学在成长》,天津人民出版社1990年版。

湖北省卫生计生委:《湖北流动人口发展报告2014—2017》,武汉大学出版社2018年版。

[日]今井耕介:《量化社会科学导论》,祖梓文等译,上海财经大学出版社2020年版。

康岚:《大城市的新"土客"关系》,社会科学文献出版社2019年版。

黎熙元:《现代社区概论》,中山大学出版社2010年版。

李吉和:《中东部地区回族等流动人口城市融入问题研究》,中国社会科学出版社2019年版。

李吉和等:《流动、调试与融入:城市少数民族流动人口调查》,华中科技大学出版社2016年版。

李晓轩等:《基于证据的政策制定:中英比较研究》,科学出版社2015年版。

李叶妍:《中国城市包容度、流动人口与城市发展研究》,社会科学文献出版社 2017 年版。

陆军：《营建新型共同体：中国城市社区治理研究》，北京大学出版社 2019 年版。

陆立军、王祖强、杨志文：《义乌模式》，人民出版社 2008 年版。

［美］安·马克捷克、林恩·马库斯：《如何做好政策研究：讲证据、得人心、负责任》，李学斌等译，重庆大学出版社 2020 年版。

马胜春：《中国城市少数民族流动人口的生活适应性研究》，中国财政经济出版社 2012 年版。

马艳：《一个信仰群体的移民实践——义乌穆斯林社会生活的民族志》，中央民族大学出版社 2012 年版。

彭宇、高颖：《流动人口社会融合状况的城际差异与影响分析》，经济科学出版社 2017 年版。

单菲菲：《多民族社区治理——以西北地区为例》，社会科学文献出版社 2019 年版。

唐梅：《城市化进程中转制民族社区建设研究》，科学出版社 2016 年版。

唐亚林等：《社区治理的逻辑：城市社区营造的实践创新与理论模式》，复旦大学出版社 2014 年版。

田烨、李晓婉：《城镇化进程中各民族跨区域大流动研究》，中国社会科学出版社 2019 年版。

童峰、拜争刚：《循证社会工作研究方法（理论篇）》，中国社会出版社 2019 年版。

王峰：《少数民族人口散、杂居现状与发展态势研究》，中国社会科学出版社 2011 年版。

王延中、隋青主编：《中国民族发展报告（2018）：民族团结进步创建》，社会科学文献出版社 2018 年版。

魏丽莉、斯丽娟：《循证经济学》，中国人民大学出版社 2020 年版。

吴缚龙、宁越敏：《转型期中国城市的社会融合》，科学出版社 2018 年版。

项飙：《跨越边界的社区：北京"浙江村"的生活史》，生活·读书·新知三联书店 2018 年版。

肖子华：《人口流动与社会融合：理论、指标与方法》，社会科学文献出版社 2018 年版。

徐水源：《社会融合：新时代中国流动人口发展之路》，人民出版社 2019 年版。

杨克虎、李秀霞、拜争刚：《循证社会科学研究方法：系统评价与 Meta 分析》，兰州大学出版社 2018 年版。

杨茂庆：《多元与交融：少数民族流动儿童的城市社会融入问题对策研究》，商务印书馆 2019 年版。

郑冰岛：《冲突与融合：社会转型中的流动人口》，上海书店出版社 2018 年版。

郑杭生：《社会学概论新修（第四版）》，中国人民大学出版社 2014 年版。

中国社会科学院《义乌发展之文化探源》课题组：《义乌发展之文化探源》，社会科学文献出版社 2007 年版。

周立、曹海军主编：《中国城市社区治理报告》，中国社会出版社 2019 年版。

（二）论文类

艾少伟、李娟、段小微：《城市回族社区的地方性——基于开封东大寺回族社区地方依恋研究》，《人文地理》2013 年第 6 期。

拜争刚等：《定性系统评价证据分级工具——CERQual 简介》，《中国循证医学杂志》2015 年第 12 期。

拜争刚等：《循证社会科学的起源、现状及展望》，《中国循证医学杂志》2018 年第 10 期。

拜争刚等：《循证社会科学的推动者：Campbell 协作网》，《中国循证医学杂志》2018 年第 12 期。

拜争刚、王西贝：《Campbell 中国联盟：国内循证社会科学发展的有力推动者》，《医学新知》2020 年第 4 期。

卞薇等：《混合方法研究系统评价简介》，《中国循证医学杂志》2019 年第 4 期。

陈福平、李荣誉：《见"微"知著：社区治理中的新媒体》，《社会学研究》2019 年第 3 期。

陈文超：《概念辨析：自雇、自主经营与创业——基于进城个体经济活动现象分析》，《中共福建省委党校学报》2017 年第 8 期。

陈轶等：《拉萨市河坝林地区回族聚居区社会空间特征及其成因》，《长江流域资源与环境》2013 年第 1 期。

陈永亮:《成都市民族社区民族关系研究》,硕士学位论文,中央民族大学,2013 年。

陈友华、苗国:《制度隔离背景下的流动人口社会融合:何以可能?》,《人口与发展》2014 年第 3 期。

陈宇:《空间重构与认同再造:新加坡互嵌社区中的族际整合及其启示》,《宁夏社会科学》2018 年第 3 期。

程云凤:《城市多族裔共存视角下的新加坡住房民族一体化政策研究》,硕士学位论文,中央民族大学,2015 年。

邓光奇、韩金镕、蔡宏波:《少数民族人口就业特征的变化——基于六次"中国家庭收入调查"(CHIPS)数据的分析》,《民族研究》2020 年第 2 期。

邓崧等:《城市多民族聚居社区治理模式研究——以昆明市金沙社区为例》,《云南行政学院学报》2019 年第 2 期。

邓彤博、王子成:《民族特性、地理位置、流动范围与广东农民工住房选择——基于流动人口动态监测调查数据的实证分析》,《兰州学刊》2019 年第 8 期。

邓秀勤、朱朝枝:《农业转移人口市民化与地方依恋:基于快速城镇化背景》,《人文地理》2015 年第 3 期。

丁红艳:《新疆少数民族农民工的城市适应性研究》,博士学位论文,新疆农业大学,2015 年。

董敬畏:《流动与社会边界——流动人口融合认同的建构》,《浙江学刊》2018 年第 1 期。

董志勇、高雅:《社会融合与农民工自我雇佣选择》,《经济与管理研究》2018 年第 1 期。

杜宝贵、张慧芳:《从"医学"到"公共管理学"——循证决策范式的扩散》,《广州大学学报》2019 年第 1 期。

范可:《流动性与风险:当下人类学的课题》,《中南民族大学学报》2014 年第 5 期。

方长春:《中国城市移民的住房——基于社会排斥的视角》,《社会学研究》2020 年第 4 期。

方纲、林伯海：《少数民族流动人口社会融合的动力与障碍——基于成都市的调查》，《西藏民族大学学报》2019年第5期。

冯雪红、张欣：《少数民族人口迁移及其学术脉络》，《贵州民族研究》2020年第12期。

高翔、鱼腾飞、张燕：《城市中穆斯林流动人口的空间行为特征及动力机制研究——以兰州市回族、东乡族为例》，《世界地理研究》2010年第2期。

高向东、王新贤：《中国少数民族人口分布与变动研究——基于1953—2010年人口普查分县数据的分析》，《民族研究》2018年第1期。

高向东、王新贤、朱蓓倩：《基于"胡焕庸线"的中国少数民族人口分布及其变动》，《人口研究》2016年第3期。

高向东、余运江、黄祖宏：《少数民族流动人口城市适应研究——基于民族因素与制度因素比较》，《中南民族大学学报》2012年第2期。

桂勇、黄荣贵：《城市社区：共同体还是"互不相关的邻里"》，《华中师范大学学报》2006年第6期。

郭圣莉、张良：《改革开放以来中国城市社区制的形成及其推进机制研究》，《理论探讨》2020年第1期。

韩挺：《格尔木市居住隔离问题研究》，硕士学位论文，西安建筑科技大学，2014年。

郝亚明、赵俊琪：《改革开放以来中国民族政策的变迁——基于共词分析方法和政策工具的视角》，《中南民族大学学报》2018年第3期。

何立华、成艾华：《少数民族人口流动的特征、变化及影响——基于最近两次全国人口普查资料的分析》，《民族研究》2016年第6期。

何明、木薇：《城市族群流动与族群边界的建构——以昆明市布依巷为例》，《民族研究》2013年第5期。

何乃柱、王丽霞：《西北少数民族新生代农民工的群体特征研究》，《北方民族大学学报》2013年第5期。

何月华：《少数民族农民工的身份认同与城市融入——基于广西南宁一个少数民族农民工聚居地的考察》，《广西民族研究》2019年第2期。

河南省民族宗教事务委员会：《努力做好少数民族进城务工经商人员国家通用语言文字培训工作》，《中国民族》2019年第4期。

胡鹏辉、杨奎臣、贾爱宾:《影响城市居民接纳农民的态度的因素》,《城市问题》2018 年第 11 期。

胡兆义:《城市少数民族流动人口生活方式变迁及社会适应——以湖北省为例》,《回族研究》2018 年第 1 期。

黄崇斐等:《定性系统评价的撰写方法介绍》,《中国循证医学杂志》2015 年第 9 期。

黄毅:《族群、空间与公共治理的实践逻辑——以乌鲁木齐市为例》,博士学位论文,华东师范大学,2014 年。

冀慧珍:《获得感:少数民族流动人口城市融入的标尺》,《西南民族大学学报》2021 年第 2 期。

贾美姣:《交往理论视角下城市社区流动人口融合路径探究》,《南方论坛》2018 年第 9 期。

蒋连华:《城市少数民族流动人口聚居区的形成及应对原则》,《社会科学》2006 年第 9 期。

焦开山:《中国少数民族人口分布及其变动的空间统计分析》,《西南民族大学学报》2014 年第 10 期。

靳英辉等:《系统评价与 Meta 分析的内涵及价值》,《同济大学学报》2019 年第 1 期。

Lavis, J. 等:《知证卫生决策工具之十三——准备和使用政策简报支持知证决策》,《中国循证医学杂志》2010 年第 5 期。

李怀:《转型期中国城市社会分层与流动的新趋势》,《广东社会科学》2020 年第 4 期。

李辉:《少数民族流动人口的经济地位获得及其决定因素》,《西北民族研究》2020 年第 3 期。

李吉和、张娇蓉:《少数民族流动人口融入城市的社会认同考量——基于武汉、广州、杭州、宁波市的调查》,《烟台大学学报》2018 年第 3 期。

李文钊:《中国公共政策研究:回顾、进展与展望》,《公共行政评论》2019 年第 5 期。

李晓婉:《少数民族流动人口就业质量研究——以珠三角地区为例》,《湖北民族大学学报》2020 年第 3 期。

李晓霞:《乌鲁木齐市建设嵌入式社区环境的政策实践调查》,《北方民族大学学报》2017年第6期。

李琰、喻佳洁、李幼平：《循证科学：构建突破学科界限的会聚共生体系》，《中国循证医学杂志》2019年第5期。

李永娜、袁校卫：《新时代城市社区治理共同体的建构逻辑与实现路径》，《云南社会科学》2020年第1期。

李煜：《利益威胁、文化排斥与受挫怨恨——新"土客"关系下的移民排斥》，《学海》2017年第2期。

李煜、康岚：《个体化赋权：特大城市中新"土客"关系的调适路径》，《江苏社会科学》2016年第2期。

良警宇：《社区内空间分异、住房公平及和谐社区建设：对拆迁改造后北京市少数民族新聚居社区的分析》，载《中国城市研究（第四辑）》，商务印书馆2011年版，第117—129页。

梁新芳、张星久：《城市少数民族流动人口的管理机制创新研究——基于"整体性政府"理论视角》，《湖北行政学院学报》2018年第5期。

廖贺贺：《兰州市流动穆斯林职住关系研究》，硕士学位论文，兰州大学，2017年。

刘东旭、孙嬛：《围市而居：南阳流动维吾尔族的社区建设》，《中央民族大学学报》2018年第6期。

刘光华：《法循证学：法学与循证科学的交叉方法和领域》，《图书与情报》2018年第3期。

刘吉昌、吴钧、敖日格乐：《探索城市民族工作规律 推进城市民族工作新发展》，《黑龙江民族丛刊》2018年第1期。

刘金成：《西北地区城市少数民族流动人口就业及影响因素研究》，硕士学位论文，西北民族大学，2020年。

刘军强、胡国鹏、李振：《试点与实验：社会实验法及其对试点机制的启示》，《政治学研究》2018年第4期。

刘明：《诚信与信仰：中国义乌海外穆斯林商人研究》，博士学位论文，清华大学，2015年。

刘西慧：《现代化浪潮下南京市少数民族聚居区的演化与特征初探——以七家湾回族聚居区为例》，硕士学位论文，东南大学，2015年。

柳建坤、许弘智：《利益威胁、政府工作满意度与市民对进城农民的接纳意愿——基于CSS2011数据的实证分析》,《社会》2019年第2期。

吕佳龄、温珂:《循证决策的协同模式:面向国家治理体系和治理能力现代化的科学与决策关系建构》,《中国科学院院刊》2020年第5期。

罗楚亮、刘晓霞:《住房贫困的民族差异与住房反贫困的政策选择》,《天津财经大学学报》2015年第12期。

马东亮:《城市民族团结工作精细化:内涵与实践分析》,《西南民族大学学报》2018年第8期。

马小花:《城市(西安、兰州)流动穆斯林居住空间选择比较研究》,硕士学位论文,兰州大学,2019年。

马小亮、樊春良:《基于证据的政策:思想起源、发展和启示》,《科学学研究》2015年第3期。

马宗保、王卓卓、马天龙:《银川市流动人口调查报告》,《西北民族研究》2007年第3期。

闵言平:《完善少数民族流动人口服务管理体系》,《中国民族报》2020年12月8日第5版。

彭建军、刘荣:《城市少数民族流动人口市民化突出问题及对策——以湖北省10个城市为例》,《中南民族大学学报》2019年第6期。

彭谦、程志浩:《新时代民族团结进步创新实践与整合效应研究——以黑龙江省牡丹江市为例》,《西南民族大学学报》2019年第3期。

彭庆军:《族群住房配额制:各民族互嵌式社区建设的新加坡实践与启示》,《民族学刊》2017年第6期。

乔国存、康旭、包格乐:《城市民族相互嵌入的社会结构和社区环境建设实证研究——以浙江省两个社区民族工作为例》,《北方民族大学学报》2018年第3期。

单菲菲、罗晶:《新时代城市民族互嵌式社区的建设与治理——基于西北地区四个社区的调查》,《中南民族大学学报》2019年第3期。

单昕:《城市多民族社区居住格局变迁研究》,硕士学位论文,新疆大学,2011年。

宋月萍、陶椰:《融入与接纳:互动视角下的流动人口社会融合实证研究》,《人口研究》2012年第3期。

隋青等:《我国民族团结进步创建的实践》,《民族研究》2018年第6期。

孙九霞等：《跨学科聚焦的新领域：流动的时间、空间与社会》，《地理研究》2016 年第 10 期。

孙文慧：《上海市外来少数民族流动人口新情况、新问题的探讨》，《市场与人口分析》2007 年第 13 期。

覃涛：《人口迁移背景下的少数民族地区语言变化研究——以广西桂林市为例》，博士学位论文，上海外国语大学，2019 年。

汤夺先：《西北城市少数民族流动人口现状的调查分析——以甘肃省兰州市的调查为视点》，《西北第二民族学院学报》2008 年第 2 期。

汤夺先、刘辰东：《族裔特色经济与少数民族流动人口的城市融入》，《西北民族研究》2019 年第 4 期。

汤夺先、刘辰东、杨珍：《东部沿海城市少数民族新生代农民工的社会资源资本化研究——以山东省三市为中心》，《民族研究》2020 年第 2 期。

汤夺先、任嘉威：《民族社会工作介入少数民族新生代农民工城市融入研究》，《湖北民族学院学报》2018 年第 5 期。

田蕴祥：《排斥还是包容：不同世代在地居民对外来农民工接纳态度的比较实证分析》，《中国农业大学学报》2015 年第 2 期。

童峰、郑昊、刘卓：《从循证医学到循证实践的思辨与发展》，《医学与哲学》2017 年第 2A 期。

王丹丹：《城市社区治理中公共性重构的困境及其超越》，《云南行政学院学报》2020 年第 1 期。

王俊美：《弥合理论研究与政策实践的鸿沟》，《中国社会科学报》2021 年 3 月 5 日第 A02 版。

王启涛：《中国历史上的通用语言文字推广经验及其对铸牢中华民族共同体意识的重要意义》，《西南民族大学学报》2020 年第 11 期。

王舒媛、白凯：《西安回坊旅游劳工移民的地方依恋与幸福感》，《旅游学刊》2017 年第 10 期。

王文彬、肖阳、边燕杰：《自雇群体跨体制社会资本的收入效应与作用机制》，《社会学研究》2021 年第 1 期。

王兴周：《族群性、都市乡民与包容性城市建设》，《民族研究》2017 年第 1 期。

王学军、王子琦：《从循证决策到循证治理：理论框架与方法论分析》，

《图书与情报》2018 年第 3 期。

王学荣：《城市民族语文公共服务的原则与思路探析》，《西南民族大学学报》2013 年第 6 期。

王延中：《对如何认识和做好民族团结进步创建工作的几点思考》，《中国民族报》2019 年 3 月 22 日第 5 版。

王远：《加拿大流动儿童城市社会融入研究》，硕士学位论文，广西师范大学，2016 年。

温士贤、朱竑：《城市少数民族流动人口的时空行为与文化响应——基于广州苗族务工者的实证研究》，《华南师范大学学报》2018 年第 4 期。

吴建、王垠莹：《卫生项目政策简报撰写的方法与技巧：以中英全球卫生支持项目（GHSP）为例》，《中国卫生政策研究》2017 年第 8 期。

吴庆华：《城市空间类隔离：基于住房视角的转型社会分析》，博士学位论文，吉林大学，2011 年。

吴蓉等：《广州城市居民地方依恋测度与机理》，《地理学报》2019 年第 2 期。

吴潇：《区隔还是融合：全球化背景下跨国移民的空间生产——基于浙江省义乌市的实证研究》，硕士学位论文，华东师范大学，2019 年。

吴晓林：《城市性与市域社会治理现代化》，《天津社会科学》2020 年第 3 期。

吴晓林：《党如何链接社会：城市社区党建的主体补位与社会建构》，《学术月刊》2020 年第 5 期。

吴晓林：《治权统合、服务下沉与选择性参与：改革开放四十年城市社区治理的"复合结构"》，《中国行政管理》2019 年第 7 期。

吴晓林、谭晓琴：《破解"陌生人社区"困境：社区归属感研究的一项评估》，《行政论坛》2020 年第 2 期。

吴月刚、李辉：《美国 ESL 项目对我国城市少数民族流动人口服务与管理工作的启示》，《中国民族报》2016 年 6 月 24 日第 7 版。

夏建中：《现代西方城市社区研究的主要理论与方法》，《燕山大学学报》2000 年第 2 期。

项飙：《"流动性聚集"和"陀螺式经济"假说：通过"非典"和新冠肺炎疫情看中国社会的变化》，《开放时代》2020 年第 3 期。

肖林：《"'社区'研究"与"社区研究"——近年来我国城市社区研究述评》，《社会学研究》2011年第4期。

谢珂：《北京市维吾尔族流动人口聚居区特征与形成机制研究》，《宁夏社会科学》2015年第2期。

谢勇：《少数民族流动人口的就业状况及其影响因素》，《云南民族大学学报》2019年第4期。

修文雨：《上海市少数民族流动人口居住状况研究》，硕士学位论文，华东师范大学，2015年。

徐祥运、朱子健、刘洪佐：《城市少数民族流动人口工作的战略方向选择和近期目标导向研究——一个群际接触理论的视角》，《辽宁省社会主义学院学报》2018年第1期。

许可可：《区隔与融合——上西园社区少数民族流动人口聚居区研究》，硕士学位论文，兰州大学，2017年。

闫丽娟：《民族工作的社区化：城市化进程中协调民族关系的一种视角》，《贵州民族研究》2006年第1期。

严庆：《接纳与包容：城市民族工作需要的社会心态与风尚》，《中国民族报》2016年5月27日第7版。

颜士梅、梅丽珍：《循证管理中"证据"的内涵及测量》，《软科学》2012年第11期。

杨建超：《城市社区民族工作研究——基于西园街道的调查》，博士学位论文，兰州大学，2017年。

杨菊华：《从隔离、选择融入到融合：流动人口社会融入问题的理论思考》，《人口研究》2009年第1期。

杨克虎：《循证社会科学的产生、发展与未来》，《图书与情报》2018年第3期。

杨克虎、魏志鹏：《探索新文科背景下循证社会科学新发展》，《中国社会科学报》2020年12月8日第A01版。

杨敏、郑杭生：《社会互构论：全貌概要和精义探微》，《社会科学研究》2010年第4期。

杨文登：《社会工作的循证实践：西方社会工作发展的新方向》，《广州大学学报》2014年第2期。

杨文登:《循证实践:一种新的实践形态?》,《自然辩证法研究》2010 年第 4 期。

杨文登、叶浩生:《社会科学的三次"科学化"浪潮:从实证研究、社会技术到循证实践》,《社会科学》2012 年第 8 期。

姚文静:《城市少数民族流动人口文化适应问题及其调适路径研究——以广州市为例》,硕士学位论文,广东技术师范大学,2019 年。

宜昌市民宗局:《深化"双语双向"教育 促进"融入融合"发展——湖北宜昌市扎实推进少数民族进城务工人员语言文化政策教育服务工作》,《民族大家庭》2019 年第 2 期。

张彬、熊万胜:《社会性解构:对征地拆迁过程的阐释——基于 L 县的调研》,《南京农业大学学报》2019 年第 1 期。

张继亮:《循证政策:政策证据的类型、整合与嵌入》,《社会科学》2019 年第 11 期。

张静怡等:《定性资料的系统评价方法学汇总》,《中国循证心血管医学杂志》2017 年第 5 期。

张兰:《国内城市社区研究的核心争论与学术热点》,《北京科技大学学报》2020 年第 6 期。

张丽、史毅:《西部少数民族的流动选择与收入回报研究》,《南方人口》2018 年第 3 期。

张少尧等:《城市流动人口居住自选择中的空间权衡分析——以成都市为例》,《地理研究》2018 年第 12 期。

张世英、邱世凤:《澳大利亚语言政策发展概况对我国语言政策制定的启示——基于我国流动人口多语言、多方言状态》,《成都大学学报》2017 年第 1 期。

张云昊:《循证政策的发展历程、内在逻辑及其建构路径》,《中国行政管理》2017 年第 11 期。

张中华、焦林申:《城市历史文化街区的地方感营造策略研究——以西安回民街为例》,《城市发展研究》2017 年第 9 期。

赵伯艳:《城市社区冲突的参与式治理途径探析》,《云南行政学院学报》2015 年第 6 期。

赵瑞等:《质性研究系统评价在循证指南制定中的应用价值》,《中国循证医学杂志》2016 年第 7 期。

赵旭东、朱鸿辉:《城市化进程与乡村振兴——基于一种文化转型人类学视角下的移民思考》,《学术研究》2018 年第 8 期。

周大鸣:《移民与城市活力——一个都市人类学研究的新视角》,《学术研究》2018 年第 1 期。

周如南:《都市冒险主义下的社会空间生产——凉山地区彝族人口的城市流动及其后果》,《开放时代》2013 年第 4 期。

朱蓓倩:《上海外籍人口城市融入研究》,博士学位论文,华东师范大学,2016 年。

二 外文文献

(一) 著作类

Arbaci, S. 2019. *Paradoxes of Segregation: Housing Systems, Welfare Regimes and Ethnic Residential Change in Southern European Cities*. Hoboken and West Sussex: John Wiley and Sons Ltd.

Azzopardi, A., and Grech, S. 2012. *Inclusive Communities: A Critical Reader*. Rotterdam, Boston and Taipei: Sense Publishers.

Beacco, J.-C., Krumm, H.-J., Little, D., and Thalgott, P. 2017. *The Linguistic Integration of Adult Migrants*. Berlin/Boston: Walter de Gruyter GmbH.

Bestor, T. 2004. *Tsukiji: The Fish Market at the Center of the World*. Berkeley: University of California Press.

Brettell, C., and Hollifield, J. 2015. *Migration Theory: Talking Across Disciplines-third Edition*. London and New York: Routledge.

Cairney, P. 2016. *The Politics of Evidence-based Policy Making*. London: Palgrave Macmillan.

Cohen, J., and Sirkeci, I. 2011. *Cultures of Migration*. Austin: University of Texas Press.

Heath, A., and Cheung, S. Y. 2006. *Ethnic Penalties in the Labour Market: Employers and Discrimination*. Leeds: Department for Work and Pensions.

Modood, T. 2005. *Multicultural Politics: Racism, Ethnicity and Muslims in*

Britain. Edinburgh: Edinburgh University Press.

Parkhurst, J. 2017. *The Politics of Evidence: From Evidence-based Policy to the Good Governance of Evidence*. London and New York: Routledge.

Pawson, R. 2006. *Evidence-based Policy: A Realist Perspective*. London, Thousand Oaks and New Delhi: SAGE Publications.

Schumann, J. 1978. *Social and Psychological Factors in Second Language Acquisition. Understanding Second and Foreign Language Learning*. Rowley, MA: Newbury House Publishers.

Smith, D., Finney, N., Halfacree, K., and Walford, N. 2015. *Internal Migration: Geographical Perspectives and Processes*. Surrey and Burlington: Ashgate.

Tammaru, T., Marcinńczak, S., and Van Ham, M. 2016. *Socio-economic Segregation in European Capital Cities: East Meets West*. Abingdon and New York: Routledge.

（二）论文类

Abada, T., Hou, F., and Lu, Y.-Q. 2014. "Choice or Necessity: Do Immigrants and Their Children Choose Self-employment for the Same Reasons?" *Work, Employment and Society*, 28 (1).

Adamuti-Trache, M., Anisef, P., and Sweet, R. 2018. "Differences in Language Proficiency and Learning Strategies Among Immigrant Women to Canada", *Journal of Language, Identity and Education*, 17 (1).

Agyei-Mensah, S., and Owusu, G. 2010. "Segregated by Neighbourhoods? A Portrait of Ethnic Diversity in the Neighbourhoods of the Accra Metropolitan Area, Ghana", *Population, Space Place*, 16.

Al-Sabbagh, K., Bradley, L., and Bartram, L. 2019. "Mobile Language Learning Applications for Arabic Speaking Migrants-a Usability Perspective", *Language Learning in Higher Education*, 9 (1).

Andersen, H., Andersson, R., Wessel, T., and Vilkama, K. 2016. "The Impact of Housing Policies and Housing Markets on Ethnic Spatial Segregation: comparing the Capital Cities of Four Nordic Welfare States", *International Journal of Housing Policy*, 16 (1).

Andersen, H., Tumer, L. and Søholt, S. 2013. "The Special Importance of Housing Policy for Ethnic Minorities: Evidence from a Comparison of Four Nordic Countries", *International Journal of Housing Policy*, 13 (1).

Andersen, H. 2010. "Spatial Assimilation in Denmark? Why Co Immigrants Move to and From Multi-ethnic Neighbourhoods?" *Housing Studies*, 25 (3).

Andersson, L., and Hammarstedt, M. 2015. "Ethnic Enclaves, Networks and Self-employment among Middle Eastern Immigrants in Sweden", *International Migration*, 53 (6).

Andersson, R. 2013. "Reproducing and Reshaping Ethnic Residential Segregation in Stockholm: the Role of Selective Migration Moves", *Geografiska Annaler: Series B, Human Geography*, 95 (2).

Anthias, F., and Cederberg, M. 2009. "Using Ethnic Bonds in Self-employment and the Issue of Social Capital", *Journal of Ethnic and Migration Studies*, 35 (6).

Asad, A. 2014. "Contexts of Reception, Post-disaster Migration, and Socioeconomic Mobility", *Population and Environment*, 36 (3)

Aslund, O., and Engdahl, M. 2018. "The Value of Earning for Learning: Performance Bonuses in Immigrant Language Training", *Economics of Education Review*, 62.

Auer, D., and Fossati, F. 2019. "The Absent Rewards of Assimilation: How Ethnic Penalties Persist in the Swiss Labour Market", *The Journal of Economic Inequality*, 17 (2).

Auspurg, K., Schneck, A., and Hinz, T. 2019. "Closed Doors Everywhere? A Meta-analysis of Field Experiments on Ethnic Discrimination in Rental Housing Markets", *Journal of Ethnic and Migration Studies*, 45 (1).

Avola, M., and Piccitto, G. 2020. "Ethnic Penalty and Occupational Mobility in the Italian Labour Market", *Ethnicities*, 20 (6).

Avola, M. 2014. "The Ethnic Penalty in the Italian Labour Market: a Comparison between the Centre-north and South", *Journal of Ethnic and Migration*

Studies, 41 (11).

Barnett-Page, E., and Thomas, J. 2009. "Methods for the Synthesis of Qualitative Research: a Critical Review", *Medical Research Methodology*, 9.

Baron, J. 2018. "A Brief History of Evidence Based Policy", *The Annals of the American Academy of Political and Social*, 678.

Bauder, H. 2008. "Explaining Attitudes Towards Self-employment Among Immigrants: a Canadian Case Study", *International Migration*, 46 (2).

Bédard, P. -O., and Ouimet, M. 2016. "Persistent Misunderstandings about Evidence-based (Sorry: Informed!) Policy-making", *Archives of Public Health*, 74 (31).

Beauchemin, C., and Safi, M. 2020. "Migrants' Connections Within and Beyond Borders: Insights from the Comparison of Three Categories of Migrants in France", *Ethnic and Racial Studies*, 43 (2).

Berthoud, R. 2000. "Ethnic employment penalties in Britain", *Journal of Ethnic and Migration Studies*, 26 (3).

Blume, K., Ejrnæs, M., Nielsen, H., and Würtz, A. 2009. "Labor Market Transitions of Immigrants with Emphasis on Marginalization and Self-employment", *Journal of Population Economics*, 22.

Bolt, G., Van Kempen, R., and Van Ham M. 2008. "Minority Ethnic Groups in the Dutch Housing Market: Spatial Segregation, Relocation Dynamics and Housing Policy", *Urban Studies*, 45 (7).

Bolt, G., and Van Kempen, R. 2010. "Ethnic Segregation and Residential Mobility: Relocations of Minority Ethnic Groups in the Netherlands", *Journal of Ethnic and Migration Studies*, 36 (2).

Bolt, G. 2009. "Combating Residential Segregation of Ethnic Minorities in European Cities", *Journal of Housing and the Built Environment*, 24.

Bonvalet, C., Carpenter, J., and White, P. 1995. "The Residential Mobility of Ethnic Minorities: a Longitudinal Analysis", *Urban Studies*, 32 (1).

Borrero, N., and Yeh, C. 2010. "Ecological English Language Learning Among Ethnic Minority Youth", *Educational Researcher*, 39 (8).

Bosch, M., Carnero, M., and Farré, L. 2015. "Rental Housing Discrimination and the Persistence of Ethnic Enclaves", *SERIEs*, 6.

Bradley, L., Lindström, N., and Hashemi, S. 2017. "Integration and Language Learning of Newly Arrived Migrants Using Mobile Technology", *Journal of Interactive Media in Education*, 1 (3).

Bråmå, Å., and Andersson, R. 2010. "Who Leaves Rental Housing? Examining Possible Explanations for Ethnic Housing Segmentation in Uppsala, Sweden", *Journal of Housing and the Built Environment*, 25.

Bråmå, Å. 2008. "Dynamics of Ethnic Residential Segregation in Göteborg, Sweden, 1995 – 2000", *Population, Space and Place*, 14.

Brown, L., and Sharma, M. 2010. "Metropolitan Context and Racial/Ethnic Intermixing in Residential Space: U. S. Metropolitan Statistical Areas, 1990 – 20001", *Urban Geography*, 31 (1).

Brynin, M., Karim, M., and Zwysen, W. 2019. "The Value of Self-employment to Ethnic Minorities", *Work, Employment and Society*, 33 (5).

Brzozowski, J., and Lasek, A. 2019. "The Impact of Self-employment on the Economic Integrati on of Immigrants: Evidence from Germany", *Journal of Entrepreneurship, Management and Innovation*, 15 (2).

Cao, G. – Z., Li, M., Ma, Y., and Tao, R. 2015. "Self-employment and Intention of Permanent Urban Settlement: Evidence from a Survey of Migrants in China's Four Major Urbanizing areas", *Urban Studies*, 52 (4).

Carroll, P. 2010. "Does Regulatory Impact Assessment Lead to Better Policy?" *Policy and Society*, 29.

Catanzarite, L., and Aguilera, M. 2002. "Working with Co-ethnics: Earnings Penalties for Latino Immigrants at Latino Jobsites", *Social Problems*, 49 (1).

Cervatiuc, A. 2009. "Identity, Good Language Learning, and Adult Immigrants in Canada", *Journal of Language, Identity and Education*, 8 (4).

Chan, S. 2018. "Enclave Tenement Trap: a Case Study of Ethnic Minorities Residing in Private Rented Housing Sector in Hong Kong", *Environment and Urbanization ASIA*, 9 (2).

Cheah, W. – H., Karamehic-Muratovic, A., and Matsuo, H. 2013. "Ethnic-group Strength Among Bosnian Refugees in St. Louis, Missouri, and Host Receptivity and Conformity Pressure", *Journal of Immigrant and Refugee Studies*, 11 (4).

Chen, N., C. Hall, M., Yu, K. - K., and Qian, C. 2019. "Environmental Satisfaction, Residential Satisfaction, and Place Attachment: the Cases of Long-term Residents in Rural and Urban Areas in China", *Sustainability*, 11, 6439.

Cheng, Y., and Heath, A. 1993. "Ethnic Origins and Class Destinations", *Oxford Review of Education*, 19 (2).

Chlapana, E. and Tafa, E. 2014. "Effective Practices to Enhance Immigrant Kindergarteners' Second Language Vocabulary Learning through Storybook Reading", *Reading and Writing*, 27.

Choong, W. - W. 2017. "Key Determinants that Enhance Acceptance of Migrant Labor Settlement in the Iskander Development Region, Johor", *Malaysia Sustainable Cities Program, Working Paper Series*.

Clark, K., and Drinkwater, S., and Robinson, C. 2017. "Self-employment Amongst Migrant Groups: New Evidence for England and Wales", *Small Business Economics*, 48.

Clark, K., and Drinkwater, S. 2009. "Immigrant Self-employment Adjustment Ethnic Groups in the UK", *International Journal of Manpower*, 30 (1/2).

Clark, K., and Drinkwater, S. 2010. "Patterns of Ethnic Self-employment in Time and Space: Evidence from British Census Microdata", *Small Business Economics*, 34.

Coenen, A., Verhaeghe, P. - P., and Van de Putte, B. 2019. "Ethnic Residential Segregation: a Matter of Ethnic Minority Household Characteristics?" *Population, Space Place*, 25, e2244.

Connor, P. 2010. "Contexts of Immigrant Receptivity and Immigrant Religious Outcomes: the case of Muslims in Western Europe", *Ethnic and Racial Studies*, 33 (3).

Croucher, S., and Kramer, E. 2017. "Cultural Fusion Theory: an Alternative to Acculturation", *Journal of International and Intercultural Communication*,

10 (2).

Croucher, S. 2013. "Integrated Threat Theory and Acceptance of Immigrant Assimilation: an Analysis of Muslim Immigration in Western Europe", *Communication Monographs*, 80 (1).

Cueto, B., and Álvarez, V. 2015. "Determinants of Immigrant Self-employment in Spain", *International Journal of Manpower*, 36 (6).

Cycyka, L., and Hammer, C. 2020. "Beliefs, Values, and Practices of Mexican Immigrant Families Towards Language and Learning in Toddlerhood: Setting the Foundation for Early Childhood Education", *Early Childhood Research Quarterly*, 52.

Dabića, M., Vlačićc, B., Pauld, J., Danaf, L-P., Sahasranamamg, S., and Glinka, B. 2020. "Immigrant Entrepreneurship: a Review and Research Agenda", *Journal of Business Research*, 113.

Dang, Y.-X., Chen, Y., and Dong, G.-P. 2019. "Settlement Intention of Migrants in the Yangtze River Delta, China: the Importance of City-scale Contextual Effects", *Population, Space Place*, 25, e2270.

DaSilva Iddings, A., and Jang, E.-Y. 2008. "The Mediational Role of Classroom Practices During the Silent Period: a New-immigrant Student Learning the English Language in a Mainstream Classroom", *Tesol Quarterly*, 42 (4).

Davies, K., Tropp, L., Aron, A., Pettigrew, T., and Wright, S. 2011. "Cross-group Friendships and Intergroup Attitudes: a Meta-analytic Review", *Personality and Social Psychology Review*, 15 (4).

DeLuca, S., Garboden, P., and Rosenblatt, P. 2013. "Segregating Shelter: How Housing Policies Shape the Residential Locations of Low-income Minority Families", *The Annals of the American Academy of Political and Social Science*, 647 (1).

Dhalmann, H., and Vilkama, K. 2009. "Housing Policy and the Ethnic Mix in Helsinki, Finland: Perceptions of City Officials and Somali Immigrants", *Journal of Housing and the Built Environment*, 24.

Dill, V., and Jirjahn, U. 2014. "Ethnic Residential Segregation and

Immigrants' Perceptions of Discrimination in West Germany", *Urban Studies*, 51 (16).

Du, H. -M. 2017. "Place Attachment and Belonging among Educated Young Migrants and Returnees: the Case of Chaohu, China", *Population Space and Place*, e1967.

Duguay, A. 2012. " 'The School of Life': Differences in U. S. and Canadian Settlement Policies and Their Effect on Individual Haitian Immigrants' Language Learning", *Tesol Quarterly*, 46 (4).

Editorial. 2010. "Reconsidering Evidence-based Policy: Key Issues and Challenges", *Policy and Society*, 29.

Eller, A., Abrams, D., and Zimmermann, A. 2011. "Two Degrees of Separation: a Longitudinal Study of Actual and Perceived Extended International Contact", *Group Processes and Intergroup Relations*, 14 (2).

Engbersen, G., Leerkes, A., Grabowska-Lusinska, I., Snel, E., and Burgers, J. 2013. "On the Differential Attachments of Migrants from Central and Eastern Europe: a Typology of Labour Migration", *Journal of Ethnic and Migration Studies*, 39 (6).

Ennser-Kananen, J., and Pettitt, N. 2017. "I Want to Speak Like the Other People: Second Language Learning as a Virtuous Spiral for Migrant Women?" *International Review of Education*, 63 (4).

Fairchild, G. 2008. "Residential Segregation Influences on the Likelihood of Black and White Self-employment", *Journal of Business Venturing*, 23.

Finney, N., and Jivraj, S. 2013. "Ethnic Group Population Change and Neighbourhood Belonging", *Urban Studies*, 50 (16), pp. 3323 – 3341.

Finney, N., and Simpson, L. 2008. "Internal Migration and Ethnic Groups: Evidence for Britain from the 2001 Census", *Population, Space Place*, 14, pp. 63 – 83.

Fischler, R., Wiginton, L., and Kraemer, S. 2017. "A Place to Stand on Your Own two Feet: the Role of Community Housing in Immigrant Integration in Montréal, Quebec", *Canadian Journal of Urban Research*, 26 (2).

Flage, A. 2018. "Ethnic and Gender Discrimination in the Rental Housing Market: Evidence from a Meta-analysis of Correspondence Tests, 2006 – 2017", *Journal of Housing Economics*, 41.

Flagg, C., and Painter II, M. 2019. "White Ethnic Diversity in Small Town Iowa: a Multilevel Analysis of Community Attachment", *Area*, 51.

Fleming, J., Esipova, N., Pugliese, A., Ray, J., and Srinivasan, R. 2018. "Migrant Acceptance Index: a Global Examination of the Relationship between Interpersonal Contact and Attitudes Toward Migrants", *Border Crossing*, 8 (1).

Fossett, M. 2006. "Ethnic Preferences, Social Distance Dynamics, and Residential Segregation: Theoretical Explorations Using Simulation Analysis", *Journal of Mathematical Sociology*, 30.

Fullin, G. 2011. "Unemployment Trap or High Job Turnover? Ethnic Penalties and Labour Market Transitions in Italy", *International Journal of Comparative Sociology*, 52 (4).

Gaved, M., and Peasgood, A. 2017. "Fitting in Versus Learning: a Challenge for Migrants Learning Languages Using Smartphones", *Journal of Interactive Media in Education*, 1 (1).

Giuliano Guerra, G., and Patuelli, R. 2014. "The Influence of Role Models on Immigrant Self-employment: a Spatial Analysis for Switzerland", *International Journal of Manpower*, 35 (1/2).

Giulietti, C., Ning, G. -J., and Zimmermann, K. 2012. "Self-employment of Rural-to-urban Migrants in China", *International Journal of Manpower*, 33 (1).

Gold, S. 2014. "Contextual and Family Determinants of Immigrant Women's Self-employment: the Case of Vietnamese, Russian-speaking Jews, and Israelis", *Journal of Contemporary Ethnography*, 43 (2).

Gracia, P., Vázquez-Quesada, L., and Van de Werfhorst, H. 2016. "Ethnic Penalties? The Role of Human Capital and Social origins in Labour Market Outcomes of Second-generation Moroccans and Turks in the Netherlands", *Journal of Ethnic and Migration Studies*, 42 (1).

Grbic, D., Ishizawa, H., and Crothers, C. 2010. "Ethnic Residential Segregation in New Zealand, 1991 - 2006", *Social Science Research*, 39.

Greif, M. 2009. "Neighborhood Attachment in the Multiethnic Metropolis", *City and Community*, 8 (1).

Górny, A., and Toruńczyk-Ruiz, S. 2014. "Neighbourhood Attachment in Ethnically Diverse Areas: the Role of Interethnic Ties", *Urban Studies*, 51 (5).

Górny, A., and Toruńczyk-Ruiz, S. 2014. "Relative Deprivation and the Diversity Effect in Explaining Neighbourhood Attachment: Alternative or Complementary Mechanisms", *Urban Studies*, 52 (5).

Guo, S. - B., and Zhang, J. - J. 2010. "Language, Work, and Learning: Exploring the Urban Experience of Ethnic Migrant Workers in China", *Diaspora, Indigenous, and Minority Education*, 4 (1).

Hammarstedt, M., and Shukur, G. 2009. "Testing the Home-country Self-employment Hypothesis on Immigrants in Sweden", *Applied Economics Letters*, 16.

Head, B. 2008. "Three Lenses of Evidence-based Policy", *The Australian Journal of Public Administration*, 67 (1).

Hill, A. 1965. "The Environment and Disease: Association or Causation?" *Journal of the Royal Society of Medicine*, 58 (5).

Hogan, B., and Berry, B. 2011. "Racial and Ethnic Biases in Rental Housing: an Audit Study of Online Apartment Listings", *City and Community*, 10 (4).

Horr, A., Hunkler, C., and Kroneberg, C. 2018. "Ethnic Discrimination in the German Housing Market: a Field Experiment on the Underlying Mechanisms", *Zeitschrift für Soziologie*, 47 (2).

Ibraimovic, T., and Hess, S. 2017. "A Latent Class Model of Residential Choice Behaviour and Ethnic Segregation Preferences", *Housing studies*, 33 (4).

Janta, H., Lugosi, P., Brown, L. and Ladkin, A. 2012. "Migrant Networks, Language Learning and Tourism Employment", *Tourism Management*, 3 (2).

Jaworsky, B., Levitt, P., Cadge, W., Hejtmanek, J. and Curran, S. 2012. "New Perspectives on Immigrant Contexts of Reception: the Cultural Armature of Cities", *Nordic Journal of Migration Research*, 2 (1).

Jetten, J., and Esses, V. 2018. "The Reception of Immigrants and Refugees in Western Countries: the Challenges of Our Time", *Journal of Social Issues*, 74 (4).

Johnston, R., Poulsen, M., and Forrest, J. 2007. "Ethnic and Racial Segregation in U.S. Metropolitan Areas, 1980 – 2000: the Dimensions of Segregation Revisited", *Urban Affairs Review*, 42 (4).

Johnston, R., Poulsen, M., and Forrest, J. 2007. "The Geography of Ethnic Residential Segregation: a Comparative Study of Five Countries", *Annals of the Association of American Geographers*, 97 (4).

Johnston, R., Poulsen, M., and Forrest, J. 2009. "Research Note-measuring Ethnic Residential Segregation: Putting Some More Geography in", *Urban Geography*, 30 (1).

Jones, A., Kukulska-Hulme, A., Norris, L., Gaved, M., Scanlon, E., Jones, J., and Brasher, A. 2018. "Supporting Immigrant Language Learning on Smartphones: a Field Trial", *Studies in the Education of Adults*, 49 (2).

Joona, P. 2010. "Exits from Self-employment: is There a Native-immigrant Difference in Sweden?" *International Migration Review*, 44 (3).

Julie Knight, J. 2015. "Migrant Employment in the Ethnic Economy: Why do Some Migrants Become Ethnic Entrepreneurs and Others co-ethnic Workers?" *Journal of International Migration and Integration*, 16.

Kanas, M., Tubergen, V., and Lippe, D. 2009. "Immigrant Self-employment: Testing Hypotheses about the Role of Origin-and Host Country Human Capital and Bonding and Bridging Social Capital", *Work and Occupations*, 36 (3).

Khattab, N., and Johnston, R. 2013. "Ethnic and Religious Penalties in a Changing British Labour Market from 2002 to 2010: the Case Ofunemployment", *Environment and Planning A*, 45.

Khattab, N., and Modood, T. 2015. "Both Ethnic and Religious: Explaining Employment Penalties across 14 Ethno-religious Groups in the United Kingdom", *Journal for the Scientific Study of Religion*, 54 (3).

Kim, H. -Y., and Suarez-Orozco, C. 2014. "The Language of Learning: the Academic Engagement of Newcomer Immigrant Youth", *Journal of Research on Adolescence*, 25 (2).

Kim, H. 2018. "A Liability of Embeddedness? Ethnic Social Capital, Job Search, and Earnings Penalty among Female Immigrants", *Ethnicities*, 18 (3).

Kim, T. -Y. 2013. "An Activity Theory Analysis of Second Language Motivational Self-system: Two Korean Immigrants' ESL Learning", *The Asia-Pacific Education Researcher*, 22.

Kislev, E. 2017. "Deciphering the 'Ethnic Penalty' of Immigrants in Western Europe: a Cross-classified Multilevel Analysis", *Social Indicators Research*, 134.

Klein, O., and Becker, B. 2017. "Preschools as Language Learning Environments for Children of Immigrants. Differential Effects by Familial Language Use Across Different Preschool Contexts", *Research in Social Stratification and Mobility*, 48.

Kohlbacher, J., Reeger, U., and Schnell, P. 2015. "Place Attachment and Social Ties-migrants and Natives in Three Urban Settings in Vienna", *Population, Space and Place*, 21.

Kotzur, P., Tropp, L., and Wagner, U. 2018. "Welcoming the Unwelcome: How Contact Shapes Contexts of Reception for New Immigrants in Germany and the United States", *Journal of Social Issues*, 74 (4).

Kukulska-Hulme, A. 2019. "Mobile Language Learning Innovation Inspired by Migrants", *Journal of Learning for Development-JlAD*, 6 (2).

La Caze, A., and Colyvan, M. 2017. "A Challenge for Evidence-based Policy", *Axiomathes*, 27.

Lai, C., Gao, F., and Wang, Q. 2015. "Bicultural Orientation and Chinese Language Learning among South Asian Ethnic Minority Students in Hong

Kong", *International Journal of Bilingual Education and Bilingualism*, 18 (2).

Lai, C. 2019. "The Influence of Extramural Access to Mainstream Culture Social Media on Ethnic Minority Students' Motivation for Language Learning", *British Journal of Educational Technology*, 50 (4).

Lan, P. – C. 2014. "Segmented Incorporation: the Second Generation of Rural Migrants in Shanghai", *The China Quarterly*, 217.

Lee, S. 1989. "Asian Immigration and American Race-relations: from Exclusion to Acceptance?" *Ethnic and Racial Studies*, 12 (3).

Leino, M., and Himmelroos, S. 2020. "How Context Shapes Acceptance of Immigrants: the Link between Affective Social Distance and Locational Distance", *Ethnic and Racial Studies*, 43 (10).

Lewicka, M. 2011. "Place Attachment: How Far Have We Come in the Last 40 Years?" *Journal of Environmental Psychology*, 31.

Li, J. – X., and Tong, Y. – Y. 2020. "Coming Together or Remaining Apart? A Closer Examination of the Contexts of Intergroup Contact and Friendship between Urban Residents and Rural-to-urban Migrants in China", *Journal of Ethnic and Migration Studies*, 46 (1).

Li, Y. – J., and Heath, A. 2008. "Minority Ethnic Men in British Labour Market (1972 – 2005)", *International Journal of Sociology and Social Policy*, 28 (5/6).

Lin, L. – Y., and Zhu, Y. 2010. "The Diverse Housing Needs of Rural to Urban Migrants and Policy Responses in China: Insights from a Survey in Fuzhou", *Institute of Development Studies Bulletin*, 41 (4).

Liu, C. 2012. "Intrametropolitan Opportunity Structure and the Self-employment of Asian and Latino Immigrants", *Economic Development Quarterly*, 26 (2).

Liu, T., and Wang, J. – J. 2019. "Bringing City Size in Understanding the Permanent Settlement Intention of Rural-urban Migrants in China", *Population, Space Place*, e2295.

Livingston, M., Bailey, N., and Kearns, A. 2010. "Neighbourhood Attachment in Deprived Areas: Evidence from the North of England", *Journal of Housing and the Built Environment*, 25.

Lobo, P. A., Flores, R., and Salvo, J. 2007. "The Overlooked Ethnic Dimension of Hispanic Subgroup Settlement in New York City", *Urban Geography*, 28 (7).

Lutz, P. 2017. "Two Logics of Policy Intervention in Immigrant Integration: an Institutionalist Framework Based on Capabilities and Aspirations", *Comparative Migration Studies*, 5 (1).

Lymperopoulou, K., and Finney, N. 2017. "Socio-spatial Factors Associated with Ethnic Inequalities in Districts of England and Wales, 2001–2011", *Urban Studies*, 54 (11).

Ma, L., and Tang, Y. 2020. "Geography, Trade, and Internal Migration in China", *Journal of Urban Economics*, 115, 103181.

Mahmud, M. 2018. "Technology and Language-what Works and What Does Not: a Meta-analysis of Blended Learning Research", *The Journal of Asia TEFL*, 15 (2).

Manley, D., Johnston, R., Jones, K., and Owen, D. 2015. "Macro–, Meso-and Microscale Segregation: Modeling Changing Ethnic Residential Patterns in Auckland, New Zealand, 2001–2013", *Annals of the Association of American Geographers*, 105 (5).

Marchionni, C. and Reijula, S. 2019. "What Is Mechanistic Evidence, and Why Do We Need It for Evidence-based Policy?" *Studies in History and Philosophy of Science*, 73.

Martin, M., Matthews, S., and Lee, B. 2016. "The Spatial Diffusion of Racial and Ethnic Diversity across U. S. Counties", *Spatial Demography*, 5 (3).

Massey, D., and Denton, N. 1988. "The Dimensions of Residential Segregation", *Social Forces*, 67 (2), pp. 281–315.

Mägi, K., Leetmaa, K., Tammaru, T., and Van Ham, M. 2016. "Types of Spatial Mobility and Change in People's Ethnic Residential Contexts", *Demographic Research*, 34.

Miao, C. - Z. 2020. "Immigrant Self-employment and Local Unemployment in Sweden", *The Manchester School*, 88.

Midtbøen, A. 2015. "Ethnic Penalties in Western Labour Markets: Contributions, Explanations, Critiques", *Nordic Journal of Migration Research*, 5 (4).

Miles, E., and Crisp, R. 2014. "A Meta-analytic Test of the Imagined Contact Hypothesis", *Group Processes and Intergroup Relations*, 17 (1).

Müller, T., Grund, T., and Koskinen, J. 2018. "Residential Segregation and 'Ethnic Flight' vs. 'Ethnic Avoidance' in Sweden", *European Sociological Review*, 34 (3).

Málovics, G., Cretan, R, Berki, B., and Toth, J. 2019. "Urban Roma, Segregation and Place Attachment in Szeged, Hungary", *Area*, 51.

Modood, T., and Khattab, N. 2016. "Explaining Ethnic Differences: can Ethnic Minority Strategies Reduce the Effects of Ethnic Penalties?" *Sociology*, 50 (2).

Mora, M., and Dávila, A. 2006. "Hispanic Ethnicity, Gender, and the Change in the LEP-earnings Penalty in the United States during the 1990s", *Social Science Quarterly*, 87 (5).

Morago, P. 2006. "Evidence-based Practice: from Medicine to Social Work", *European Journal of Social Work*, 9 (4).

Mu, G. - L. 2015. "A Meta-analysis of the Correlation between Heritage Language and Ethnic Identity", *Journal of Multilingual and Multicultural Development*, 36 (3).

Murdie, R., and Ghosh, S. 2010. "Does Spatial Concentration Always Mean a Lack of Integration? Exploring Ethnic Concentration and Integration in Toronto", *Journal of Ethnic and Migration Studies*, 36 (2).

Musterd, S., and Van Kempen, R. 2009. "Segregation and Housing of Minority Ethnic Groups in Western European Cities", *Tijdschrift voor Economische en Sociale Geografie*, 100 (4).

Nakhaie, R. 2015. "Economic Benefits of Self-employment for Canadian Immigrants", *Canadian Review of Sociology*, 52 (4).

Neckerman, K., Carter, P., and Lee, J. 1999. "Segmented Assimilation and Minority Cultures of Mobility", *Ethnic and Racial Studies*, 22 (6).

Nevo, I., and Slonim-Nevo, V. 2011. "The Myth of Evidence-based Practice: Towards Evidence-informed Practice", *British Journal of Social Work*, 41.

Nielsen, I., Nyland, C., Smyth, R., Zhang, M. - Q., and Zhu, C. 2006. "Effects of Intergroup Contact on Attitudes of Chinese Urban Residents to Migrant Workers", *Urban Studies*, 43 (3).

Nieuwboer, C., and Van't Rood, R. 2016. "Learning Language that Matters: a Pedagogical Method to Support Migrant Mothers without Formal Education Experience in Their Social Integration in Western Countries", *International Journal of Intercultural Relations*, 51.

Norcross, J. 2010. "Evidence-based Practices with Ethnic Minorities: Strange Bedfellows No More", *Journal of Clinical Psychology: In Session*, 66 (8).

Oblom, A., and Antfolk, J. 2017. "Ethnic and Gender Discrimination in the Private Rental Housing Market in Finland: a field experiment", *PLoS ONE*, 12 (8), e0183344.

Ohlssonab, H., Broomé, P., and Bevelander, P. 2012. "Self-employment of Immigrants and Natives in Sweden-a Multilevel Analysis", *Entrepreneurship and Regional Development*, 24 (5 - 6).

Omera, I., Bakb, P., and Schreck, T. 2010. "Using Space-time Visual Analytic Methods for Exploring the Dynamics of Ethnic Groups' Residential Patterns", *International Journal of Geographical Information Science*, 24 (10).

Orth, J. "Drivers of Community Attachment: an Interactive Analysis", *Computational Statistics*, 34.

Owusu, G., and Agyei-Mensah, S. 2011. "A Comparative Study of Ethnic Residential Segregation in Ghana's Two Largest Cities, Accra and Kumasi", *Population Environ*, 32.

Pacione, M. 2005. "The Changing Geography of Ethnic Minority Settlement in Glasgow, 1951 - 2001", *Scottish Geographical Journal*, 121 (2).

Pawson, R. 2002. "Evidence-based Policy: in Search of a Method", *Evaluation, 8 (2).

Pemberton, S. and Phillimore, J. 2018. "Migrant Place-making in Super-diverse Neighbourhoods: Moving Beyond Ethno-national Approaches", *Urban Studies*, 55 (4).

Pettigrew, T., and Tropp, L. 2006. "A Meta-analytic Test of Intergroup Contact Theory", *Journal of Personality and Social Psychology*, 90 (5).

Pettigrew, T., and Tropp, L. 2008. "How Does Intergroup Contact Reduce Prejudice? Meta-analytic Tests of Three Mediators", *European Journal of Social Psychology*, 38.

Phalet, K., and and Heath, A. 2010. "From Ethnic Boundaries to Ethnic Penalties: Urban Economies and the Turkish Second Generation", *American Behavioral Scientist*, 53 (12).

Phillips, D., and Harrison, M. 2010. "Constructing an Integrated Society: Historical Lessons for Tackling Black and Minority Ethnic Housing Segregation in Britain", *Housing Studies*, 25 (2).

Piekut, A., and Valentine, G. 2016. "Perceived Diversity and Acceptance of Minority Ethnic Groups in Two Urban Contexts", *European Sociological Review*, 32 (3).

Pirchio, S., Passiatore, Y., Carrus, G., and Taeschner, T. 2019. "Children's Interethnic Relationships in Multiethnic Primary School: Results of an Inclusive Language Learning Intervention on Children with Native and Immigrant Background in Italy", *European Journal of Psychology of Education*, 34.

Pokorn, N., and Čibej, J. 2018. "Do I Want to Learn a Language Spoken by Two Million People? Mediation Choices by Mid-term and Long-term Migrants", *Language Problems and Language Planning*, 42 (3).

Polek, E., Van Oudenhoven, J., and ten Berge., J. 2008. "Attachment Styles and Demographic Factors as Predictors of Sociocultural and Psychological Adjustment of Eastern European Immigrants in the Netherlands", *International Journal of Psychology*, 43 (5).

Polese, V. 2017. " 'Re-scaling' the Discourse of Immigrant Integration: the

Role of Definitions", *International Journal of Language Studies*, 11 (4).

Pollini, G. 2005. "Elements of a Theory of Place Attachment and Socioterritorial Belonging", *International Review of Sociology*, 15 (3).

Ponzo, I. 2010. *Immigrant Integration Policies and Housing Policies: The Hidden Links*. Forum Internazionale ed Europeo di Ricerche sull' Immigrazione Research Reports.

Ponzo, I. 2018. "Modes of Migrant Incorporation in Contexts of Socio-economic Downward Mobility", *Journal of Ethnic and Migration Studies*, 44 (14).

Qian, J. -X., and Zhu, H. 2014. "Chinese Urban Migrants Sense of Place: Emotional Attachment, Identity Formation, and Place Dependence in the City and Community of Guangzhou", *Asia Pacific Viewpoint*, 55 (1).

Qiu, J. -J., Liu, Y. -H., Xian, S., Song, L. -J., and Ru, X. -L. 2020. "'Plural Reciprocity' vs. 'Acquaintance Society': Place Attachment and Residential Satisfaction Under Development-induced Resettlement Differences in Guangzhou, China", *Sustainability*, 12, 6444.

Quilian, L. 2002. "Why is Black-White Residential Segregation so Persistent? Evidence on Three Theories from Migration Data", *Social Science Research*, 31 (2).

Rafferty, A. 2012. "Ethnic Penalties in Graduate Level Over-education, Unemployment and Wages: Evidence from Britain", *Work, Employment and Society*, 26 (6).

Reitz, J. 2002. "Host Societies and the Reception of Immigrants: Research Themes, Emerging Theories and Methodological Issues", *The International Migration Review*, 36 (4).

Reyneri, E., and Fullin, G. 2011. "Ethnic Penalties in the Transition to and from Unemployment: a West European Perspective", *International Journal of Comparative Sociology*, 52 (4).

Riek, B., Mania, E., and Gaertner, S. 2006. "Intergroup Threat and Outgroup Attitudes: a Meta-analytic Review", *Personality and Social Psychology Review*, 10 (4).

Rimoldi, S., and Terzera, L. 2017. "Neighbours and Friends? Can Residential Segregation Explain Ethnic Separation? The Case of Milan (Italy)", *Spatial Demography*, 5.

Robinson, M., and Sorace, A. 2019. "The Influence of Collaborative Language Learning on Cognitive Control in Unbalanced Multilingual Migrant Children", *European Journal of Psychology of Education*, 34.

Rodrigueza, D., McDaniel, P., and Ahebee, M. – C. 2018. "Welcoming America: a Case Study of Municipal Immigrant Integration, Receptivity, and Community Practice", *Journal of Community Practice*, 26 (3).

Romero, I., and Yu, Z. – K. 2015. "Analyzing the Influence of Social Capital on Self-employment: a Study of Chinese Immigrants", *Annals of Regional Science*, 54.

Sanderson, I. 2002. "Evaluation, Policy Learning and Evidence-based Policy Making", *Public Administration*, 80 (1).

Schlueter, E. 2012. "The Inter-ethnic Friendships of Immigrants with Host Society Members: Revisiting the Role of Ethnic Residential Segregation", *Journal of Ethnic and Migration Studies*, 38 (1).

Schmid, K., Al Ramiah, A., and Hewstone, M. 2014. "Neighborhood Ethnic Diversity and Trust: the Role of Intergroup Contact and Perceived Threat", *Psychological Science*, 25 (3).

Scholten, P. 2018. "Beyond Migrant Integration Policies: Rethinking the Urban Governance of Migration-related Diversity", *Croatian and Comparative Public Administration*, 18 (1).

Shinnar, R., Aguilera, M., and Lyons, T. 2011. "Co-ethnic Markets: Financial Penalty or Opportunity?" *International Business Review*, 20.

Shinnar, R., and Young, C. 2008. "Hispanic Immigrant Entrepreneurs in the Las Vegas Metropolitan Area: Motivations for Entry into and outcomes of Self-employment", *Journal of Small Business Management*, 46 (2).

Shlonsky, A., Noonan, E., Littell, J., and Montgomery, P. 2010. "The Role of Systematic Reviews and the Campbell Collaboration in the Realization of Evidence-informed Practice", *Clinical Social Work*, 39.

Silberman, R., and Irène Fournier, I. 2008. "Second Generations on the Job

Market in France: a Persistent Ethnic Penalty. A Contribution to Segmented Assimilation Theory", *Revue Française de Sociologie*, 49.

Silka, L. 2018. "Adding a Community Focus to the Psychological Investigation of Immigration Issues and Policies", *Journal of Social Issues*, 74 (4).

Simic, A. 2019. "The Role of Superdiverse Home Country Cities in Helping Migrants Negotiate Life in Superdiverse Host Country Cities", *Geoforum*, 107.

Simpson, L., Purdam, K., Tajar, A., Pritchard, J., and Dorling, D. 2009. "Jobs Deficits, Neighbourhood Effects, and Ethnic Penalties: the Geography of Ethnic-labour-market Inequality", *Environment and Planning A*, 41.

Simpson, L. and Finney, N. 2009. "Spatial Patterns of Internal Migration: Evidence for Ethnic Groups in Britain", *Population, Space Place*, 15.

Skoglund, E., and Bretthauer, A. 2019. "Starting Early with Language Learning. Enhancing Human Capital and Improving the Integration of Migrant Families in the Danube Region. Examples from Bavaria", *Südosteuropa*, 67 (2).

Sobolewska, M., Galandini, S., and Lessard-Phillips, L. 2017. "The Public View of Immigrant Integration: Multidimensional and Consensual. Evidence from Survey Experiments in the UK and the Netherlands", *Journal of Ethnic and Migration Studies*, 43 (1).

Soltero-González, L. 2009. "Preschool Latino Immigrant Children: Using the Home Language as a Resource for Literacy Learning", *Theory into Practice*, 48.

Somers, T. 2017. "Content and Language Integrated Learning and the Inclusion of Immigrant Minority Language Students: a research review", *International Review of Education*, 63.

Sridarrana, P., Keraminiyagea, K., and Fernando, N. 2018. "Acceptance to Be the Host of a Resettlement Programme: a Literature Review", *Procedia Engineering*, 212.

Stanat, P., Becker, M., Baumert, J., Lüdtke, O., and Eckhardt, A. 2012. "Improving Second Language Skills of Immigrant Students: a Field Trial Study Evaluating the Effects of a Summer Learning Program", *Learning and Instruction*, 22.

Stepick, A., and Stepick, C. 2009. "Diverse Contexts of Reception and Feelings of Belonging", *Forum: Qualitative Social Research*, 10 (3).

Stoll, M., and Covington, K. "Explaining Racial/ethnic Gaps in Spatial Mismatch in the US: the Primacy of Racial Segregation". *Urban Studies*, 49 (11).

Szarucki, M., Brzozowski, J., and Stankevičienė, J. 2016. "Determinants of Self-employment Among Polish and Romanian Immigrants in Germany", *Journal of Business Economics and Management*, 17 (4).

Takenaka, A., and Paerregaard, K. 2012. "How Contexts of Reception Matter: Comparing Peruvian Migrants' Economic Trajectories in Japan and the US", *International Migration*, 53 (2).

Tan, Y., Chai, Y., and Chen, Z. "Social-contextual Exposure of Ethnic Groups in Urban China: from Residential Place to Activity Space", *Population Space Place*, 25 (11), e2248.

Tibajev, A. 2019. "Linking Self-employment Before and After Migration: Migrant Selection and Human Capital", *Sociological Science*, 6.

Tomlins, R. 1996. "Towards a Pluralistic Ethnic Housing Policy", *Planning Practice and Research*, 11 (2).

Toomet, O. 2011. "Learn English, not the Local Language! Ethnic Russians in the Baltic states", *American Economic Review: Papers and Proceedings*, 101 (3).

Toruńczyk-Ruiz, S., and Brunarska, Z. 2020. "Through Attachment to Settlement: Social and Psychological Determinants of Migrants' Intentions to Stay", *Journal of Ethnic and Migration Studies*, 46 (15).

Toruńczyk-Ruiz, S., and Lewicka, M. 2016. "Perceived Social Diversity and Neighbourhood Attachment: the Role of Intergroup Ties and Affective Appraisals of the Environment. Evidence from Poland", *European Journal of Social Psychology*, 46.

Toruńczyk-Ruiz, S. 2013. "Neighbourhood Attachment and City Identity in Ethnically Mixed Areas: Comparison of Natives and Migrants in Four European Cities", *Estudios de Psicología*, 34 (3).

Trofimovich, P., and Turuševa, L. 2015. "Ethnic Identity and Second Language Learning", *Annual Review of Applied Linguistics*, 35.

Ulceluse, M., and Kahanec, M. 2018. "Self-employment as a Vehicle for Labour Market Integration of Immigrants and Natives. The Role of Employment Protection Legislation", *International Journal of Manpower*, 39 (8).

Valdez, Z. 2012. "Self-employment as an Indicator of Segmented Assimilation among Six Ethnic Minority Groups", *Entrepreneurship Research Journal*, 2 (4).

Van Assche, J., Asbrock, F., Roets, A., and Kauff, M. 2018. "Positive Neighborhood Norms Buffer Ethnic Diversity Effects on Neighborhood Dissatisfaction, Perceived Neighborhood Disadvantage, and Moving Intentions", *Personality and Social Psychology Bulletin*, 44 (5).

Van Oudenhoven, J., Ward, C., and Masgoret, A.-M. 2006. "Patterns of Relations Between Immigrants and Host Societies", *International Journal of Intercultural Relations*, 30.

Wang, S.-H., and Ramsden, M. 2018. "Revisiting the 'Parallel Lives' Thesis: Neighbourhood Attachment and Residential Integration of Ethnic Minorities in England", *Population Space and Place*, e2156.

Warman, C. 2007. "Ethnic Enclaves and Immigrant Earnings Growth", *Canadian Journal of Economics*, 40 (2).

Wildsmith-Cromarty, R. and Conduah, A. 2015. "'Push' and 'Pull' Factors Influencing the Learning of Destination Languages by Immigrants", *South African Journal of African Languages*, 35 (2).

Wixe, S. 2020. "Long-term Neighbourhood Effects on Immigrant Self-employment", *Urban Studies*, 57 (13).

Wu, R., Huang, X., Li, Z.-G., Liu, Y. and Liu, Y.-Q. 2019. "Deciphering the Meaning and Mechanism of Migrants' and Locals' Neighborhood Attachment in Chinese Cities: Evidence from Guangzhou", *Cities*, 85.

Wu, R., Li, Z.-G., Liu, Y., Huang, X., and Liu, Y.-Q. 2019.

"Neighborhood Governance in Post-reform Urban China: Place Attachment Impact on Civic Engagement in Guangzhou", *Land Use Policy*, 81.

Xie, Y., and Greenman, E. 2005. *Segmented Assimilation Theory: A Reformulation and Empirical Test*. Population Studies Center Research Report 05 – 581, Institute for Social Research, University of Michigan.

Yang, G., Zhou, C. - S., and Jin, W. - F. 2020. "Integration of Migrant Workers: Differentiation among Three Rural Migrant Enclaves in Shenzhen", *Cities*, 96, 102453.

Yükselir, C. 2017. "A Meta-synthesis of Qualitative Research about Mobile Assisted Language Learning (MALL) in Foreign Language Teaching", *Arab World English Journal*, 8 (3).

Yue, Z. -S., Fong, E., Li, S. -Z., and Feldman, M. 2019. "Acculturation of Rural-urban Migrants in Urbanising China: a Multidimensional and Bicultural Framework", *Population Space Place*, e2278.

Zhang, B., Druijven, P., and Strijker, D. 2017. "Does Ethnic Identity Influence Migrants' Settlement Intentions? Evidence from Three Cities in Gansu Province, Northwest China", *Habitat International*, 69.

Zhong, Q. - Y. 2015. "Changes in Two Migrant Learners' Beliefs, Learning Strategy Use and Language Achievements in a New Zealand Context", *System*, 53.

Zhou, S., Page-Gould, E., Aron, A., Moyer, A., and Hewstone, M. 2018. "The Extended Contact Hypothesis: a Meta-analysis on 20 Years of Research", *Personality and Social Psychology Review*, 23 (2).

Zorlu, A. 2009. "Ethnic Differences in Spatial Mobility: the Impact of Family Ties", *Population, Space Place*, 15.

Zuccotti, C. 2015. "Do Parents Matter? Revisiting Ethnic Penalties in Occupation among Second Generation Ethnic Minorities in England and Wales", *Sociology*, 49 (2).

Zwysen, W., and Demireva, N. 2020. "Ethnic and Migrant Penalties in Job Quality in the UK: the Role of Residential Concentration and Occupational Clustering", *Journal of Ethnic and Migration Studies*, 46 (1).

附　　录

一　民族团结进步示范区创建系统评价所纳入的文献

巴东县民宗局：《创新举措　夯实基础——巴东：争创"全国民族团结进步示范县"》，《民族大家庭》2019年第1期。

包头市青山区委统战部：《包头市青山区民族团结工作纪实》，《内蒙古统战理论研究》2018年第1期。

本刊通讯员：《德邻共治享和谐——北京市西城区德胜街道办事处民族团结进步创建纪实》，《中国民族》2019年第8期。

本刊通讯员：《高原之乡唱响民族团结曲　西藏阿里地区措勤县磁石乡小记》，《中国民族》2019年第6期。

本刊综合：《大理：创新推进民族团结进步建设》，《今日民族》2018年第12期。

本刊综合：《迪庆：开启民族团结进步示范区建设新征程》，《今日民族》2018年第12期。

本刊综合：《美丽德宏：唱响民族团结进步好声音》，《今日民族》2018年第12期。

本刊综合：《凝聚强大合力　增强持久动力——鄂尔多斯市创建全国民族团结进步示范市纪实》，《实践》2019年第12期。

本刊综合：《怒江：把民族团结进步创建作为经济社会发展的总抓手》，《今日民族》2018年第12期。

本刊综合：《曲靖：用发展的思路谋划民族工作　用发展的办法促进民族团结　用发展的成果巩固民族关系》，《今日民族》2018年第12期。

本刊综合：《真抓实干　开拓创新　凝聚共识　开创全区民族团结进

步事业新局面》,《实践》2019年第1期。

蔡常青:《守望相助 示范前行——内蒙古改革开放40年民族团结进步的基本经验》,《理论研究》2018年第6期。

曹芳:《内蒙古民族团结进步创建工作的实践与思考》,《内蒙古财经大学学报》2019年第3期。

曹清波:《内蒙古自治区民族团结工作的经验研究》,《内蒙古财经大学学报》2018年第6期。

曹水群:《谱写新时代西藏民族团结进步事业辉煌篇章》,《西藏日报》2019年2月25日第6版。

常兴敏:《漾濞:努力构建民族团结进步新格局》,《今日民族》2019年第2期。

陈玮、张生寅:《青海民族团结进步创建的实践及特色》,《青海社会科学》2019年第6期。

楚武干:《同心浇灌民族团结之花》,《西藏日报》2018年3月26日第6版。

杜宇:《"幸福西宁"的民族团结进步风采》,《中国民族报》2018年10月26日第5版。

多杰:《我国少数民族地区巩固提升民族团结进步创建成效的思考——以青海省海西州为例》,《青海社会科学》2019年第1期。

樊娅楠:《大通用心种出民族团结幸福果》,《中国土族》2018年第4期。

范杨文灿:《共谱和谐曲 同圆发展梦——湖北各地民族团结进步创建活动经验速写》,《民族大家庭》2017年第6期。

冯惠芳、李琼:《改革开放以来青海民族团结工作的回顾与展望》,《佳木斯大学学报》2019年第2期。

付颖:《团结花开绽芳华》,《普洱日报》2019年7月4日第1版。

高占胜:《深入学习贯彻习近平总书记关于民族工作的重要论述 不断谱写新时代鄂尔多斯民族团结进步新篇章》,《内蒙古统战理论研究》2019年第4期。

公保扎西等:《青海省民族团结进步创建工作》,载《中国民族发展报告(2018):民族团结进步创建》,社会科学文献出版社2018年版。

龚永辉、俸代瑜、黄金海：《守正创新　能帮善成　和谐壮美——广西壮族自治区民族团结进步60年的基本经验》，《广西民族研究》2019年第1期。

古鑫：《镇雄县民族团结进步示范区建设成效与经验》，《今日民族》2019年第1期。

关桂霞、马明忠：《改革开放四十年青海民族团结进步事业实践及启示》，《青海党的生活》2018年第9期。

桂亚平：《马龙区永发民族团结示范村建设启示》，《创造》2019年第5期。

郭凤明：《开启新时代民族团结进步事业新征程——以通辽市民族团结发展实绩为例》，《辽宁省社会主义学院学报》2018年第4期。

郭伊洪、尤建华：《晋宁创建民族团结进步示范村成效明显》，《社会主义论坛》2019年第2期。

哈布日图娅：《大漠之花绽边疆　民族团结创辉煌——内蒙古阿拉善盟民族团结进步创建工作侧记》，《中国民族》2019年第7期。

哈斯：《公共管理视角下民族团结进步创建研究》，硕士学位论文，内蒙古大学，2018年。

郝敏：《民族团结之花绽放在龙江大地——黑龙江省民族团结进步创建工作综述》，《中国民族》2018年第7期。

何丽：《永平县北斗彝族乡谱写民族团结和谐篇章》，《社会主义论坛》2018年第8期。

何庆良、马文武：《团结之花满江城——武汉市民族团结进步创建活动成效显著》，《民族大家庭》2019年第3期。

何蓉：《"全国民族团结进步示范区"创建长效机制研究——以湖北省恩施州为例》，《重庆电子工程职业学院学报》2019年第3期。

何蓉：《咸丰县民族团结进步创建工作的成效与经验》，《清江论坛》2018年第4期。

胡大恒、苑权菲：《论沧源县勐省镇民族团结进步示范区建设》，《现代商贸工业》2019年第20期。

胡曼云、李若青：《新时代文化视域下罗里密民族团结进步示范村建设与启示》，《民族论坛》2019年第1期。

湖北省民族宗教事务委员会：《谱写湖北民族团结进步新篇章》，《中国民族报》2019年11月5日第2版。

花蓓：《弘扬开放、创新、包容的城市品格　全面深入持久推动民族团结进步创建工作》，《中国民族》2019年第2期。

黄金海：《一起守护民族团结　一起构筑富民强桂广西梦——广西促进民族团结进步事业和谐发展的基本经验》，《广西社会主义学院学报》2018年第3期。

黄伟勇：《推动广西城市民族工作和民族团结进步创建工作再创新局面》，《中国民族》2018年第6期。

贾度：《贵州省民族团结进步创建工作》，载《中国民族发展报告（2018）：民族团结进步创建》，社会科学文献出版社2018年版。

建始县民宗局：《建始：示范引领促发展　民族团结一家亲》，《民族大家庭》2019年第2期。

巨立中：《率先发展　全面小康——新平县民族团结进步示范区建设简述》，《今日民族》2019年第1期。

孔志坚：《曲靖抓好民族团结进步创建　助推全市脱贫攻坚》，《今日民族》2018年第6期。

拉萨市民族事务委员会：《五项措施制度化　推进民族团结进步工作纵深发展》，《新西藏》2019年第9期。

兰良平：《城市社区民族团结示范创建探析——以云南省文山市Y社区为例》，《中共云南省委党校学报》2019年第2期。

李昌平：《深化新时代民族团结进步创建》，《中国民族报》2019年8月6日第5版。

李国强：《美丽官亭民族团结之花绚丽绽放》，《中国土族》2017年第4期。

李君杰：《以脱贫富民为统领　奋力谱写民族团结进步新篇章——固原市创建全国民族团结进步示范市纪实》，《宁夏画报》2018年第5期。

李凯：《齐齐哈尔市梅里斯达斡尔族区：突出重点、多方推动民族团结进步事业实现新发展》，《中国民族报》2018年5月25日第6版。

李鹏：《争创全国民族团结进步示范县　续写新时代天祝藏区发展新篇章》，《甘肃日报》2019年8月14日第7版。

李启学、罗一萌:《以习近平总书记视察湖北为强大动力　促进各民族交往交流交融繁荣发展——湖北省散居地区民族团结进步创建工作亮点纷呈》,《民族大家庭》2018年第3期。

李蓉蓉:《洱源县不断探索民族团结进步发展之路》,《云南经济日报》2017年12月20日第B4版。

李四明:《以更高标准把云南建设成为我国民族团结进步示范区》,《中国民族》2019年第3期。

李四明:《扎实推进民族团结进步示范区建设》,《中国民族报》2019年8月30日第1版。

李长平:《"九大示范"行动创建民族团结进步示范县》,《社会主义论坛》2019年第7期。

李志平:《湘西州:用党建引领民族团结工作》,《中国民族报》2018年1月9日第2版。

李祖春等:《西藏自治区民族团结进步创建工作》,载《中国民族发展报告(2018):民族团结进步创建》,社会科学文献出版社2018年版。

廖平川:《贡乡盛开"鸽子花"——湖北恩施土家族苗族自治州宣恩县创建全国民族团结进步示范县工作纪略》,《民族大家庭》2018年第5期。

刘明:《黑土地盛开民族团结和谐之花》,《奋斗》2019年第14期。

刘晓娜、罗金洲:《武汉市紫阳街办事处:探索建立"四融"模式促进民族团结进步创建》,《民族大家庭》2019年第6期。

刘在华:《深化民族团结进步教育　铸牢中华民族共同体意识——以延边州民族团结进步工作为例》,《吉林省社会主义学院学报》2018年第1期。

柳雪莲:《创建,永远在路上——青海省海西蒙古族藏族自治州创建全国民族团结进步示范州掠影》,《中国民族》2018年第5期。

龙慧:《抢抓机遇结硕果　民族团结奔小康——湖北恩施市芭蕉侗族乡巧借帮扶机遇推进全面小康建设》,《民族大家庭》2018年第1期。

罗军、石煜:《广西壮族自治区民族团结进步创建工作》,载《中国民族发展报告(2018):民族团结进步创建》,社会科学文献出版社2018年版。

马光锋、李君杰:《团结花开新时代　携手共圆中国梦——吴忠市民族团结进步工作纪实》,《宁夏画报》2018年第5期。

马涛、钟培源、李君杰:《追求卓越　引领示范　谱写银川民族团结进步创建工作新篇章》,《宁夏画报》2018年第5期。

毛改玲:《拉萨市民族团结式的社区治理模式研究》,硕士学位论文,西藏大学,2019年。

孟凡东:《牡丹江市民族团结进步创建新亮点》,《中国民族报》2018年5月11日第7版。

宁夏固原市民族宗教事务局:《六盘儿女一家亲　宁夏固原市创建全国民族团结进步示范市侧记》,《中国民族》2019年第1期。

农忠茂:《"全国民族团结进步创建示范州市"的云南样本》,《今日民族》2019年第5期。

彭斌:《推进民族团结进步的大理实践和经验》,《云南日报》2017年11月14日第12版。

彭谦、程志浩:《新时代民族团结进步创新实践与整合效应研究——以黑龙江省牡丹江市为例》,《西南民族大学学报》2019年第3期。

彭谦、程志浩:《整合治理视域下民族团结进步创新机制探析——基于广西上思县的调查》,《中南民族大学学报》2017年第6期。

彭谦、张娟维:《维汉民族团结一家亲"镇平现象"探析》,《牡丹江大学学报》2018年第2期。

彭无情:《新疆民族团结进步工作实践与思考》,《民族论坛》2017年第6期。

奇锦玉等:《内蒙古自治区民族团结进步创建工作》,载《中国民族发展报告(2018):民族团结进步创建》,社会科学文献出版社2018年版。

钱程:《守望相助　打造民族团结亮丽风景线》,《实践》2017年第12期。

钱格祥:《乌审旗民族团结进步教育实践的经验与启示》,《鄂尔多斯日报》2019年10月21日第3版。

青报:《民和:以民族团结创建奋力谱写发展新篇章》,《中国土族》2018年第4期。

瞿秋美、张涛:《云南民族团结示范区建设的理论与实践探析》,《山东农业工程学院学报》2018年第4期。

冉红芳、田敏:《民族团结进步州创建的文化机理研究——以恩施土家族苗族自治州为例》,《广西民族大学学报》2018年第6期。

仁庆:《海西依法开展民族团结进步创建工作 促进青甘新藏交会地区社会治理体系建设》,《中国土族》2018年第4期。

石碧玉:《着力巩固提升 打造民族团结进步创建升级版》,《大理日报》2018年2月24日第3版。

石松江:《推进民族团结进步繁荣发展示范区创建迈入新阶段》,《中国民族》2019年第2期。

舒云博:《巴东:持续用力 久久为功 全力争创全国民族团结进步示范县》,《民族大家庭》2019年第6期。

宋文华:《多元文化教育视野下的民族团结进步示范区建设研究》,硕士学位论文,云南师范大学,2019年。

宋永志:《新形势下珠三角城市创新民族团结进步创建活动的载体及模式研究》,《广东省社会主义学院学报》2018年第2期。

苏希格、沈静芳:《朱日和镇:民族团结事业兴》,《内蒙古宣传思想文化工作》2018年第9期。

苏晓春:《像保护眼睛一样维护民族团结——互助县开展民族团结进步工作综述》,《中国土族》2019年第4期。

苏彦君:《以"五抓五促进"推动民族团结进步事业》,《中国民族报》2018年5月4日第8版。

苏宇红:《开创南京民族团结进步新局面》,《中国民族报》2019年6月14日第5版。

唐建荣:《维西县民族团结进步示范区建设成效与经验》,《今日民族》2019年第3期。

田汶鑫:《新疆昌吉州创建"民族团结进步示范州"研究》,硕士学位论文,新疆大学,2019年。

同德县民族团结进步创建活动领导小组办公室:《同德县:民族团结进步创建特色浓、出新招》,《中国民族报》2019年10月22日第4版。

佟景洋:《民族团结进步创建活动实效性问题研究——以内蒙古自治

区为例》,《内蒙古统战理论研究》2019年第1期。

阿达莱提·图尔荪、宁亚芳、高进:《新疆维吾尔自治区民族团结进步创建——新疆维吾尔自治区"民族团结一家亲"和民族团结联谊活动》,载《中国民族发展报告(2018):民族团结进步创建》,社会科学文献出版社2018年版。

王军:《民族团结成为一种道德自觉》,《中国民族报》2018年8月17日第5版。

王晓:《民族团结进步的"鄂尔多斯样本"》,《内蒙古日报》2019年5月23日第12版。

王振昌:《争创全国民族团结进步示范州 助力黄南经济社会发展实现新跨越》,《中国民族报》2019年11月26日第4版。

吴迪、龙慧蕊:《书写民族团结"湖南现象"的新篇章》,《中国民族》2018年第11期。

武汉市民宗委:《奏响民族团结的主旋律——湖北武汉市江岸区探索中心城区民族团结进步创建新路径》,《民族大家庭》2018年第2期。

乌兰察布市委统战部:《乌兰察布市民族团结进步创建工作综述》,《内蒙古统战理论研究》2017年第6期。

吴泽荣:《新时代背景下民族团结进步创建活动的路径探索与实践——以广东为例》,《回族研究》2019年第4期。

向世兵、谭晓星:《长阳:"打民族牌、走特色路、靠绿色富"掀起民族团结进步创建热潮》,《民族大家庭》2019年第3期。

向信任:《不断探索民族团结进步创建的恩施特色路径——湖北恩施土家族苗族自治州五年创建工作综述》,《民族大家庭》2017年第6期。

襄阳市民宗局:《扎实开展创建活动 促进民族团结和谐》,《民族大家庭》2018年第6期。

徐杰舜:《"能帮就帮"——南宁民族团结的"名片"》,《中国民族》2019年第7期。

徐克勤:《奋力开创新时代湖南民族团结进步创建工作新局面》,《中国民族报》2019年10月29日第5版。

许江梅:《普洱市民族团结进步示范区建设问题研究》,《中共云南省委党校学报》2018年第5期。

杨剑波、沙光雄:《云南省民族团结进步创建工作》,载《中国民族发展报告(2018):民族团结进步创建》,社会科学文献出版社2018年版。

杨林:《撸起袖子抓创建 守望相助奔小康——海西州创建全国民族团结进步示范州掠影》,《中国土族》2018年第4期。

杨文顺:《最关键的是搞好民族团结》,《中国民族报》2019年6月7日第8版。

杨雄:《实施"九大工程"汇聚民族团结进步强大力量》,《中国民族报》2018年6月8日第7版。

杨瑜:《"六化"育"六心"实现脱贫攻坚与民族团结进步"双推进"》,《云南日报》2019年2月14日第6版。

杨志文等:《宁夏回族自治区民族团结进步创建工作》,载《中国民族发展报告(2018):民族团结进步创建》,社会科学文献出版社2018年版。

姚文琴:《新时代民族团结进步示范区建设成果研究——以开远市为例》,《保山学院学报》2019年第3期。

姚文遏:《新疆墨玉县民族团结进步创建调查》,《和田师范专科学校学报》2018年第5期。

宜昌市民宗局:《把握重点 结合实际——宜昌:创新推动民族团结进步创建》,《民族大家庭》2019年第1期。

尤建华:《越走路越宽——晋宁区民族团结进步示范村建设侧记》,《今日民族》2018年第10期。

袁帅帅、徐升兰:《湖北鹤峰:齐心共谱民族团结进步曲》,《民族大家庭》2018年第5期。

张娇、敖日格勒:《推动民族自治地方民族团结进步事业 铸牢中华民族共同体意识研究——以大理白族自治州漾濞彝族自治县为例》,《黑龙江民族丛刊》2019年第1期。

张少春:《东西协作与闽宁镇民族团结进步创建》,载《中国民族发展报告(2018):民族团结进步创建》,社会科学文献出版社2018年版。

赵德文:《民族团结进步示范社区建设的思考》,《今日民族》2018年第4期。

赵吉雄：《盛开在长阳的民族团结进步之花》，《中国民族报》2019年6月25日第4版。

赵树明：《围绕民族工作主线　持续深入推进西藏民族团结进步事业》，《中国民族》2019年第3期。

赵新国、毛燕：《新时代云南建设民族团结进步示范区的实践创新研究》，《云南民族大学学报》2018年第6期。

赵新国、毛燕：《新时代云南建设全国民族团结进步示范区的新探索》，《北方民族大学学报》2019年第6期。

中共保山市委统战部：《民族团结进步示范区建设的保山实践与探索》，《云南社会主义学院学报》2019年第4期。

中共双柏县委宣传部：《双柏探索创建国家级民族团结进步示范县之路》，《社会主义论坛》2019年第5期。

中共云南省委政策研究室：《民族团结进步的云南经验》，《中国民族报》2019年10月15日第6版。

钟百利：《努力建设新时代民族团结进步首善之区》，《中国民族报》2019年8月27日第1版。

周竞红：《西藏自治区民族团结进步创建管见》，《满族研究》2019年第1期。

周竞红：《东乌珠穆沁旗民族团结进步创建路径》，载《中国民族发展报告（2018）：民族团结进步创建》，社会科学文献出版社2018年版。

朱建明：《培育民族团结进步事业的五个推手》，《中国民族报》2017年11月28日第2版。

二　重大疫情应对中做好流动人口服务管理工作的循证建议

（一）问题的提出

2020年新型冠状病毒肺炎疫情的暴发恰逢春节，返乡人员多，人口流动性强，给疫情防控工作带来了巨大挑战。习近平总书记指出，抗击新型肺炎疫情是对国家治理体系和治理能力的一次大考，要按照坚定信心、同舟共济、科学防治、精准施策的总要求，全面开展疫情防控工作。因此，重大疫情应对中如何做好流动人口的服务管理工作值得总结和思考。

传统方法一般针对艾滋病、结核病、麻疹、疟疾等疫情，结合流动人口的具体问题设计和实施研究,从而获得研究影响。这种研究模式的不足在于个案成果往往应用性较弱,需要通过对同类案例的综合性研究来获得更有信度和效度的结论,以增强研究成果在疫情应对中的转化。这就为循证方法的引入提供了广阔的空间。循证实践即遵循有效的经验证据进行实践,从而将实际工作同研究成果更好地结合起来,尽可能提升实践效果。循证方法已经在此次疫情防控工作中得到应用,中国疾病预防控制中心就基于其制定了《新型冠状病毒防控指南(第一版)》。近年来,我国的循证社会科学也取得了一定发展,形成了诸多研究领域。因此,本书尝试利用循证方法从已有相关文献成果中提炼出应对重大疫情时做好流动人口服务管理的最佳证据,再基于评价结果,探讨在新冠肺炎疫情防控中如何完善流动人口服务管理工作。

(二)"非典"疫情中流动人口服务管理的系统评价

本书收集了对新冠肺炎疫情最具参考意义的"非典"疫情中流动人口服务管理的研究成果,采用循证社会科学的方法进行系统评价。

1. 纳入与排除标准

文献纳入标准采用 SPIDER 模型:①研究对象:流动人口;②研究内容:"非典"疫情与流动人口的服务管理;③研究设计:使用问卷、访谈等研究方法;④评价内容:"非典"疫情中开展流动人口服务管理工作的举措;⑤研究类型:定量研究和定性研究。

文献排除标准:①研究综述;②重复文献。

2. 文献检索与筛选

根据所构建的问题及纳入排除标准,确定中文检索式:(非典 OR SARS) AND 流动人口,确定英文检索式:SARS AND migrant,主题检索中国知网(CNKI)和 WoS 数据库(Web of Science)。由两名研究员背靠背阅读检索的文献题目、摘要和全文进行筛选。筛选后获得文献 13 篇并纳入质量评价。

3. 质量评价

由两名研究员背靠背使用 CASP 评价清单对纳入文献的研究风险偏倚进行评价(见附表1)。

附表1　　　　　　　　　质量评价结果（$N=13$）

评价条目	1	2	3	4	5	6	7	8	9	10	11	12	13
1. 是否清楚地描述了研究的目的？	是	是	是	是	是	是	是	是	是	是	是	是	是
2. 应用定性研究的方法是否恰当？	是	是	是	是	是	是	是	是	是	是	是	是	是
3. 研究的设计是否适合于解决研究问题？	无法确定	无法确定	无法确定	是	是	无法确定	无法确定	是	是	无法确定	无法确定	是	是
4. 研究对象的招募策略是否恰当？	是	是	是	是	是	是	是	是	是	是	是	是	是
5. 资料收集方法能否解决研究的问题？	无法确定	无法确定	无法确定	是	是	无法确定	无法确定	是	是	无法确定	无法确定	是	是
6. 是否充分考虑了研究者与参与者之间的关系？	否	否	否	否	否	否	否	否	否	否	否	否	是
7. 是否充分考虑了伦理问题？	否	否	否	否	否	否	否	否	无法确定	否	否	否	否
8. 资料分析是否足够严谨？	无法确定	无法确定	无法确定	是	无法确定	无法确定	是	是	是	无法确定	无法确定	是	是
9. 是否清楚地描述了研究的结果？	是	是	是	是	是	是	是	是	是	是	是	是	是
10. 研究有多大的价值？	是	是	是	是	是	是	是	是	是	是	是	是	是

4. 资料提取与合成

两名研究员背靠背对所纳入文献的题目、作者、地点、对象、方法和结果等资料进行提取。所纳入的 13 篇文献涵盖北京、上海、黑龙江、山西、广东等地以及全国性研究的流动人口样本。两名研究员背靠背运用主题合成法提取 56 个描述性主题,并对类似描述性主题编码合成为 26 个分析性主题,最终形成 6 项综合结果。

(1) 要采取人人参与的防范与治疗措施。

第一,政府要从政策、宣传、物资和医疗支持等方面进行全面的防治,个人要更加注重卫生,注意量体温、室内外消毒、减少出行、避免亲友聚会。

第二,电视、手机、网络、亲友之间相互交流是广大群众获得有关疾病知识、信息的最主要途径,在农村地区,村干部的宣传介绍也是一个重要途径。由于不同人群的生活和文化背景不同,应针对不同社会群体采取个性化的宣传方式。

第三,流动人口居住条件普遍低于城市常住人口,其主体大部分是外来务工人员,从事劳动密集型工作,既是"易感"群体,也易成为病毒传播扩散的"宿主"。

第四,关注流动人口的健康教育需求,实现常态的健康教育和突发事件培训,建立流动人口健康行为持续优化的长效机制。

第五,政府和社会各部门需要发放一定的简单预防疾病用品,既能起到疾病预防作用,又能进一步宣传防治知识。

(2) 要形成社会一体化管理。

第一,春节期间,大量外来务工人员处于春运和返工这两种状态,这种特殊的人口流动现象给应对疾病传播带来了挑战。需要改革户籍制度,推进外来人口市民化进程,实现管理制度创新,解决大规模人口流动带来的社会隐患。

第二,我国目前以"户籍属地管理"为依据,流动人口和户籍人口分别属于两个不同的管理体系,而将户籍人口和流动人口作为一个整体,构筑全民社会管理一体化模式是大势所趋。

第三,社区是城市构成的基本单位,是防控疫情传染蔓延的第一道防线,与农村地区相比,社区人口密集且流动人口多,邻里之间不熟悉,要以社区为渠道进行统一的基本管理。

（3）要通过多渠道对大众进行心理干预。

第一，无论是疫区还是非疫区，大众普遍存在恐慌害怕的心理，因此要加强对疾病本身的宣传，同时要有专业的卫生精神专家对群众进行多方面社会心理干预和疏导，避免产生过度恐慌、极端现象和心理疾病。

第二，大众普遍对政府、领导人和相关专家抱有信任感和依赖感，因此要利用政府公关、领导人和专家效用，建立多方有效沟通的平台，形成社会干预网络，发挥对大众心理疏导作用。

第三，缺乏透明度或信息自由是不可避免的问题。对内，一方面需要发挥公众和媒体的监督作用，另一方面需要改革自身机制。对外，要及时公布相关信息，加强国际经验技术合作。

第四，大众媒体言论影响公众心理和行为，既要注重新闻的公开透明和时效性，又要注意使用公关技巧，不只是片面强调新闻效应，达到一种平衡状态。

（4）要阻断疾病的传播链条。

第一，外来务工人员春节返乡正处于疾病传染的初期时段，关注民工流动，沿交通线进行有针对性的监控和追踪。

第二，控制疫情输入和输出，防治病人流出和流入，对外来经商务工人员和出租借房屋进行登记，对所有出租（借）房屋进行防疫安全检查，落实用工单位、雇主和出租房主的防疫责任。

第三，就地预防、就地观察、就地治疗，形成相对封闭的隔离环境，同时强化服务意识，落实社区防疫责任。

第四，加强对流动旅客的健康检疫和对进入该管辖区域的食品卫生检疫，防止疫情蔓延扩散，切断感染源。

（5）要完善公共卫生和医疗服务体系。

第一，建立针对流动人口的医疗保障和社会安全网建设，提供住房和卫生服务。

第二，注重公共卫生管理问题，加大职业卫生执法力度。

第三，加大对医疗卫生的专项转移支付力度，做好保健专业人员教育培训，完善管理准则等。

第四，动员民间力量，建立和完善社区卫生机构和培养全科医生。

第五，实行全国性医保卡和医疗保险，打破公共卫生专业人员与流动人口之间的界限。

第六，我国二、三线市县和农村地区医疗卫生水平相对滞后，要均衡社会资源，提高这些地区的公共卫生水平。

（6）要缩小区域和城乡发展差距。

第一，地理位置和空间效应在疾病传播中起一定作用。

第二，人口迁移方式和规模与社会发展阶段存在密切关系，经济机制支配是我国目前人口流动的主要动因。

第三，缩小区域收入差距，使发展相对平衡，实现共同富裕，是解决大规模流动务工人员社会隐患的根本之策。

第四，经济发展需要地方根据实际条件调节自身体制结构，需要增加基层与地方自主权。

5. 信度分级

借助系统评价证据分级工具 CERQual 对上述综合结果的方法学局限性、相关性、结果一致性、数据充分性进行分析（见附表2），最终评定综合结果1、3、4、5项的信度为高，综合结果2、6项的信度为中。

附表2　　　　　　　　　综合结果的信度分级

	纳入研究	评级 / 解释	信度分级
综合结果1	6项	有一定的方法学局限性，资料较充分，相关性高，一致性高	高
综合结果2	2项	有一定的方法学局限性，资料较少，相关性高，一致性高	中
综合结果3	4项	有一定的方法学局限性，资料相对充分，相关性高，一致性高	高
综合结果4	5项	有一定的方法学局限性，资料较充分，相关性高，一致性高	高
综合结果5	4项	有一定的方法学局限性，资料相对充分，相关性高，一致性高	高
综合结果6	2项	有一定的方法学局限性，资料较少，相关性高，一致性高	中

6. 讨论

第一，在文献筛选过程中发现，所纳入文献针对"非典"期间流动人口的服务管理进行了研究，与本书探讨的问题具有较高的相关性。但因本次系统评价只选取了"流动人口"作为检索词，而没有选取与之类似或接近的表述进行检索，在一定程度上影响了文献的检索范围，需要在以后的研究中进一步完善。

第二,在质量评价过程中发现,在研究者反思和伦理学两个问题上存在较高的风险偏倚。尽管降低了质量评价的总体情况,但这种情况的出现与不同学科的文献写作有关,作为共性问题,本次系统评价认为其影响程度有限。

第三,通过系统评价获得了在重大疫情应对中做好流动人口服务管理工作的6个方面的经验证据。毫无疑问,当前我国的人口流动状况较"非典"时期已经发生了变化,流动人口数量增加,流动范围扩大,流动速度和频率加快,流动人口在流入地的嵌入性增强,流动人口流入地和流出地的联系更加紧密,大城市和超大城市接纳的流动人口数量增加,信息化、网络化对流动人口的影响更加深刻等。这些变化进一步提升了对上述综合结果的要求,因此,本次系统评价对于新型冠状病毒肺炎疫情的防控工作仍具有重要的价值。

(三) 完善重大疫情中流动人口服务管理工作的建议

以新冠肺炎疫情防控为契机,针对提升流动人口治理体系和治理能力的现代化水平,本书基于此次循证分析,提出以下进一步做好疫情应对中流动人口服务管理工作的建议。

1. 提升流动人口应对重大疫情措施的实效

经验证据提示了要采取针对流动人口特征的疫情防控措施,各相关主体应高度重视,协同落实新冠肺炎疫情应对措施,提升工作实效。一是充分发挥社区的作用,通过已有的网格管理机制掌握流动人口的具体情况,严格履行防控责任,保障日常生活所需,筑牢疫情联防联控的第一线。二是引导流动人口参与防控工作,加强政府部门、社区与流动人口自组织的协作,增强自我服务管理能力。三是引入社会工作者的力量参与社区防控实务,针对具体问题,为流动人口提供个性化的专业支持。四是加强人口流入地和流出地的专项对接,共享疫情信息,共建防控网络。五是统筹后疫情时期稳定流动人口就业和收入的工作,各地政府应及时出台复工措施,保障生产,防范由疫情产生的社会风险。

2. 防止重大疫情引发对流动人口的污名化

经验证据强调了对民众进行心理干预的重要性,社会各界尤其要关注对流动人口的人文关怀,防止恐惧、焦虑而可能导致的流动人口污名化。

此次新冠肺炎疫情中的"恐鄂"现象就对湖北各地的流动人口甚至是返乡大学生产生了较大的负面影响。一是媒体要切实担负起责任，对流动人口的流动情况和实际困难进行客观报道，帮助大家建立同理心，产生共情。二是高校和相关研究机构要发挥优势，组织专家发声，反映研究成果，消除负面信息对流动人口的影响。三是各级党委、政府要运用法治思维和法治方式抗击疫情，特别是要注重基层防控工作的法治化，保障流动人口的合法权益。

3. 完善城市流动人口服务管理体系

经验证据表明了公共卫生和医疗服务体系对流动人口服务管理工作的影响，针对新冠肺炎疫情暴露的问题，要将疾病预防控制纳入城市流动人口服务管理体系建设。一是加强社区和流动人口服务管理工作队伍的能力，增加疾病预防控制政策、知识、技能的培训。二是进一步依托网格化和智能化提高信息共享的速度和质量，提升服务管理的精细化水平。三是推动户籍制度改革，加快流动人口市民化，使流动人口在接受服务管理的同时主动参与到社区治理、城市治理中。四是总结超大城市和特大城市的流动人口服务管理工作的经验，研究提升城市接纳能力和流动人口融入水平的新路径。

习近平总书记强调，既要立足当前，更要放眼长远，总结经验、吸取教训。通过循证研究获得的有效证据将有助于我们科学精准地打赢疫情防控阻击战，同时还要进一步结合这次疫情中的宝贵经验，继续做好流动人口服务管理工作，不断完善重大疫情防控的体制机制。

（四）所纳入的文献

冯晓英：《"非典"与流动人口管理模式改革路径的选择》，《城市问题》2003年第4期。

胡鞍钢、胡琳琳：《从SARS危机看中国健康与发展》，载《国情报告（第六卷2003年下）》，清华大学国情研究中心，2012年。

刘亚岚等：《中国内地人口流动空间规律研究及其在SARS控制宏观决策中的应用》，《遥感学报》2003年第4期。

宁宁等：《突发公共卫生事件流动人口健康教育需求调查》，《中国健康教育》2007年第4期。

潘越、付鸿鹏：《"浮动城市化"状态下的流行病学特征》，《中国公共卫生》2005 年第 12 期。

宋春生：《北京市流动人口"非典"疫情与防控》，《人口研究》2003 年第 4 期。

王谦等：《"非典"期间全国农村地区跨省流入人口调查数据分析》，《人口研究》2004 年第 3 期。

肖佳庆等：《SARS 期间哈尔滨市居民心理健康状况影响因素及干预对策研究》，《中国卫生经济》2007 年第 3 期。

周云：《SARS 疫情暴发中流动人口的预防知识与行为的分析研究》，《市场与人口分析》2004 年第 6 期。

Mason, K. 2012. Mobile Migrants, Mobile Germs: Migration, Contagion, and Boundary-building in Shenzhen, China after SARS. *Medical Anthropology*, 31 (2), pp. 113 – 131.

Kelly, D., and Luo, X. – P. 2006. SARS and China's Rural Migrant Labour: Roots of a Governance Crisis. *Population Dynamics and Infectious Diseases in Asia*, pp. 389 – 408. Singapore: World Scientific Publishing Co.

Xu, C. – D., Wang, J. – F., Li, W., and Cao, C. – X. 2014. Spatial Pattern of Severe Acute Respiratory Syndrome in-out Flow in 2003 in Mainland China. *BMC Infectious Diseases*, 14: 721.

Li, W., Wang, J. – F., Xu, C. – D., and Liu, T. – J. 2016. Modelling Input-output Flows of Severe Acute Respiratory Syndrome in Mainland China. *BMC Public Health*, 16: 191.

后　　记

本书是在笔者所承担的国家社科基金青年项目结项成果的基础上修改完成的。能够获此项目首先要感谢我的二叔父——湖北省襄阳市第一人民医院裴斌教授。他以自己在循证医学方面的研究心得启发我、鼓励我、引导我。正是因为他，我才能够借"蹭会"的机会结识了国内循证社会科学的领军探索者——南京理工大学拜争刚教授，进而通过 Campbell 中国联盟的平台不断交流学习，坚定了我开展循证研究的信心。

该项目自立项至结项整 5 年，这中间得到了多地相关部门、社区领导和我的师长、同学、同人以及朋友们的热心帮助支持，在此虽无法一一致谢，然铭记于心！尤其是在成果初稿完成后得到了中南民族大学李吉和教授、哈正利教授、彭庆军教授、唐胡浩副教授的中肯建议，对顺利结项有着重要的指导作用。

这 5 年也是我成长历程中意义重大的 5 年，其间结婚成家，赴美访学，女儿出生，妻子抗疫，划转新院。没有家人们的默默付出，我就不可能完成项目的研究和写作。本书可以说是我过去 5 年学习生活的写照，是我献给女儿萝卜和你们的一份礼物！

最后，我要特别感谢中南民族大学中华民族共同体研究院姚上海院长、民族学与社会学学院田敏院长以及两院的各位领导、同事，特别感谢中央民族大学严庆教授和贵州民族大学董强教授，特别感谢中国社会科学出版社的各位老师，特别感谢课题组丁海江等全体成员。

循证在国内民族学研究中的发展尚处在起步阶段，但它顺应新文科的建设方向，有助于民族事务治理能力现代化，一定拥有着广阔的应用发展前景。本书只是一次先行的尝试，投石问路，抛砖引玉，其中难免有诸多不足和疏漏，请各位读者批评指正。

在结束访学归国的航行途中，我曾填词一首，算作结尾：

借有伴狂向四方，

归沐秋霜，往沐秋霜。

月盈舷黯倚游窗，

前为家乡，后为家乡。

掂撷殊同著文章，

问道千行，论道千行。

最伤不面我姑娘，

知断离肠，且断离肠。

裴圣愚

癸卯小雪于北书院